이사부 독도를 걷다

이사부 독도를 걷다

손승철 지음

역사인

책을 내면서   6

제1편 '독도'가 일본 땅이라고?   13
제1장 '다케시마의 날'을 제정하다   15
제2장 일본 교과서 속의 독도   26
제3장 일본이 독도를 욕심내는 이유   31

제2편 일본의 주장과 논리의 모순   45
제1장 '10가지 포인트'   47
제2장 '100問 100答'   60

제3편 이사부, 독도를 열다   83
제1장 나무사자가 불을 뿜다   85
제2장 이사부, 그는 누구인가   102
제3장 이사부, 삼척에서 출항하다   108

제4편 독도가 한국 땅인 이유　　　　　113

　　제1장 지리가 보여준다　　　　　　　　115

　　제2장 역사가 증언한다　　　　　　　　137

　　제3장 국제법이 밝혀준다　　　　　　　263

　　제4장 현재가 말해준다　　　　　　　　284

제5편 독도 가는 길　　　　　　　　291

　　제1장 이사부 출항지, 삼척　　　　　　293

　　제2장 독도지킴이 수토사, 울진　　　　319

　　제3장 우산국, 울릉도　　　　　　　　333

　　제4장 이사부 길, 독도와 동해　　　　365

독도 연표　　**380**

참고문헌　　**383**

찾아보기　　**390**

1475년 신숙주는 눈을 감으며 성종에게 유언을 남겼다.

"전하, 원컨대 일본과의 화친을 잃지 마소서."

이 시대에도 절실하게 필요한 말이다. 만약 신숙주가 이 시대에 다시 유언한다면 "일본이여, 제발 독도에 대한 엉뚱한 주장으로 한국과의 화친을 잃지 마시게"라고 하지 않을까?

역사적으로 독도로 인한 한일 간의 다툼은 1693년, 일본 오키섬 거주민들이 울릉도와 독도에 와서 몰래 고기를 잡으면서 발단되었다. 당시 울릉도는 무인도였다. 울릉도가 무인도가 된 이유는 왜구의 약탈로 인해 조선에서 1403년 울릉도 주민을 모두 육지로 나오게 했기 때문이다. 그러던 중 1693년, 울릉도에 고기를 잡으러 갔던 안용복은 울릉도에 와서 몰래 고기를 잡던 오키섬 사람들과 시비가 벌어졌고, 그들에게 납치되어 일본으로 끌려갔다. 막부에서는 이 사건을 조사하는 과정에서 울릉도가 조선 땅임을 확인했다. 그리고 안용복을 쓰시마를 거쳐 부산 왜관으로 귀환시키고, 향후 일본인은 절대로 울릉도에 가지 말도록 '도해금지령'을 내렸다. 그럼에도 불구하고 1836년 하마다번의 하치에몽이 다시 울릉도에 도항했다가 발각되어 사형을 당했다. 그리고 막부에서는 재차 일본인의 '울릉도도해금지령'을 내렸다.

1868년 메이지유신을 단행한 일본은 조선을 몰래 정탐하고 『조선국교제시말내탐보고서』를 작성했다. 그런데 이 보고서에도 '안용복 사건으로 울릉도와 독도가 조선 영토임이 확인되었다'고 기록했다. 더구나 1877년 시마네현에서 지도 작성을 위해 메이지정부에 '다케시마(울릉도) 외 1도(독도)'를 일본 영토로 등재해도 좋을지를 문의했을 때도, 태정관은 '다케시마 외 1도를 판도(일본) 외로 정한다'라는 『태정관지령문』을 하달했다.

1883년 드디어 480년간 무인도였던 울릉도에 강원도와 전라도 등지에서 주민 이주가 시작되었다. 그리고 울릉도 개척이 본격화되자 대한제국에서는 1900년에 '대한제국칙령' 제41호를 공포하여 울릉도와 독도가 대한제국의 행정구역임을 분명히 했다. 이로써 512년 이사부에 의해 신라에 복속된 우산국(울릉도와 독도)은 고려, 조선에 이어 대한제국에서도 우리 땅임이 확인되었다.

그러나 1905년, 일본은 러일전쟁 중에 독도를 군사적으로 이용하려고 대한제국과는 아무런 협의나 통고 없이 일방적으로 독도를 시마네현에 강제 편입시켰다. 결국 러시아의 남하를 견제하기 위해 독도를 희생양으로 삼은 것이다. 이어 일본은 대한제국의 주권을 강탈하고 식민지로 만들었다. 이러한 관점에서 시마네현의 독도 편입은 일본의 한반도 침략의 시발점이다.

광복 후, 1946년 연합국최고사령관 지령(SCAPIN) 제677호와 제1033호에 의해 독도는 다시 대한민국 영토임이 확인되었다. 그리고 양국은 1965년 한일기본조약의 '한일어업협정'과 1998년 '신한일어업협정'을 통해 독도에 대한 한국의 '영토권'과 '영해권'을 인정했다.

그러나 일본은 이러한 역사와 사실을 모두 부정하면서 독도가 일본 땅이라고 억지를 부리고 있다. 특히 2005년, 시마네현에서는 독도 편입 100년을 맞이하여 '다케시마의 날'을 제정하고 이를 전국적으로 확산시켰다. 나아가 이 억지를 뒷받침하기 위해 일본 외무성 홈페이지에 '10가지 포인트'를 올렸고, 시마네현에서는 '100問 100答'을 제작하여 유포했다. 그리고는 불과 10년 만에 전국 초·중·고의 지리·역사·사회·공민 교과서에 독도를 일본 영토라고 기술하고, 한국이 불법 점거하고 있다고 가르치고 있다.

1693년 오키섬 거주민 몇 사람에 의해 시작된 독도에 대한 도발과 욕심이 이제는 일본 전체를 오염시켰다. 그리고 한반도 침탈의 망령이 되어 한국을 괴롭히고 있다.

이 책은 전부 다섯 편으로 구성했다. 두 편은 일본의 입장, 세 편은 한국의 입장이다.

제1편에서는 일본은 독도를 어떻게 알고 주장하는가를 살폈다. '다케시마의 날', '일본 교과서의 독도기술', '독도를 욕심내는 이유'를 주제로 했다.

제2편에서는 '10가지 포인트'와 '100問 100答'을 주제로 일본의 주장과 논리를 소개하고, 그 허구성과 모순을 비판했다.

제3편에서는 독도가 한국 땅인 '역사적 권원(權原)'으로 이사부의 우산 국 복속 과정을 살폈다.

제4편에서는 '독도가 한국 땅인 이유'를 '지리, 역사, 국제법, 현재 상황' 등 4가지로 나누어 조목조목 서술했다. 한국에서는 독도를 초·중·고 모든 과정과 교과서에서 서술하고 있지만 전체적으로 체계화되어 있지 않다. 그래서 학생들 또는 일반인에게 독도를 어떤 내용과 논리로 한국 땅이라고 주장하느냐고 물으면, 결론은 한국 땅이지만 내용은 중구난방이다. 이 점에서 독도영유권에 대한 논리의 틀과 내용을 체계화하고 통일할 필요가 있다. 일본의 논리와 주장을 반박하는 틀이 아니라 우리의 틀을 만들어야 한다.

제5편에서는 '독도 가는 길'을 주제로 답사와 체험을 강조했다. 역사를 체험하고 이해하기 위해서는 반드시 답사가 병행되어야 한다. 독도에 대한 지식과 정보를 답사와 체험을 통해 올바르게 자리매김을 해가자는 것이다. 이사부의 출항지였던 삼척에 가보고, 조선시대 울릉도와 독도를 지키기 위해 수토사가 출항했던 울진을 답사한다. 그리고 배를 타고 울릉도에 가서 독도가 우리 땅임을 보여주는 여러 유적과 유물들을 확인하고, 마지막으로 독도에 가서 내 눈으로 확인하고, 내 발로 밟아보는 과정을 체험하자.

"역사는 유적과 유물을 남기고, 유적과 유물은 역사를 증언한다"는 명언을 울릉도와 독도에서 느껴보자. 그리고 '독도 연표'를 통해 2천년 독도 역사를 되짚어보자. 연표 속에도 독도 문제의 해답이 있다.

한일 양국의 독도에 대한 주장은 간단하다.

한국은 512년 이사부의 우산국 복속에 의해 독도가 신라 땅이 되었고, 그러한 역사적 권원이 고려·조선에 계승되었으며, 한말에 대한제국 칙령으로 법제화되었다는 것이다. 그리고 광복 이후에는 연합국최고사령부의 '스캐핀 제677호'에 의해 국제적으로 확인되었고, 1965년 '한일어업협정'에서 양국이 서로 인정하고 합의했다는 것이다.

반면 일본은 1618년 막부에서 오야·무라카미 양가에 내려준 다케시마 도해허가서에 근거하여 일본 고유영토론을 주장하며, 이후의 '다케시마 도해금지령'이나 『태정관문서』 등이 잘못된 것이라고 한다. 그래서 시마네현에서 1905년 '다케시마 편입'을 통해 일본 영토임을 다시 선언했고, '샌프란시스코 조약'에서 이를 확인했다고 주장한다.

양국은 상대에 대해, 일본은 한국에서 주장하는 우산국이 울릉도와 독도라는 증거가 없기 때문에 『세종실록지리지』를 포함한 한국의 역사기록이 허구라고 한다. 반면 한국은 에도시대 막부와 메이지 태정관이 이미 독도가 조선 땅이라고 확인했는데, 스스로 자기 역사를 왜곡해가면서 억지를 부린다고 한다. 이 책이 양국의 주장과 논리 중에 과연 어느 쪽이 옳은가를 판단하는 길라잡이가 되기를 바란다.

독도 문제에는 달리 해결 방법이 없다. 일본이 자기 주장의 모순과 억지를 인정하고 태도를 바꾸어야 한다. 현재 한일관계에는 여러 갈등이 있다. 그 문제의 대부분은 일본의 한반도 침탈에서 시작된다. 왜구, 임진왜란, 식민지 지배로 반복된 침탈과 그로 인한 한국민의 상흔과 아픔을 알고 있는가? 그러함에도 일본이 선진국인가?

그러나 한일관계가 항상 나빴던 것만은 아니다. 일본도 성숙한 외교를 할 줄 안다. 일본이 임진왜란 직후 조선 침략의 죄과를 인정하고 조선통신사를 통해 화친을 회복한 것처럼 성숙한 모습을 보여주어야 할 때이다. 부디 독도 문제로 인해 화친을 잃는 일이 있어서는 안 된다. 그리고 21세기 한일통신사가 왕래하면서 새로운 미래를 함께 열어가는 동반자가 되어주기를 바란다. 물론 관계는 함께 하는 것임을 한국도 명심해야 한다. 이것이 진정한 외교다.

나는 10년 전 '한국이사부학회'를 창립하여, 학회지 『이사부와 동해』를 통해 삼척을 이사부 출항지로 자리매김했다. 그리고 삼척에 '이사부, 독도 기념관'을 건립하여 독도 수호의 메카를 만들고자 제안하여 현재 건설 중이며 2021년 말에 개관한다. 또한 동북아역사재단의 지원을 받아 3만여 명의 중고생과 대학생, 외국인 유학생과 원어민 교사, 그리고 북한이탈주민 등을 상대로 '이사부아카데미'를 계속해왔다. 이 책은 그동안 내가 독도 문제에 대해 생각하고 고민했던 내용들을 총정리한 것이다. 독도백서를 만드는 심정으로 엮었다.

이제까지 많은 분들이 독도에 관한 단행본과 논문을 썼다. 그런데 그 내용을 보면 대부분 우리 입장만을 강조하거나 아니면 일본의 주장을 반박하는 일방적인 시각이 주를 이루어왔다. 나는 양쪽의 주장과 논리를 한권의 책에서 보여주고 싶었다. 그래야 비교를 하면서 쉽게 이해할 수 있다.

『손자병법(孫子兵法)』에 "적을 알고 나를 알면 백번 싸워도 위태로울 것이 없으나(知彼知己 百戰不殆), 적을 모르고 나를 모르면 싸울 때마다 반드시 패한다(不知彼 不知己, 每戰必敗)"고 했다. 명심해야 할 말이다.

이 책이 나오기까지 여러 분의 도움을 받았다. 우선 10년 동안 이사부학회를 함께 이끌어 온 한동환, 박미현 부부, 이흥권, 김인선, 신태훈님, 강원도민일보 김중석 사장님과 김대수·김양호 삼척시장님, 그리고 독도연구보존협회와 매년 '이사부학술대회'에 참가하는 독도 관련 30여 유관단체에 감사한다. 또 지난 3년간 '이사부아카데미'를 후원해 준 동북아역사재단에도 감사한다.

아내 선옥과 아들 민규, 희정이, 손녀딸 시아에게도 고마움을 전한다. 그리고 무엇보다 100권의 '한일관계연구총서'와 나의 '길 시리즈'를 출판해주고 있는 경인문화사 한정희 대표와 편집부, '역사인'에 감사드린다.

2020년 8월 15일

손승철

제1편

'독도'가 일본 땅이라고?

제1장 '다케시마의 날'을 제정하다

'다케시마의 날'

2020년 2월 22일 일본 시마네[島根]현 마쓰에[松江]시에서는 '다케시마[竹島]의 날' 행사를 열었다. 이 자리에는 일본 중앙정부의 차관급 고위인사가 파견되어 '독도는 일본 땅'이라고 연설했다.

한국 외교부에서는, 주한 일본대사관 공사를 외교부로 불러 "일본 시마네현이 또다시 '다케시마의 날' 행사를 개최한 것에 대해 "행사를 즉각 폐지할 것을 다시 한번 엄중히 촉구하며, 일본이 부질없는 도발을 반복하고 있는데 대해 강력히 항의한다"고 했고, "일본 정부는 역사적·지리적·국제법적으로 명백한 한국 고유의 영토인 독도에 대해 부당한 주장을 즉각 중단하고 겸허한 자세로 역사를 직시해야 할 것"을 요구했다. 그러나 그 이상의 조치는 없었고, 일본으로부터도 아무런 반응이 없었다.

일본 시마네현에서는 1905년 2월 22일 독도를 일방적으로 시마네현의 행정구역에 편입하는 고시 제40호를 제정했다. 100년이 지난 2005년 3월 16일에 이를 기념하기 위해 '다케시마의 날'을 제정하고 매년 기념행사를

시마네현의 다케시마의 날 제정

1조 : 시마네현민, 시정촌 및 시마네현이 일체가 되어, 다케시마의 영토권 조기 확립을 목표로 하는 운동을 추진하고, 다케시마 문제에 대한 국민여론을 계발하기 위해 다케시마의 날을 정한다.

2조 : 다케시마의 날은 2월 22일로 한다.

3조 : 시마네현은 다케시마의 날의 취지에 어울리는 대책을 추진하기 위해 필요한 시책을 강구하기 위해 노력한다.

계속해 오고 있다. 당시 시마네현이 제정한 '다케시마의 날' 규정은 위의 내용과 같다.

그러자 이에 격분한 마산시(현재 창원시) 의회는 2005년 3월 18일, '대마도의 날'을 제정했고, 각 시도 및 각급 학교 등 30여 곳 이상이 상호간의 교류를 중단했다. 이후 일본에서는 우익이 중심이 되어 집필이 자유로운 교

서울시 의회의 일본 규탄

사용 참고자료를 통해 한국이 독도를 불법적으로 영유하고 있음을 강조
함으로써 역사적 합법성으로 내세울 수 있는 발판을 마련하기 시작했다.
당시 일본 우익이 만든 교과서가 2002년 '새로운 역사교과서를 만드는 모
임'이 편찬한 후쇼사[扶桑社]의 『새로운 역사교과서』이다. 그 결과 양국간
에는 역사교과서 분쟁이 본격화되고, 「한일역사공동연구위원회」가 활동
을 개시했다.

『새로운 역사교과서』의 본문에서는,

"… 북방영토, 일본해 해상의 다케시마, 동지나해상의 센카쿠제도에 대해
서는 각각 러시아, 한국, 중국이 그 영유를 주장하고 일부를 지배하고 있지
만, 역사적으로 보아 우리나라 고유의 영토이다."

라고 하며 소위 '고유영토론'을 주장하기 시작했다. 이러한 우익교과서의 출현에는 정치적 배경이 작용했고, 계속적인 우익세력의 집권을 통해 일본의 국가정책으로 자리 잡았다. 그리고 2004년에는 외무성 홈페이지를 개편했고, 문부과학성에서는 중·고교의 역사, 지리, 공민 교과서에 '독도는 일본 고유의 땅'이라는 서술을 본격화하기 시작했다.

일본 외무성 홈페이지

일본 외무성은 2004년부터 독도에 대한 홈페이지를 개설하여 일본의 도발과 도전을 주도해왔다. 외무성 홈페이지를 통해, 일본의 저의가 무엇이며, 그것을 어떠한 방법과 논리로 합리화하며 일반 국민 또는 세계 각국을 상대로 홍보해 가고 있는가를 살펴보자.

외무성 홈페이지 첫 화면 메뉴의 토픽인 '일본 영토 키워드'에 북방영토, 다케시마[竹島], 센카쿠제도가 있다. 다케시마를 클릭하면, 일본의 영토를 둘러싼 정세가 나오며 중국, 한국, 러시아와 분쟁을 일으키고 있는 세 지역이 표시되어 있다. 이들 세 지역을 모두 일본 영토로 표시하고 그 밑에 다케시마, 북방영토, 센카쿠제도에 링크표시가 되어 있다. 그 부분을 클릭하면 한국어, 영어, 중국어 등 11개국 언어로 자세한 설명이 무려 54쪽에 걸쳐 기술되어 있으며, 동영상도 첨부되어 있다.

'다케시마'라는 제목 하에 "여러분, 다케시마를 아십니까?"라는 질문이 등장한다. 그 답으로 〈다케시마 영유권에 관한 일본국의 일관된 입장〉을 다음과 같이 밝히고 있다.

외무성 홈페이지의 '일본영토' 첫 화면

외무성 홈페이지 독도 목차

〈다케시마 영유권에 관한 일본국의 일관된 입장〉
- 다케시마는 역사적 사실에 비추어도 또한 국제법상으로도 분명히 일본국 고유의 영토입니다.
- 한국에 의한 다케시마 점거는 국제법상 아무런 근거가 없이 행해지는 불법 점거이며, 한국이 이런 불법 점거에 따라 다케시마에 대해 실시하는 그 어떤 조치도 법적인 정당성을 가지지 않습니다.
- 일본국은 다케시마 영유권을 둘러싼 문제에 대해 국제법에 따라 침착하고도 평화적으로 분쟁을 해결할 생각입니다.
(주) 한국 측으로부터는 일본이 다케시마를 실질적으로 지배하고 영유권을 재확인한 1905년 이전에 한국이 다케시마를 실질적으로 지배하고 있었던 것을 나타내는 명확한 근거는 제시되지 않았습니다.

그리고 해당 페이지에 〈전단 다케시마〉 1쪽, 〈다케시마 팸플릿〉 10쪽, 〈다케시마 문제에 관한 10개의 포인트〉 28쪽 등을 PDF 자료로 올려 놓았다. 일본 주장의 핵심 내용은 4가지이다. '다케시마의 영유에 대하여', '샌프란시스코 평화조약과 국제사회의 일본 영유 확인', '한국에 의한 불법 점거', '일본의 다케시마에 관한 대응'이다. 이러한 주장들에 대해서는 뒤에서 자세히 설명하겠지만 우선 간단히 비판해 보자.

첫째, '다케시마 영유에 관하여'

"각종의 지도나 문헌으로 보아, 일본은 다케시마의 존재를 옛날부터 인식하고 있었음을 알 수 있습니다. 17세기 초에는 일본의 상인이 에도 막부의 허가를 받아 울릉도로 갈 때 다케시마를 항로 설정의 기준으로, 또한 강치 등의 어획지로 이용했습니다. 이로써 늦어도 17세기 중반에는 일본이 다케시마의 영유권을 확립했다고 생각됩니다. 1900년대 초기, 시마네현의 섬 주민들 사이에서 강치 포획사업의 안정을 꾀하는 목소리가 높아지자 일본 정부는 1905년 각의(閣議)의 결정으로 다케시마를 시마네현에 편입, 영유를 재확인했습니다.”

라고 했다. 그러나 이 내용은 다음과 같은 모순이 있다.

일본의 각종 지도나 문헌에 독도에 관한 내용은 17세기부터 나오는 것은 사실이다. 이것은 일본이 17세기 초에 이르러서야 독도의 존재를 알게 되었다는 것을 입증한다. 그러나 한국의 각종 기록에는 이미 6세기 초부터 독도의 존재가 기록되어 있고, 현존하는 지도에도 15세기부터 그려져 있다.

또한 1905년 독도의 시마네현 편입은 대한제국의 독도를 일방적이고 불법적으로 강탈하여 편입한 것이며, 강치 포획뿐만 아니라 러일전쟁을 대비한 제국주의 선점책이었다. 그 후 일본은 러일전쟁에서 승리했고, 무차별적으로 강치를 포획하여 멸종에 이르게 했다.

둘째, ‘샌프란시스코 평화조약과 국제사회의 일본 영유 확인’

“1951년 9월에 서명된 샌프란시스코 평화조약에서 일본은 조선의 독립을 승인함과 동시에, 포기해야 할 지역으로 '제주도, 거문도, 울릉도를 포함한 조선'이 규정되었습니다. 한국은 미국에 대해 '다케시마도 추가해 달라'고 요구했습니다. 그러나 미국은, 일찍이 다케시마는 조선의 영토로 취급된 적이 없으며, 또한 조선이 영유권을 주장했다고 볼 수 없다는 취지의 회답을 함으로써 한국 측의 주장을 명확히 부정했습니다."

라고 했다. 이 내용으로 보면 한국이 미국에 대해 독도를 한국의 영토로 인정해 달라고 요구했지만, 미국이 한국 측의 요구를 거부했고, 그 이후 샌프란시스코조약이 체결된 것으로 서술하고 있다. 그 결과 조약문에서 독도가 빠졌다고 주장하면서 샌프란시스코조약이 독도를 일본 땅으로 인정한 것으로 해석한다. 그러나 이것은 일본의 억지이며 속임수이다.

샌프란시스코조약은 1951년 9월에 체결되었는데, 미국은 두 달 전인 1951년 7월에 충분한 조사도 없이 독도를 빼버렸고, 더 이상 거론할 경우 연합국들과의 마찰을 우려하여 조약문을 그대로 확정했다. 이 문제는 이후 한국과 미국 사이에 여러 차례 거론되었고, 1953년 7월까지도 일본 정부에 공식 통보된 바 없다. 즉 1953년 7월 22일자 미 국무성 문서('한일간의 리앙쿠르 락스 논쟁에 대한 바람직한 해결책')에 의하면 "누가 리앙쿠르 락스(독도)에 대해 주권을 갖느냐는 문제에 대해서는, 1951년 8월 10일에 한국대사 앞으로 보낸 통첩에 있는 미국의 입장을 상기시키는 것이 유익하다.(중략) 이 입장(독도가 일본 영토라는 미국의 입장)은 지금까지 한 번도 일본 정부에 정식으로 전달된 적이 없다(버매스터의 각서, 1953년 7월)"고 되어 있다. 결국 한국이 요청하고 미국이 응하지 않았다 해서 그것이 미국의 공식 입장은 아니다. 더구나 일본도 미국측에 일본의 영토로 조약문에 넣어달라고 했다. 그러나 미국은 어느 편도 들지 않고 조약문에서 독도를 뺏다. 결국 독도는 조약문에서 빠졌는데, 이를 가지고 독도를 일본땅이라고 주장하는 것은 억지이며 기만이다.

셋째, '한국에 의한 불법 점거'

"1952년 1월, 한국의 이승만 대통령은 이른바 '이승만 라인'을 국제법에 반해 일방적으로 설정, 다케시마를 라인 내에 포함시켰습니다. 그 후 라인 내로 출어한 일본 어선이 한국 측에 나포되는 사건이 잇따르며 일본 측에는 사상자도 나왔습니다. 1953년 7월에는 다케시마 주변에서 해상보안청의 순시선이 한국 관헌에게 총격을 당했습니다. 한국은 현재까지 다케시마에 경비대를 상주시키는 동시에 숙사와 감시소, 등대, 접안시설 등을 설치하는 등 불법점거를 계속하고 있습니다."

라고 했다. 이승만 라인(일명 평화선)은 독도의 영유권과는 아무 상관없이 일본 어선의 불법어로를 방지하기 위한 조치였다.

연합군사령부는 광복 직후, 1945년 8월 20일부로 일본의 전 어선에 대한 조업금지를 발표했다가, 9월 27일 12해리 밖으로 일정한 선을 그어 추가적으로 조업을 허용했다. 이것을 맥아더 라인이라 한다. 1946년 9월 19일 3차로 확장하여 한반도 쪽으로는 독도와 제주도의 동쪽을 연결하는 선까지, 서쪽으로는 오키나와 서쪽 동경 25도선까지 일본 어선들의 조업이 허가되었다. 그러나 일본 어선들은 동해에서 맥아더 라인을 불법적으로 넘어와 울릉도 근해, 제주도 근해, 흑산도 근해 등에서 무차별적으로 불법 어로를 자행하였다.

그런데 1952년 4월, 샌프란시스코조약의 발효와 함께 맥아더 라인마저 소멸될 위기에 처하자 한국 정부는 1929년 조선총독부령 제109호로 제정한 '트롤어업금지구역'을 기준으로 삼아 일본 어선들이 넘어오지 못하도록 하는 평화선을 선포했다. 따라서 평화선은 일본 어선의 막강한 어업 능력을 감당하기 위한 한국정부의 자구책이었고, 한반도 연·근해 어족자원을 보호하기 위한 필요성에서 설정된 것이다.

넷째, '일본의 다케시마에 관한 대응'

"일본은 한국 측의 불법 점거에 따라 시행되는 조치 등에 대해 그때마다 엄중히 항의해 왔습니다. 그리고 평화적 수단에 의한 이 문제의 해결을 도모하고자 1954년부터 현재까지 3회에 걸쳐 국제사법재판소에 회부할 것을 제안해 왔으나 한국 측은 전부 거부하고 있습니다. 일한 양국은 2002년에 월드컵을 공동 개최하는 등 신뢰관계를 구축해 왔습니다. 진정한 우호관계를 구축하기 위해서도, 국제법에 의거해 냉정하고 평화적인 다케시마 문제 해결을 일본은 바라고 있습니다."

라고 했다. 일본은 독도영유권 문제를 말할 때 언제나 "법과 대화를 통한 해결을 지향하자"고 한다. 정말 코웃음 칠 일이고 적반하장이다. 과거 한일관계를 돌아볼 때 언제 일본이 법과 대화로 문제를 해결한 적이 있는가? 반문하고 싶다. 2002년 월드컵이 한일 양국의 공동 개최로 성공적인 성과가 있자, 양국은 2005년을 한일 양국의 새로운 천년 밀레니움시대를 선언하면서 '우정의 해'로 정했다. 그러나 그해 4월 초 일본에서는 왜곡된 검정교과서를 대거 통과시켰고, 독도영유권 문제를 들고 나오면서 '우정의 해'를 깼다. 이후 현재까지 일본군위안부 문제, 강제징용 배상 문제 등 양국관계는 앞이 안 보이는 최악의 상황이다. 이것이 법과 대화를 통한 방법인가 되묻고 싶다.

또한 걸핏하면 국제법 운운하며 국제사법재판소 회부를 들고 나온다. 그러나 국제사법재판소는 기본적으로 당사국 모두 원해야 의제로서 상정할 수 있다. 뿐만 아니라 한국 외에도 중국, 러시아와 영토분쟁을 벌이고 있는 주변국들이 일본의 센카쿠제도(다오다오이섬), 북방영토의 불법 점거를 묵인하지 않고 있는 상황에서 있을 수 없는 일이다.

독도는 러일전쟁의 희생물로 강탈당했다 되찾은 명백한 한국의 영토로 국제사법재판소에 회부해야 할 아무런 이유가 없다. 예를 들어 내가 살고 있는 집에 어느 날 난데없이 옆집 사람이 자기 집이라고 우기면서 법정에 가자는 것과 다를 바 없다. 결국 우리가 무시하든지 아니면 일본 스스로 영유권 주장을 포기하든지 그외에는 달리 방법이 없다.

제2장 일본 교과서 속의 독도

학습지도요령의 개편

일본의 모든 역사·공민·지리 교과서에서 독도문제를 본격적으로 기술하기 시작한 것은 2006년 12월 아베정권이 '새교육 기본법'을 개정하면서부터이다. 아베정권은 과거 미군정 치하에서 제정되었던 교육기본법을 전면 개정하여 종래의 교육 틀을 완전히 깨고 새로운 일본으로 거듭나는 것을 목표로 내세우면서 본격적인 우익행보를 걷는 신민족주의 교육을 표방했다.

물론 교과서 왜곡이 심화되던 2002년부터 후쇼사 교과서를 시작으로 독도 기술을 시작했지만 모든 교과서에 적용되기 시작한 것은 2008년 중학교 학습지도요령을 개정하면서부터다. 모든 교과서에 외무성 정책을 그대로 반영하여 "독도는 일본의 고유 영토인데, 한국이 불법점거하고 있다"고 기술하도록 했다. 그 결과 2010년부터는 모든 초등학교, 중학교, 고등학교 교과서에서 독도를 일본 땅으로 기술하고 있다.

중학교 학습지도요령해설 독도관련 내용

직제	2008년	2014년
지리	– 당면한 영토문제와 경제수역문제 등에 주목할 것. – 북방영토가 일본의 고유영토인 것 등 영역을 둘러싼 문제에도 주목할 것. – 일본과 한국 사이에 죽도를 둘러싼 주장에 차이가 있는 것 등도 다룰 것	– 당면한 영토문제와 경제수역문제 등에 주목할 것. – 북방영토와 죽도 각각 위치와 범위를 확인할 것. – 일본의 고유영토이지만 각각 러시아와 한국이 불법점거하고 있음 – 죽도에 대해서는 한국에 누차에 걸쳐 항의 한 것을 정확하게 다룰 것
공민	– 국제협조의 관점에서 국가간 대립 극복시도, 그런 취지에서 미해결 영토(문제)도 평화적 수단에 의해 해결을 노력하고 있다는 것을 이해시킬 것.	– 국제협조의 관점에서 국가간 대립 극복시도 – 일본에서도 고유영토인 북방영토와 죽도에 대해 미해결 문제가 남아 있다는 것과 현상에 이른 경위, 일본이 정당하게 주장하고 있는 입장과 평화적인 수단에 의한 해결을 노력하고 있다는 것을 이해시킬 것.

교과서에서의 독도 서술

일본에서 점유율이 가장 높은 동경서적(東京書籍)『신편 새 공민(新しい公民)』
(2016)에는,

"죽도는 시마네현 오키노시마쵸에 속하는 일본의 고유 영토이며, 에도시대 초기부터 돗토리번 마을 사람들이 번의 허가를 얻어 이 섬과 주변 바다에서 어업을 행해왔다는 기록이 남아 있습니다. 일본은 1900년 초에 강치잡이가 성행한 것에 대응하기 위해 1905년 각의 결정으로 죽도를 시마네현에 편입하였습니다. 제2차 세계대전 후에 일본이 연합국(聯合軍國)에 점령되었을 때 연합국최고사령부(GHQ)는 일본의 정치상 권한을 정지한 지역

동경서적

과 어업과 포경을 금지하는 지역을 지령하여, 여기에는 죽도가 포함되었습니다. 그러나 1951년에 서명된 샌프란시스코 평화조약에는 일본이 포기한 영토에 독도는 포함되어 있지 않습니다. 1952년 4월 샌프란시스코 평화조약이 발효, 연합국의 지령도 해제되었지만, 동년 1월에 한국의 이승만 대통령이 공해상에 자국 해양자원의 권익범위로서 소위 '이승만 라인'을 국제법에 반하여 설정하고, 일본 어선의 출입을 금지했습니다. 이 범위에 죽도가 포함되어 이후 한국이 죽도를 불법점거하고 있습니다. 또한 여러 가지 활동을 시행하는 상황이 현재까지도 계속되고 있습니다. 일본은 이 불법점거에 대하여 항의하는 한편, 죽도 문제를 국제사법재판소에 맡겨 평화적으로 해결하자고 하는 제안을 1954년, 1962년, 2012년의 세 번에 걸쳐 해보았지만 한국은 이를 계속 거부하고 있습니다."

자유사

라고 기술되어 있다.

　한편 후쇼사의 뒤를 이어 발행된 극우파의 지유사[自由社]『새 공민교과서(新しい公民教科書)』(2016)에는,

　　"죽도, 한국이 점령 중"

　　에도시대부터 우리나라가 영유

　　죽도는 주위가 절벽인 화산섬으로 사람이 살 수 없지만 주변은 해류의 영향으로 풍부한 어장이 형성되어 있다. 에도시대에는 돗토리번 사람이 막부의 허락을 얻어 어업을 행했다. 1905년(메이지 38년) 국제법에 따라 일본 영토가 되어 시마네현에 편입되었고, 이후 실효지배를 해왔다. 전후에는 일본 영토로 확정한 국제법인 샌프란시스코 강화조약에 의해 일본 영토로 확인되었다.

실력으로 점거

그런데 대일강화조약(對日講和條約)이 발효되기 직전에 한국의 이승만 정권은 일방적으로 일본해에 '이승만 라인'을 설정하여, 죽도를 자국 영토로 하고, 이를 위반하는 일본 어선에 대해 총격, 나포, 억류 등을 실시했다. 1954년에는 연안 경비대를 파견하여 죽도를 실력으로 점거했다. 현재도 경비대원을 상주시켜 실력 지배를 강화하고 있다.

한국 정부의 견해

한국이 죽도의 영유를 주장하는 이유는 ①죽도는 한국명 독도로 고유의 영토다, ②일본이 과거 힘으로 일본령으로 편입했다, ③연합국최고사령부(GHQ)의 지령으로 한국 영토로 되어 있었다고 주장하고 있다.

국제사법재판소에의 제소

①의 주장에 대해, 1905년 일본 영토로 편입하기 전에 한국의 죽도 영유에 대한 명확한 근거가 없고, 그 외의 2개의 주장은 사실과 국제법에 비추어 성립이 안 된다고 일본은 반론하고 있다. 그리고 문제를 평화적으로 해결하기 위해 1954년 이래로 국제사법재판소에 제소할 것을 제안하고 있으나 한국 정부가 이에 응하지 않고 있다.

라고 기술하고 있다. 이 내용은 외무성의 왜곡된 주장들을 그대로 반영한 것으로 일본 정부의 영토 침탈 정책을 합리화하는 억지 논리의 전개다.

제3장 일본이 독도를 욕심내는 이유

독도를 탐내는 4가지 이유

일본이 독도를 욕심내는 이유는 한마디로 독도의 가치를 빼앗아 가겠다는 야욕이다. 그 첫째는 영토와 영해의 확장이고, 둘째는 독도가 가지고 있는 경제적인 가치, 즉 수산자원, 해저자원, 관광자원에 대한 욕심이다. 셋째는 독도의 미래가치, 즉 생태환경 기후에 대한 연구를 위한 해양과학기지설치·어장의 확보이고, 넷째는 지정학적·군사전략적 가치 등으로 요약할 수 있다.

영토·영해에 대한 욕심

일본의 인구는 1억 2,700만 명이고, 국토면적은 38만km²이다. 우리나라는 인구가 남한 5,100만 명, 북한 2,400만 명이다. 국토면적은 22만km²로 남한이 10만km², 북한이 12만km²이다. 그런데 현재 일본이 주장하는 배타적 경제수역은 일본 국토면적의 10배가 넘는 447만km²이다.

일본이 주장하는 배타적 경제수역의 범위를 보면, 동쪽으로는 일본에

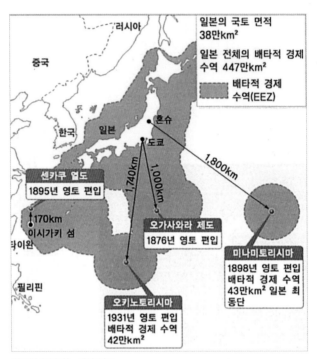

일본이 주장하는 해양 영토

서 1,800km나 떨어져 있는 미나미 도리시마(南鳥島)까지이며, 남쪽으로는
1,740km 떨어져 있는 오키노 토리시마(沖の鳥島)이고, 서쪽으로는 현재 중
국과 분쟁을 빚고 있는 센카쿠제도(다오다오이섬)이다.

특히 오키노 토리시마의 경우, 3개의 산호초로 구성되어 있다. 동쪽의
암초는 원래 만조 때 높이가 70cm, 가로 2m, 세로 5m에 불과해 파도가
조금만 몰아쳐도 암초 전체가 바닷물에 잠겼다. 그러나 일본은 이 암초
에 방파제를 만들고 해양 방파제용 테트라포트를 쌓는 공사를 하여 지름

50m, 높이 3m의 인공 섬을 만들었다. 나아가 부근에 관측시설을 짓고, 이 곳이 일본의 최남단이라 주장한다. 그러나 이러한 일본의 주장은 자기들의 주장일 뿐 주변국이나 국제사회에서 인정받지 못하고 있다. 이처럼 일본은 산호초를 인공섬으로 만들어 자기네 섬이라고 우기면서 바다의 영토를 넓혀가고 있으며, 독도에 대한 주장도 이 선상에서 이루어지고 있다.

일본이 교과서에서 독도를 일본 영역으로 표기하기 시작한 것은 1966년 '동경서적(東京書籍)'과 '제국서원(帝國書院)'의 지리부도가 처음이었다. 이는 일본 정부의 새로운 해양정책에 따른 것으로, 1994년 11월 유엔해양법협약이 발효되면서 국제사회가 200해리 '배타적 경제수역'의 시대로 바뀌면서부터이다. 이에 따라 일본 문부과학성은 1996년 개정판부터 울릉도와 독도의 중간해역에 배타적 경제수역의 경계선(EEZ)을 일률적으로 표시하도록 하였다. 이것은 1965년 체결한 한일기본조약의 어업협정을 1996년 2월 일본 정부가 일방적으로 파기한 행위와 맞물려 있다. 결국 독도에 관한 기술은 일부 출판사의 판단보다는 정부 차원의 정치적 선택이 교과서 집필에 작용했음을 보여주는 것이다.

'제국서원'의 교과서에서는 배타적 경제수역에 대한 설명을 상세히 하여, 섬나라인 일본의 특성을 구체적으로 인식할 수 있게 했다. 이에 따라 '바다 자원의 이용과 배타적 경제수역'이라는 제목으로 다음과 같이 기술하였다.

"영해 바깥에는 연안국이 물고기 등의 수산자원과 해저의 광산자원을 이용하는 권리를 갖는 배타적 경제수역이 있습니다. 이 수역은 해안선부터 200해리(약 370km) 이내의 범위입니다. 각국의 배타적 경제수역의 면적은 영토가 어떤 형태로 바다에 접해 있는가에 따라 차이가 있습니다. 섬나라인 일본의 경우는 배타적 경제수역의 면적이 국토 면적의 10배 이상이나 됩니다. 일본 근해는 세계 유수의 어장이고, 연안의 대륙붕에는 원유와 천연가스 등의 지하자원이 풍부하게 있는 것으로 예측되어지고 있습니다. 이러한 해역을 포함한 배타적 경제수역은 자원이 부족한 일본으로서는 대단히 중요하고, 자원 관리와 환경 보존에 주의하면서 개발이 진행되고 있습니다."

이러한 배타적 경제수역에 대한 상세한 기술은 매우 중요한 의미를 갖는다. 독도가 일본 영토가 되면 영해를 포함한 광대한 배타적 경제수역의 확보가 가능하다는 것이다. 이어 일본이 주장하는 광범위한 해양영토를 각각의 사진과 함께 소개하면서, 일본의 남단에 위치한 오키노토리시마 사진과 함께 지속적인 호안(護岸)공사가 이루어짐을 설명하고 있다.

'제국서원'의 교과서에는 오키노토리시마에 관하여 다음과 같이 기술하고 있다.

오키노토리시마는 북회귀선보다도 남쪽에 있는 동서 약 4.5km, 남북 약 1.7km, 바깥 둘레 약 11km의 환초(環礁 : 고리 모양으로 배열된 산호초) 안의 무인

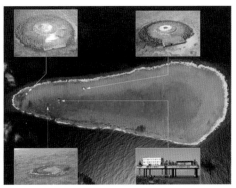

오키노토리시마

도입니다. 만조 시에는 크고 작은 2개 정도의 큰 바위가 해상으로 돌출합니다. 이 섬이 없어져 버리면 일본은 약 40만km²의 배타적 경제수역을 잃게 됩니다. 일본의 국토면적(약 38만km²)과 비교하면 얼마나 넓은 수역인지를 알 수 있습니다. 일본 정부는 이 섬을 파도에 의한 침식으로부터 보호하기 위해 약 300억 엔을 들여 호안공사(방파제공사)를 했습니다. 현재도 오키노토리섬은 국가가 직접 관리하고 있습니다.

그리고 이어서 독도를 다음과 같이 서술하고 있다.

"다케시마는 오키제도 북서 방향 약 150km에 있는 시마네현 오키노시마쵸에 속하는 섬들로 일본해 중앙의 바다 안에 있고, 거대한 지질판의 가장자리에 위치하고 있습니다. 오랜 화산이 토대가 되어 있습니다만 주위가 파도에 침식된 것으로 현재와 같은 단애(斷崖)로 둘러싸인 지형이 되었습니다. 다케시마는 몇 개의 섬으로 이루어져 있습니다. 중심은 표고 168m 의 서도(西島)와 표고 97m의 동도(女島)입니다. 죽도 주변 바다는 동지나해 에서 흘러오는 난류인 대마(對馬) 해류와 사할린에서 흘러오는 해류인 리만 해류가 마주치는 조목(潮目) 근처에 위치하고 있기 때문에 게와 오징어, 전 갱이 같은 회유어 등 풍부한 어업 자원으로 혜택을 받고 있습니다."

이렇게 기술한 내용 옆에 지형도를 첨부해 두고, 독도의 행정구역 소속을 명확히 밝히면서 자연스럽게 자국 영토로 인식하게 하고 있다. 나아가 지질학적으로도 거대한 대지의 가장자리에 속해 있었으나 침식으로 섬이 되었고, 그 섬이 배타적 경제수역 안에 있다고 했다. 그러나 지질학적으로 독도는 지질판이 일본에 이어져 있지 않고, 한반도의 지질판이다. 섬 이름도 동도, 서도를 '남도' '여도'라고 칭하여 마치 자신들이 오래도록 잘 알고 있는 친근한 섬처럼 위장하고 있다. 그리고 독도 주변 해역은 풍부한 어업 자원이 있다고 하며 이러한 섬이 한국으로부터 침해당해서야 되겠느냐고 일깨우고 있는 것이다.

역사적 영유 근거는 제대로 밝히지 못하고 오로지 고유 영토라고 내세우거나 17세기 중후반부터의 고기잡이나 러일전쟁 당시 비밀리에 침탈한 불법 근거를 바탕으로 집요하게 자신들의 영토라고 억지 논리를 펼치는 신제국주의적인 야심을 보이는 서술이다.

수산, 해저, 관광의 경제적 가치

독도 주변의 바다는 황금어장이다. 동해는 한국과 일본, 러시아 등이 인접해 있는 해역이며 동한난류(쿠로시오 난류)와 북한한류(오츠크 한류)가 교차하는 수역으로 물고기 먹이인 플랑크톤이 풍부하다. 동한난류는 동해안을 따라 북상하며 봄~여름에 걸쳐 죽변해역에서 동쪽으로 울릉도와 독도를 거쳐 쓰시마해류와 합쳐진다. 그래서 이 계절에는 동한난류를 따라 오징어, 꽁치, 고등어, 전갱이, 도미, 방어, 다랑어 등 난류성 어족이 동해 주변에 좋은 어장을 형성하여 수산자원이 매우 풍부하다.

특히 독도 연안의 주요 수산자원에는 연어, 방어, 쥐치, 우럭 등의 어류와 전복, 소라, 홍합, 문어 등의 연체류, 성게, 해삼 등의 극피류, 도화새우등의 갑각류와 미역, 다시마 등 해조류가 있다. 도화새우는 이따금 언론에 회자되는 독도 주변에서 잡히는 새우를 말한다.

또한 해저 200m 이하 깊은 곳의 바닷물인 양질의 해양심층수는 온도

도화새우

메탄하이드레이트

가 섭씨 2도 정도로 항상 일정하고 햇빛이 닿지 않는 곳이어서 세균이 전혀 없는 무균성 청정수이다. 해양심층수가 있는 곳은 수압이 매우 높아 바닷물에 포함된 물질이 완전히 분해되어 육지의 생수에 비해 마그네슘, 칼슘, 나트륨, 칼륨 등 인체에 필요한 미네랄을 300배 이상 함유하고 있다.

뿐만 아니라 불타는 얼음 '가스 하이드레이트(Gas Hydrate)'가 매장되어 있다. 가스 하이드레이트는 메탄이 주성분인 천연가스가 얼음에 둘러싸여 고체화된 것이다. 육지에서는 북극의 영구 동토층에서만 발견되고, 해양에서는 수심 300m 이상의 심해에서 발견되는데, 동해 해저에는 약 6억 톤이 매장된 것으로 추정된다. 에너지 자원이 부족한 우리나라에서 가스 하이드레이트는 개발 가능성이 높고 이산화탄소 배출이 매우 적은 미래의 친환경에너지 자원으로 주목받고 있다.

뿐만 아니라 독도는 국내외의 다양한 집단을 대상으로 하는 '영토관광', '교육관광', '해양스포츠관광'의 대상지로 적합하다. 2000년대까지는 학술적·정치적·교육적 목적이 주를 이루었으나 2005년 이후 독도관광이 자율화되면서 독도를 방문하는 관광객 수가 급증하여 2019년에는 25만 6천명에 이르렀다.

미래의 생태환경적 가치

독도는 생태환경적 측면에서 암석, 식물, 동물, 미생물, 바닷속 생태계로 구성되어 있다. 460만 년 전, 해저 2000m에서 화산폭발로 용암이 솟구

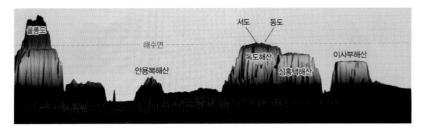

독도주변 바다 밑 해산

독도에 사는 식물들

처 형성된 화산섬으로 울릉도나 제주도보다 더 오래된 한반도에서는 가
장 오래된 섬이다.

독도에서 볼 수 있는 주요 광물은 감람석, 단사휘석, 사장석, 알카리장
석, 흑운모, 자철석 등이 있다. 이 광물들은 대부분 용암류인 조면암과 화
산재가 굳어 형성된 응회암과 각력암에서 형성된 것이다. 따라서 독도는
토양 깊이가 얕아 식물이 뿌리를 내리고 자라기 힘든 생태환경을 갖고 있

독도에 사는 새

독도에 사는 곤충

다. 그럼에도 각종 식물이 자라고 있어 척박한 생태환경에서 생명체가 줄기차게 자라고 있는 섬이다. 독도에 사는 식물은 50~60종에 이르는데 나무로는 동백나무, 보리밥나무, 섬괴불나무, 사철나무 등을 대표적으로 꼽을 수 있다. 희귀식물로는 섬초롱꽃, 섬기린초, 초종용, 왕호장근 등이 있으며, 이것들은 울릉도와 독도를 비롯해 한반도의 한정된 지역에서만 자란다.

독도에 사는 동물은 주로 조류와 곤충류이다. 독도에는 철새뿐만 아니라 많은 나그네 새들이 중간 기착지로 이용한다. 독도에서 가장 많이 번식하는 조류는 140여 종이 관찰되는데 괭이갈매기, 바다제비, 슴새, 뿔쇄오리 등이다. 중간 기착 조류는 오리류, 도요류, 딱새류로 민물도요, 쇠찌르레기, 왜가리 등 종류가 다양하다.

곤봉바다딸기 부채뿔산호 흑돌산호

아펠불가사리 섬유세닐말미잘 별불가사리

보라성게 말똥성게 전복

독도 바다 밑 산호초 말미잘 무척추동물들

　독도의 곤충은 90여 종이 보고되어 있다. 최근 연구결과에 의하면 많은 곤충들의 생물 지리적 한계선임이 확인되었다. 예를 들어 '독도장님노린재'는 독도가 북방한계선이고, '초록다홍알락 매미충'은 러시아 연해주부터 한반도 부속도서에 분포하지만 일본에서는 전혀 발견되지 않는다. 또 '섬땅방아벌레'는 독도가 세계분포상 서방한계선이라 한다.

한편 독도는 해양미생물의 보고이다. 2005년 미생물과학자들이 4개의 신종 세균을 발견했고 국제미생물학회에 보고하여 공인을 받았다. 독도에서 발견된 신규 미생물은 항생제, 효소, 무공해 농약 개발에 활용될 가능성도 있어 이 분야 연구자들이 분석 작업을 하는 중이다.

또한 바닷속의 생태계는 어떠할까? 앞에서도 언급했듯이 독도 주변의 어장에서는 오징어, 문어, 방어, 개복치, 도다리, 붕장어, 돌돔, 도루묵, 산갈치, 우럭, 가자미 등의 난류성 어류와 청어, 명태, 쥐치 등 한류성 어류가 있다. 그리고 무척추동물로는 전복, 소라, 홍합, 밤고동 등이 있다. 각종 산호초와 말미잘류 등이 자라고 있어 수산자원의 보고이자 어류의 서식지로 황금어장을 이루고 있다.

이러한 생태환경적 요소들로 인해 독도는 그 위치상 기상예보, 어장예보, 지구환경연구, 해양·대기의 상호작용 연구 등을 수행하기에 최적지이다. 특히 동해는 수심이 깊어 독도는 해양과학기지의 입지로서도 손색이 없다.

현재 우리나라는 남해에 이어도 종합해양과학기지와 서해에 가거초 종합해양과학기지가 설치되어 기상 및 해양, 대기환경 등 관측 임무를 수행하고 있다. 동해의 최적지인 독도에도 동해 해양과학기지를 설치하기 위해 예산과 기지 확보 등 모든 준비가 되어있으나 일본의 반대에 부딪쳐 더 이상 진전이 없다. 일본의 오키노토리시마의 예에서 보듯 우리가 주저

해야 할 아무런 이유가 없다.

지정학적 · 군사 전략적 요충지의 확보

3면이 바다로 둘러싸인 우리나라의 지리적 환경은 산업 경제적 측면에서 바다로 진출하는데 독도가 매우 중요하다. 또한 군사안보적 측면에서도 그 가치가 매우 높다. 독도는 동해를 통해 대양 진출의 교두보로서의 중요성을 가지고 있으며, 러시아의 동북단과 미국의 알래스카가 이어지면 베링해와 북극해로 직결되는 북극항로의 거점이 된다. 우리나라 최초의 쇄빙연구선 아라온호가 북극해를 향해 출항할 때도 이 항로를 이용했다.

또한 동해는 러시아·일본·중국·미국 등 주변국들이 군사력을 집결하

아라온호

중·러 군용기의 방공식별구역 침범

중러 군용기, 독도 인근 KADIZ·영공 침범

✈중국 ✈러시아

한국방공식별구역(KADIZ)

울릉도

독도

이어도

(자료: 국방부)

중러 폭격기 침범 상황

❶ 오전 6시 44분 중국 군용기 2대, KADIZ 최초 진입

❷ 오전 7시 14분 이어도 동방으로 KADIZ 이탈

❸ 오전 7시 49분 KADIZ로 재진입

❹ 오전 8시 20분 북쪽으로 향하며 울릉도, 독도 사이로 KADIZ 이탈

❺ 오전 8시 33분 중국 군용기, 북방한계선(NLL) 북방에서 러시아 군용기 2대와 합류해 남쪽으로 이동

❻ 오전 8시 40분 중국과 러시아 군용기 4대, KADIZ 재진입

❼ 오전 9시 4분 중러 군용기 4대, 울릉도 남방에서 KADIZ 이탈

❽ 오후 12시 1분 러시아 군용기 2대 KADIZ 재진입

❾ 오후 1시 34분 KADIZ 이탈·상황 종료

고 가동하는 공간이다. 미국이나 일본이 러시아나 중국을 견제하기 위한 전략적 요충지이며 군사력 균형추의 역할을 한다. 이러한 의미에서 독도는 동해의 중심에서 우리나라의 영해를 확보하는 근거가 되고 있으며, 한국의 군사적 활동 영역을 확보해 주고, 한국군 작전 수역 및 방공식별구역을 설정하는 근거를 제공해준다.

2019년 동해상에서 중국과 러시아 폭격기가 독도 상공의 방공식별구역을 침범한 사건은 독도의 지정학적 측면과 전략상의 중요성을 다시 한 번 상기시켜 준 큰 사건이었다. 물론 독도의 군사적 가치는 일본도 잘 알고 있다. 1905년 러일전쟁을 앞두고 일본은 독도를 시마네현에 강제 편입시키고, 울릉도와 독도에 망루를 세워 극동함대의 남하를 감시했다. 여기에서 그치지 않고 한반도와 울릉도, 독도, 나가사키를 잇는 해저전선을 깔아 러시아함대의 동태를 감시했으며 결국 러일전쟁을 승리로 이끌었던 것이다.

일본이 독도를 탐내고 욕심내는 이유가 이것이 전부는 아니지만, 이상의 4가지가 가장 중요한 이유이다. 그리고 어찌보면 일본이 독도를 탐내는 이유가 반대로 우리가 독도를 지켜야 하는 이유이기도 하다.

제2편

일본의 주장과 논리의 모순

제1장 '10가지 포인트'

외무성 홈페이지

일본은 2008년 2월 외무성 홈페이지에 독도를 일본의 고유 영토라고 하면서, 일본 땅인 이유를 '다케시마 문제를 이해하기 위한 10가지 포인트'(10 Issues of Takeshima)로 정리했다. 영어, 중국어, 아랍어, 독어, 불어, 스페인어, 러시아어 등 10개 언어로 업로드하여 온라인 및 오프라인으로 왜곡된 사실을 전파하고 있다. 그리고 이 내용을 근거로 모든 초·중·고 교과서를 개편하였다.

따라서 '10가지 포인트'는 독도가 일본 땅이라는 주장의 핵심 논리이다. 일본이 주장하는 논리는 제3편 '독도는 우리 땅'에서 구체적으로 비판하지만, 여기서는 그 핵심 부분만을 동북아역사재단 홈페이지의 내용을 중심으로 살펴본다.

1. 일본은 옛날부터 독도의 존재를 인식하고 있었다.

경위도선을 표시한 일본 지도로 가장 대표적인 나가쿠보 세키스이(長久

일본 외무성 홈페이지   한국 동북아역사재단 홈페이지

保赤水)의 「개정 일본여지노정전도(改正 日本輿地路程全圖)」(1779년) 등 일본의 각
종 지도와 문헌으로 이를 확인할 수 있다.

　비판 : 일본은 옛날부터 독도를 한국 영토로 인식해왔다.

　『개정 일본여지노정전도』는 개인이 만든 지도로 1779년 초판에는 울릉
도와 독도가 조선 본토와 함께 채색되지 않은 상태로 경위도선 밖에 그려
져 있다. 더욱이 일본의 관찬문서를 보면, 일본이 독도를 한국 영토로 인식
하고 있었다는 것을 보다 명확히 알 수 있다. 또한 최초의 기록인『은주시
청합기』(隱州視聽合記, 1667)와『삼국접양지도』(三國接壤之圖, 1785), 그리고 메이
지정부의『조선국교제시말내탐보고서』(1870), 〈조선동해안도〉(1876), 『태정

관 지령』(1877) 등에도 독도가 일본 영토가 아님을 공식적으로 인정하였다.

특히 1877년 일본 최고 행정기관인 태정관은 17세기 말 도쿠가와 막부가 내린 '울릉도도해 금지' 조치를 토대로 "… 울릉도(竹島) 외 독도의 건에 대해 일본은 관계가 없다는 것을 명심하라"고 일본 내무성에 지시함으로써 독도가 일본 영토가 아님을 공식적으로 인정하였다.

2. 한국이 옛날부터 독도를 인식했다는 근거는 없다.

한국 측은 우산도가 독도라고 주장하고 있으나 우산도는 울릉도와 같은 섬이거나 실재하지 않는 섬이다.

비판 : 한국의 독도 인식은 고문헌과 고지도가 증명한다.

독도는 울릉도에서 육안으로도 바라볼 수 있기에 울릉도에 사람이 거주하기 시작한 때부터 독도를 인식할 수 있었다. 『삼국사기』 기록 이래 『고려사』, 『세종실록지리지』에는 "우산(독도)과 무릉(울릉도) 두 섬이 현의 정동쪽 바다 가운데에 있다. 두 섬이 서로 거리가 멀지 않아 날씨가 맑으면 바라볼 수 있다"고 기록하고 있다. 뿐만 아니라 『신증동국여지승람』(1530년), 『동국문헌비고』(1770년), 『만기요람』(1808년), 『증보문헌비고』(1908년) 등 한국의 수많은 관찬자료에 독도의 옛 지명인 우산도가 명확히 기록되어 있다.

특히 『동국문헌비고』, 『만기요람』, 『증보문헌비고』 등에는 "울릉도와 우산도는 모두 우산국의 땅이며, 우산도는 일본인들이 말하는 송도(松島)"라고 기록되어 있다. 송도는 당시 일본인들이 부르는 독도 명칭이므로 우산도가 곧 독도라는 사실을 말해준다. 한국의 고지도들은 관찬지도이든 사찬지도이든 동해의 두 섬, 즉 울릉도와 독도를 함께 그리고 있어 독도의 존재를 명확히 인식하고 있었음을 보여준다. 오늘날과 달리 지도 제작 기술의 부족으로 독도의 위치나 크기를 잘못 그린 것이 있으나 이것이 독도의 존재를 인식하지 못했다는 증거가 되는 것은 아니다.

3. 일본은 17세기 중엽에 독도 영유권을 확립했다.

에도(江戶)시대 초기(1618년), 돗토리번의 요나고 주민인 오야(大谷), 무라카와(村川) 양가는 막부로부터 울릉도 도해면허를 받아 울릉도에서 독점적으로 어업을 하여 전복을 막부 등에 헌상했다. 즉 일본은 독도를 울릉도로 도해하기 위한, 항해의 목표나 도중의 정박장, 또는 강치나 전복 포획의 어장으로 이용했으며, 적어도 17세기 중엽에는 독도 영유권을 확립했다.

비판 : 일본 정부의 문헌은 울릉도와 독도를 한국 땅으로 인식했다.

도해면허는 자국 섬으로 도해하는 데는 필요 없는 문서다. 이는 일본이 오히려 울릉도·독도를 일본 영토로 인식하지 않고 있었다는 사실을 반증하는 것이다. 17세기 중엽에 편찬된 『은주시청합기』(1667년)에는 "일본의 서북쪽 한계를 오키섬으로 한다"고 기록되어 있어 당시 일본이 울릉도·독도를 자국 영토에서 제외하고 있었음을 알 수 있다.

더욱이 17세기 후반 안용복 사건을 기록한 『통항일람』(通航一覽)에는 막부에서 "죽도(울릉도) 외 돗토리번에 부속된 섬이 있는가?"라고 묻자, 돗토리번은 "죽도(울릉도), 송도(독도)는 물론 그밖에 부속된 섬은 없다"고 회답하여 울릉도와 독도가 돗토리번 소속이 아님을 분명하게 밝혔다.

4. 일본은 17세기 말 울릉도 도해를 금지했지만 독도 도해는 금지하지 않았다.

1696년 막부는 울릉도가 조선 영토라고 판단하여 울릉도 도해를 금지했지만 독도 도해를 금지하지는 않았다. 이는 당시부터 일본이 독도를 자국 영토라고 생각했기 때문이다.

비판 : 독도는 울릉도의 부속도서로 별도의 도해 금지가 불필요하다.

일본 자료인 오야 가문(大谷家)의 문서에 보이는 "죽도 근변의 송도(竹島近邊松嶋)"(1659년) "죽도(울릉도) 내의 송도(독도) (竹嶋內松嶋)"(1660년) 등의 기록이 설명해주는 바와 같이 예로부터 "독도는 울릉도의 부속도서"로 간주되었다. 그러므로 1696년 1월 울릉도 도해 금지 조치에는 당연히 독도 도해 금지도 포함되어 있었다. 일본 정부가 주장하는 것처럼 "일본은 울릉도로 건너갈 때 정박장이나 어채지로 독도를 이용"하는 정도였으므로 애초부터 독도 도해만을 목적으로 하는 '독도 도해면허'라는 것도 없었다. 따라서 별도로 '독도 도해 금지령'을 내릴 필요가 없었던 것이다. 17세기 말 울릉도 도해 금지에 의해 독도 도해도 함께 금지되었다고 보는 것이 타당하다.

5. 안용복의 진술 내용은 신빙성이 없다.

한국이 자국 주장의 근거로 인용하는 안용복의 진술 내용은 자신의 불법 도일에 대한 변명으로, 취조 때 행해진 것이며, 사실과 부합되지 않는 것이 많고, 일본 기록에 없는 내용도 있다.

비판 : 안용복 진술은 한국과 일본 문헌에 근거하는 사실이다.

안용복의 도일활동에 관해서는 조선의 비변사 조사결과를 기록한 것이다. 또한 조선의 기록에 있는 내용이 일본의 기록에 없다는 이유만으로 조선 기록이 신빙성이 없다고 하는 것은 부당하다. 안용복의 도일과정과 활동은 『숙종실록』, 『승정원일기』, 『동국문헌비고』 등 한국의 관찬서와 『죽도기사(竹嶋紀事)』, 『죽도도해유래기발서공(竹嶋渡海由來記拔書控)』, 『인부연표(因府年表)』, 『죽도고(竹島考)』 등 일본 문헌에도 기록되어 있다.

안용복의 활동으로 인해 울릉도·독도에 관한 논의가 일본에서도 있었으며, 결과적으로 두 섬을 조선 영토로 인정하게 되었다. 안용복 사건으로 조선과 일본 양국 간에 영토 문제가 대두되자, 1695년 울릉도·독도가 돗토리번(鳥取藩)에 귀속된 시기를 문의하는 일본 에도 막부의 질문에 대해 돗토리번은 "돗토리번에 속하지 않는다"고 회답했다.

1696년 1월에 내린 막부의 도해 금지령은 같은 해 8월 요나고(米子) 주민에게 전달되었기 때문에, 요나고 주민들은 그 이전에는 울릉도에 갈 수 있었다. 따라서 같은 해 5월 울릉도에서 일본인을 만났다는 안용복의 진술을 거짓으로 보는 일본 주장은 타당하지 않다. 또한 2005년 일본 오키섬에서 발견된 안용복의 일본측 조사보고서인 『원록구병자년 조선주착안 일권지각서(元祿九丙子年朝鮮舟着岸一卷之覺書)』에 의하면 안용복의 진술은 사실이며, 울릉도와 독도가 조선의 강원도 소속임을 명기한 문서를 소지하고 있었다.

6. 1905년 시마네현의 독도 편입은 영유 의사의 재확인이었다.

일본 정부가 1905년 각의 결정에 의해 독도를 시마네현에 편입한 것은 독도 영유 의사를 재확인한 것이었다. 시마네현 오키섬 주민인 나카이 요자부로(中井養三郎)의 독도 영토편입 청원을 접수한 일본 정부는 1905년 1월 각의 결정으로 독도를 영유한다는 의사를 재확인하였다. 같은 해 2월 시마네현 지사는 독도가 오키도사(隱岐島司)의 소관이 되었음을 고시했다.

비판 : 일본은 1905년 대한제국칙령 제41호를 무시하고, 러일전쟁 중에 불법으로 독도를 편입시켰다. 당시 일본의 독도 편입 근거는 독도가 주인 없는 땅이라는 제국주의의 무주지(無主地) 선점론이었다. 그런데 이 주장이 '영유 의사 재확인'으로 바뀌었다. 독도를 자국의 고유 영토라 주장하면서, 다른 한편으로 무주지 선점론에 근거하여 1905년 영토로 편입하였다는 것이 모순되기 때문이다.

영유 의사 재확인은 독도가 자국의 고유 영토라는 주장에 근거하고 있다. 하지만 독도가 일본 고유의 영토라는 주장은 1877년 일본 최고행정기관인 태정관이 울릉도와 독도가 일본과 관계없다는 것을 명심하라고 한 사실과 정면으로 배치된다.

일본의 어업인 나카이 요자부로는 독도가 한국 영토라는 것을 알고 일본 정부를 통해 한국에 임대 청원서를 제출하려 했다. 그런데 해군성과 외무성 관리(기모쓰케 가네유키, 야마자 엔지로) 등의 사주를 받고 1904년 영토편입 청원서를 제출했다. 그러나 내무성 관리(이노우에 서기관)는 "한국 땅이라는 의혹이 있는 쓸모없는 암초를 편입할 경우 일본을 주목하고 있는 외국 여러 나라들로부터 한국을 병탄하려 한다는 의심을 크게 갖게 한다"며 독도 영토편입 청원에 반대하였다.

그러던 차에 러일전쟁에 대비하기 위해 일본은 1905년 2월 시마네현의 독도 편입을 고시했고 대한제국에는 아무런 협의나 통보도 없었다. 그러나 대한제국에서는 이미 1900년 10월 25일 칙령 제41호로 독도를 울릉군의 관할구역으로 규정하였다. 따라서 1905년 일본의 일방적인 시마네현 편입 조치는 아무런 법적 효력도 없는 무효 행위에 지나지 않는다.

한국은 1906년 3월 울릉도를 방문한 시마네현 관리들로부터 편입 소식을 전해들은 후에야 처음으로 알게 되었다. 울릉군수는 이 소식을 그 다음 날 즉시 강원도 관찰사와 중앙정부에 보고하였다. 보고를 받은 내부대신과 참정대신은 '독도가 일본 영토라는 것은 전혀 근거 없는 것'이라며 사실관계를 다시 조사할 것을 지시하였다. 하지만 한국 정부는 이미 1905년 11월 을사늑약으로 외교권이 박탈된 상태였기 때문에 어떠한 외교적 항의도 할 수 없었다. 이러한 사실을 〈대한매일신보〉(1906. 5. 1)와 〈황성신문〉(1906. 5. 9) 등의 언론에서 보도하여 일본의 독도 영토 편입의 불법성을 지적하였다.

7. 샌프란시스코 강화조약 기초 과정에서 미국은 독도가 일본의 관할 하에 있다는 의견이었다. 그러나 한국은 일본이 포기해야 할 영토에 독도를 포함시키도록 요구했다. 하지만 미국은 독도가 일본의 관할 하에 있다 하여 이 요구를 거부했다. 1951년 샌프란시스코 강화조약에 일본이 그 독립을 승인하고 모든 권리, 권원 및 청구권을 포기한 '조선'에 독도는 포함되어 있지 않다

비판 : 샌프란시스코조약은 카이로 및 포츠담선언, 스캐핀 제677호의 연장선상에서 이해해야 한다. 샌프란시스코 강화조약 초기 회담에서 1949년 11월 이전까지 작성된 6차까지의 기초문서를 보면 '일본이 포기해야 할 영토에 독도'가 들어가 있었다. 이는 미국이 독도를 한국의 영토로 인식하고 있었다는 것이다. 그러나 6차부터는 주일 미 정치고문 윌리엄 시볼드를 통한 일본의 로비로 인해 독도가 빠졌다. 이후 한일 양국은 치열하게 넣기를 원했지만 미국은 어느 편도 들지 않았고, 결국 조약문에서 빠졌다. 따라서 독도가 적시되지 않았다 해서 독도가 일본 영토라는 의미는 아니다.

오히려 연합국총사령부에서는 제2차 대전 후 샌프란시스코 강화조약 발효 때까지 독도를 일본에서 분리하여 취급하였다. 그래서 일본 점령 기간 내내 독도를 울릉도와 함께 일본의 통치 대상에서 제외되는 지역으로 규정한 '연합국 최고사령관 각서(SCAPIN) 제677호(1946. 1. 29)'를 적용하였다.

'SCAPIN 제677호'의 "약간의 주변 지역을 정치상 행정상 일본으로부

터 분리하는 데에 관한 각서"의 3에 의하면 이 지령의 목적을 위하여, 일본은 일본의 4개 본도(홋카이도, 혼슈, 큐슈,시코쿠)와 약 1천 개의 더 작은 인접 섬들을 포함한다고 정의된다. (1천 개의 작은 인접 섬들에서) … 제외되는 것은 (a)울릉도·리앙쿠르 락스(Liancourt Rocks : 독도) … 등이다"라고 되어 있다.

이처럼 연합국 총사령부가 독도를 일본 영역에서 분리하여 취급한 것은 일본이 '폭력과 탐욕에 의해 약탈한' 영토를 포기할 것을 명시한 카이로선언(1943년) 및 포츠담선언(1945년) 등의 연합국의 전후 처리정책에 따른 것이다.

1951년 9월 체결된 샌프란시스코 강화조약은 이러한 연합국의 조치를 계승한 것이다. 또한 1951년 10월 일본 정부는 샌프란시스코 강화조약에 근거하여 일본 영역을 표시한 '일본영역도'를 국회 중의원에 제출하였는데, 그 지도에 분명하게 선을 그어 독도를 일본 영역에서 제외하였다.

8. 주일 미군의 독도 폭격훈련구역 지정은 일본의 독도영유권을 인정한 증거다.

독도가 1952년 주일 미군의 폭격훈련구역으로 지정된 사실은 독도가 일본 영토라는 것을 나타낸다. 미일행정협정위원회는 미일행정협정에 입각하여 주일 미군이 사용하는 폭격훈련구역의 하나로 독도를 지정하였고 일본 외무성은 이를 관보에 고시하였다.

비판 : 독도를 미 공군의 폭격훈련구역으로 지정한 것은 잘못된 것이어서 한국의 항의로 즉각 해제되었다. 독도는 당시 한국 어민들의 주요 어로

활동 구역이었다. 그러나 일본 정부는 독도에 대한 일본의 영유권을 주장하기 위해 독도에서 조업 중이던 한국 어민들이 많은 피해를 입었음에도 독도를 미군의 폭격훈련구역으로 지정하고 폭격훈련을 하도록 유도했다. 이러한 사실은 일본 의회에서의 발언을 통해서도 확인할 수 있다.

다음은 1952년 5월 23일 중의원 외무위원회에서 시마네현 출신 야마모토 도시나가(山本利壽) 의원 질의에 이시하라 간이치로(石原幹市郎) 외무차관이 응답한 내용이다. 야마모토 의원은 이렇게 질문했다.

"이번 일본 주둔군의 연습지 지정에 있어서 독도 주변이 연습지로 지정되면, 그 (독도) 영토권을 일본의 것으로 확인받기 쉽다는 생각에서 오히려 외무성이 연습지 지정을 바라고 있는지 그 점에 대해 말씀해 주시기 바랍니다."

이시하라 차관은 "대체로 그런 발상에서 다양하게 추진하고 있는 것 같습니다"라고 대답했다.

이와 같이 독도가 주일 미군의 폭격훈련구역으로 지정된 사실은 있지만, 미 공군은 한국의 항의를 받고 즉각 독도를 폭격훈련구역에서 해제하였으며 그 사실을 한국 측에 공식적으로 통고했다.

9. 한국은 현재 독도를 불법으로 점거하고 있다.

한국에 의한 독도 점거는 국제법상 아무런 근거 없이 이루어지고 있는 불법점거이며, 한국이 독도에서 행하는 어떠한 조치도 법적 정당성이 없다. 한국의 독도 불법점거에 대해 일본은 엄중한 항의를 거듭하고 있다.

비판 : 독도는 1905년 시마네현 편입 이전부터 한국의 고유한 영토이다. 한국은 1905년 시마네현이 독도를 편입하기 이전부터 독도에 대한 영유권을 확립하였고 1945년 광복으로 되찾은 땅이다. 그리고 1948년 이후 '경상북도 울릉군 남면 도동리 1번지'로 주소를 부여하고 정당하게 주권을 행사해왔다. 또한 1965년 한일기본조약에서도 영토권과 영유권을 상호 인정했다.

현재 독도의 행정구역은 경상북도 울릉군 울릉읍 독도리 1~96번지이며, 한국의 경찰, 공무원, 주민이 50여 명 상주하고 있다. 그리고 울릉도를 모항(母港)으로 하는 관광선이 울릉도와 독도 사이를 운항하고 있어 매년 25만명이 넘는 국내외 관광객들이 독도를 방문하고 있다.

또한 한국 정부는 독도의 자연환경과 생태계를 보존하기 위해 1982년 독도를 천연기념물 제336호 「독도 해조류 번식지」로 지정하였고, 1999년에는 「독도 천연보호 구역」으로 그 명칭을 변경하였다. 2000년에는 환경부 고시 제2000-109호에 의해 '특정도서'로 지정, 보호하고 있다.

10. 독도의 영유권 문제는 국제사법재판소에서 해결되어야 한다.

일본은 독도영유권 문제를 국제사법재판소에 회부하자고 제안하였는데 한국은 이를 거부하였다. 일본 정부는 1954년 9월과 1962년 3월 이 문제를 국제사법재판소에 회부할 것을 제안했으나 한국 측은 이를 받아들이지 않고 현재에 이르고 있다.

비판 : 독도는 명백한 한국 영토로서 국제사법재판소에 회부할 필요가 없다. 독도는 일본의 영토침탈 전쟁인 러일전쟁 중에 침탈당했다가 되찾은 명백한 대한민국 영토로 국제사법재판소에 회부할 어떠한 이유도 없다.

일본은 중국과 러시아가 첨각열도(조어도)와 남쿠릴열도(북방영토) 문제에 대해서는 국제사법재판소 회부를 거부하면서, 유독 독도에 대해서만 국제사법재판소 회부를 주장하고 있다. 일본의 침략적 근성의 이중적인 태도를 보여주는 사례이다. 더구나 2002년 이후, 극우파 세력이 득세하면서 일본의 우경화에 의해 '역사교과서를 왜곡'하고, 2008년부터는 모든 초·중·고 교과서에 독도를 일본 땅으로 명시하고 교육하는 것은 일본 국민을 또다시 우매하게 만드는 어리석은 짓이다.

일본은 현실적으로 두 나라의 국익에 아무런 도움이 되지 않는 소모적 논쟁을 그쳐야 하며, 더 이상 한국을 괴롭히지 말고, 과거 한국에 대한 수많은 침략행위를 반성해야 한다. 일본 정부가 독도에 대한 영유권 주장을 스스로 포기하는 것만이 이 문제를 해결하는 유일한 방법이다. 그리고 이제는 동아시아에서 공존·공생하는 한일관계를 만들어 가야 할 것이다.

제2장 '100問 100答'

2008년 2월, 외무성 홈페이지에 '10가지 포인트'를 게재한 일본은 2009년 12월, '다케시마 문제의 개요'를 추가로 발간하여 외무성 홈페이지에 올렸다. 이어 초·중·고 교과서를 개편하고, 2014년 3월에는 대중잡지 〈Will〉을 통해 '다케시마 문제 100問 100答'을 발간하여 전 국민을 상대로 교육·홍보에 나섰다.

'100問 100答' 표지

독도 문제에 대한 일본의 주장과 논리는 모두 시마네현 독도자료실 산하의 한 조직인 '다케시마문제연구회'에서 만들어낸다. '다케시마문제연구회(竹島問題研究會)'는 2005년 '다케시마의 날을 정하는 조례'에 의해 그해 6월에 설치되었다.

제1기 연구회(2005. 6~2008. 3)는 11명의 위원으로 구성했고, 주로 근세까지의 독도에 관한 역사와 지리를 중심으로 양국의 주장과 논점 정리를 했다. 특히 2006년 11월에는 울릉도 현지조사를 했고, 한국 측이 주장하는 우산도가 죽서도라고 추정하기도 했다. 그리고 이 연구결과를 반영하여 외무성에서는 '독도를 이해하기 위한 10가지 포인트'를 만들었으며 이를 홈페이지에 올렸다

제2기 연구회(2009. 10~2012. 3)는 19명으로 증원하여 국제법과 학교에서의 다케시마 교육 추진에 역점을 두면서 근·현대를 연구 대상으로 했다. 그 결과 시마네현의 영토편입의 합리화, 한국 정부의 독도영유권 창작과 주장, 이승만 라인의 실체 등의 제목으로 한국의 주장을 비판했다.

제3기 연구회(2012. 10~2015. 6)는 16명의 위원으로 구성했다. 지금까지의 연구성과와 'Web다케시마문제연구소'의 Q&A 등을 기초로 일·한 양국의 주장을 정리하여 다케시마 문제를 일반인에게 쉽게 이해시킨다는 명분으로 '다케시마 문제에 관한 100問 100答'을 편집·발간했다.

제4기 연구회(2017. 6~2020. 3)는 14명의 위원으로 활동했으며, 'Web다케시마문제연구소' 홈페이지에 최종보고서를 올렸다.

'100問 100答'은 이러한 과정과 배경에서 출현했고, 이 책에는 일본 측의 독도에 대한 주장과 논리, 그리고 자국민에 대한 교육과 홍보 현황 등이 모두 포함되어 있다. 이 점에서 향후 우리의 독도에 대한 주장과 논리, 교육과 홍보 방향도 재점검되어야 할 것이다.

대표 집필자인 시모조 마사오[下條正男]는 간행사에서

"폐색감(閉塞感)이 도는 일한관계에서 중요한 것은 "독도가 역사적·지리

적·국제법적으로 명백한 한국의 고유 영토"라는 한국 측 논거를 "역사적·지리적·국제법적으로 검증해볼 때 정당한가 하는 점이다. 그 해답의 일부가 이 책 안에 분명히 밝혀져 있다. 제3기 '시마네현 다케시마문제연구회'는 지금까지 시마네현에 접수된 일반인의 질문과 설명이 필요하다고 생각되는 항목을 주제별로 묶어 '100問 100答'이라는 문답 형식으로 정리해서 다케시마 문제를 검증하기로 했다. 답변은 모두 연구회 관계자들이 나누어 담당했다. 미리 담당자를 정했고, 답변 내용은 원칙적으로 담당자의 판단에 맡겼다. 다른 일에 본업을 갖고 있는 분들이 모두 자원해서 집필을 담당했다. 전체적으로 보았을 때 중복된 부분이나 통일성이 결여된 부분도 있지만, 그 점은 너그러이 이해해주기 바란다. 오히려 이 책의 간행을 계기로 다케시마 문제에 대한 이해와 일한 상호간의 이해가 깊어지기를 기대한다."

라고 했다. 본인도 밝혔듯이 문(問)은 일반인의 질문이고, 답(答)은 독도 전문가도 아닌 다른 직업에 종사하는 사람들이 쓴 것이다. 따라서 일본 정부의 공식 입장도 아니며, 전문가의 답변도 아니다. 하지만 이러한 사실이 무시된 채 일반인에게 널리 유포되어 홍보자료로 보급되고 있다.

대표 저자 사마모가 고백했듯이 질문은 일반 국민들이 궁금한 것들을 정리한 것이고, 답변은 여러 사람의 비전문가가 포함된 연구회 위원들이 답변한 것이다. 따라서 전체적으로 체제와 구성이 엉성하고 체계적이지 못하며 중복된 내용도 많다. 또한 전문성이 떨어지는 답변도 있고, 비합리적·비논리적인 부분도 있다.

이 점을 감안하면서 요약 형태로 비판을 하고자 한다. '100問 100答'
은 전부 9개 부로 나누었고, 각 부는 질문과 답변 등 전체가 102개의 항
목으로 구성되어 있다.

제1부 '우리(일본)**섬 다케시마'는 11개 항목으로 구성했다.**

1. 다케시마는 어떤 섬인가?

2. 다케시마를 둘러싸고 어떤 문제가 발생하고 있는가?

3. 현재의 다케시마는 어떤 상황인가?

4. 다케시마 문제에 관한 일·한 양국 정부의 입장은 어떠한가?

5. 지금까지 일본 정부는 어떻게 대응해 왔는가?

6. '우리나라 고유 영토'란 무슨 뜻인가?

7. 다케시마의 경제적 가치는?

8. 다케시마를 둘러싼 시마네현 어업 현상은?

9. 해양 이용에 관한 국제 규정을 알고 싶다

10. 다케시마의 자연환경을 알고 싶다

11. 다케시마의 강치에 대해 알고 싶다

제1부에서는 독도의 자연환경과 현황, 경제적 가치, 강치의 멸종, 일본
의 고유 영토에 대해 설명하고 있다. 이에 대해 현재 일본인은 갈 수 없으
며, 어업도 자유로이 할 수 없고 해저자원에 대한 권리도 행사할 수 없다

고 했다. 그 이유는 한국이 1954년부터 무장요원을 파견하여 섬을 무력으로 점거하고 있기 때문이라고 했다. 더구나 2012년 8월에는 이명박 대통령이 독도를 방문했고, 그 후 일반 관광객이 해마다 늘고 있어 2018년에는 연간 22만 명을 넘었다고 했다. 그래서 독도 주변 수심 30m 바다 속에는 폐기물이 30톤이나 쌓여 있으며, 1954년 무렵에 200~500마리나 서식하고 있던 강치가 불법 남획으로 1970년대 중반 이후에는 멸종했다고 한다. 또한 독도는 17세기에 일본인이 막부 공인 아래 어업활동을 해 온 사실이 있으므로 고유 영토로서 역사권 권원을 가지는 반면 한국은 20세기 초까지도 이 섬에 대한 인식이 없었다고 답변하고 있다. 그리고 독도의 경제적 가치에 대해서는 광범위한 해역의 어업자원과 해저 광물자원에 주목할 필요가 있지만, 일본이 독도영유권을 주장하는 것은 경제적 가치보다는 한국이 일본 영토를 이유 없이 점거하고 있기 때문이라는 궤변을 늘어놓고 있다.

주지하다시피 독도는 한반도의 부속 도서로 우리나라 국토에서 가장 동쪽에 위치한 섬이다. 큰 섬인 동도와 서도를 비롯해 89개의 작은 섬들로 이루어져 있다. 서기 512년 울릉도와 함께 신라에 귀속된 후 고려 – 조선 – 대한민국으로 이어지고 있는 한국의 고유 영토이다. 1900년 대한제국 칙령 제41호로 울릉도가 울도군으로 승격되었고, 이때 울도군은 독도를 관할하게 되었다. 이후 1914년 행정구역 개편으로 경상북도에 편입되어 현재에 이르고 있다. 독도의 주소는 '경상북도 울릉군 울릉읍 독도리 1~96번지'이다.

현재 독도에는 대략 40~50여 명이 상주하고 있다. 서도에는 주민 김성도 씨가 작고한 이후 부인과 울릉군청 소속 독도관리사무소 직원 2명이 살고 있다. 동도에는 포항지방해양항만청 소속 등대원 3명과 독도경비대원 40여 명이 상주하면서 독도를 지키고 있다. 1982년에 천연기념물 제336호로 지정되면서 공개 제한지역이었으나, 2005년 3월에 동도에 대해 일반인 출입이 가능하도록 제한지역에서 해제되었고, 입도허가제에서 신고제로 전환되었다. 매년 독도 방문객이 늘고 있으며 2019년에는 25만 9천 명에 이르렀다. 대한민국 영토에 대한민국 국민이 가는 것이다.

한국 정부는 그간 독도를 「문화재보호법」과 「독도 등 도서지역의 생태계 보전에 관한 특별법」에 따라 이용적 측면보다는 보전과 관리 측면에 치중해왔다. 그러나 2005년 3월 일본 시마네현이 느닷없이 이른바 '다케시마의 날' 조례를 제정·가결하면서 독도 도발을 노골화하자 이를 계기로 독도의 보전과 관리를 포함해 '이용' 측면을 강조한 「독도의 지속가능한 이용에 관한 법률」을 제정하여 종합적인 관리 체계를 구축하여 운영하고 있다. 일본이 독도 주변의 폐기물 운운하는 것은 한국의 일부 언론에서 무책임하게 과장 보도한 것을 인용하여 악의적인 선전을 하고 있는 것이다.

또한 강치 멸종도 사실은 일본에 책임이 있다. 1900년대부터 일제강점기에 걸쳐 일본인의 무분별한 남획으로 멸종된 것이다. 일본 자료에 의하면 독도 주변에 서식하던 강치의 개체수는 1900년경 절정을 이루었다. 1904년부터 본격적으로 포획이 시작되었으며 1911년까지 8년간 무려 1

만 4천 마리에 달했다. 그 후 1910년대에는 매년 600~700마리, 1930년대에는 100여 마리, 1940년대에는 20여 마리를 포획했다. 이처럼 숫자가 급격히 감소하면서 결국 1970년대에 멸종되었다. 이러한 자료를 근거로 한국이 강치 멸종의 원인이 일본에 있음을 밝히자 일본은 남획 사실을 부정하고 그 원인이 오히려 한국에 있다고 뒤집어씌우고 있다.

제2부 '다케시마 편입'은 9개 항목으로 구성했다.

12. 1905년의 다케시마 영토 편입은 어떤 경위로 이루어졌는가?

13. 나카이 요자부로는 어떤 인물인가?

14. 다케시마 편입에 관계된 사람들을 알고 싶다

15. 1905년의 다케시마 영토 편입은 국제법적으로 어떤 의미를 지니는가?

16. 고도(孤島)의 선점에 통고가 필요한가?

17. '고유 영토'인데 영토를 편입하는 것은 모순이 아닌가?

18. 다케시마 영토 편입 후 시마네현은 어떤 행정적 조치를 취했는가?

19. 다케시마 영토 편입 후, 오키 사람들은 다케시마와 어떤 관계를 맺었는가?

20. 울릉도와 일본인의 관계에 대해 알고 싶다.

제2부에서는 1905년 1월 28일 독도를 일본 시마네현 오키도사의 소관으로 할 것을 각의에서 결정하고, 이것을 2월 22일, 시마네현 지사가 고시함으로써 일본의 영토가 되었다고 주장하였다. 당시 나카이 요자부로[中井

養三郞는 강치잡이의 독점권을 획득하기 위해 내무와 외무, 농상무성에 로비를 하였고, 러일전쟁에서 해군력의 열세를 고심하던 야마자 엔지로山座円次郎에 의해 독도를 군사적인 목적에 이용하기 위해 강제로 시마네현에 편입했다.

그러나 국제법으로 보면, 일본이 내각 결의에 의해 독도를 편입하기 위해서는 독도가 무주지(無主地)이어야 한다. 그래야 독도 편입의 당위성이 인정된다. 일본의 주장대로라면 앞에서는 일본의 고유 영토라 했는데, 이를 다시 편입한다는 것은 논리적으로 모순된다. 고유 영토인 자기 영토를 다시 편입한다는 것이 말이 안 된다. 그러자 일본에서는 "일본이 근대국가로서 다케시마를 영유할 의사를 재확인하기 위한 조치였다"고 변명하고 있다. 결국 일본의 독도 편입은 러일전쟁을 수행하는 과정에서 외무성이 개입하여 불법으로 침탈한 행위일 뿐이다.

제3부 '전후 – 이승만 라인의 횡포'는 10개 항목으로 구성했다.

21. 맥아더 라인이란 무엇인가?

22. 샌프란시스코 강화조약의 기초 과정에서 한국은 무엇을 요구했는가?

23. 샌프란시스코 강화조약에서 다케시마는 어떻게 다루어졌나?

24. 전후에 다케시마에 간 사람은 있었는가?

25. 다케시마는 재일 미군 폭격훈련구역이 되어 있었는가?

26. '평화선'이라 불리는 '이승만 라인'이란 무엇인가?

27. 이승만 라인이 미친 영향은 무엇인가?

28. 다케시마 문제와 이승만 라인은 어떤 관계에 있는가?

29. 1965년의 일·한 국교정상화 당시 다케시마 문제는 어떻게 다루어졌나?

30. 신(新)일한어업협정에서 다케시마는 어떻게 다루어졌나?

제3부에서는 평화선 설정의 배경이 되는 맥아더 라인, 샌프란시스코 강화조약, 그리고 1965년의 한일어업협정과 신한일협정을 기술하면서, 독도에 대한 한국의 영유권 행사가 불법적이라고 주장했다. 맥아더 라인은 연합군총사령부(GHQ)가 정한 일본 어선의 어업구역을 말하는데 독도와 관련있는 사항은 1946년 1월의 SCAPIN-제677호와 6월의 SCAPIN-제1033호이다. 두 조항은 일본인에게 독도 주변 12마일 이내에서 어로행위를 금지한 것으로, 광복 이후 최초로 국제법에 의해 독도 영유권을 한국에 보장한 것으로 볼 수 있다. 그러나 1951년 9월, 샌프란시스코 강화조약에서 이 조항이 빠지자 한국의 독도 영유권과 어업권을 수호하기 위해 한국전쟁 중이던 1952년 1월 평화선, 일명 이승만 라인을 선언하였다.

이후 이승만 라인은 1965년 6월, 한일국교정상화를 위한 한일기본조약 어업협정이 맺어질 때까지 지속되었다. 한일어업협정의 주요 내용은 한일 양국이 자국 연안으로부터 12해리 어업전관수역을 설정하고, 영해와 같은 효력을 갖는다는 것이다. 이후 1998년 11월, '신한일어업협정'도 이를 따르도록 규정했음에도 일본에서는 이를 여전히 부정하고 있다.

제4부 '한국의 주장에 반론한다 ①'은 18개 항목으로 구성했다.

31. 한국은 무엇을 근거로 다케시마가 자국 영토라고 하는가?

32. 한국은 예로부터 다케시마를 인식하고 있었는가?

33. 다케시마는 신라 이래 한국의 영토인가?

34. 다케시마의 일본 영토 편입은 '제국주의적 침탈행위', '일본의 조선 침략의 제1보'였는가?

35. 1905년의 다케시마 영토 편입 조치는 비밀리에 행해졌는가?

36. 일본의 다케시마 영토 편입 전에 한국(조선)이 다케시마를 실효 지배한 증거는 있는가?

37. 심흥택을 통해 처음으로 '독도'에 대해 알게 된 대한제국 정부는 어떻게 대처했는가?

38. 카이로 선언이 다케시마가 한국령이라는 증거가 되는 것은 아닌가?

39. 연합군 총사령부 지령에 의해 다케시마가 일본 영토에서 제외된 것은 아닌가?

40. 1951년의 샌프란시스코 강화조약으로 다케시마가 일본에서 분리된 것은 아닌가?

41. "한국의 영유권이 명백하므로 재판에서 증명할 필요는 없다"는 주장은 옳은가?

42. "한국은 다케시마에 대해 영토 주권을 행사하고 있다"는 주장은 옳은가?

43. 한국은 이승만 라인을 어떻게 정당화하고 있는가?

44. 한국은 왜 일본해를 '동해'로 부르고 싶어 하는가?

45. 일본의 다케시마 영유권 주장을 한국이 "광복의 역사를 부정"하는 것
　　이라고 하는 것은 어째서인가?

46. 한국에서는 어떤 '독도 운동'을 전개하고 있는가?

47. 한국은 독도에 관해 어떤 해외 선전활동을 하고 있는가?

48. '동북아역사재단'이란 어떤 조직인가?

　제4부에서는 한국이 독도를 자국 영토로 주장하는 근거로 역사적으로
는 『삼국사기』, 『세종실록지리지』, 『동국여지승람』 등과 '대한제국칙령'을
들고 있다고 하면서 그것이 사실인가? 그리고 일본 시마네현의 독도 편입
은 정당했는가? 카이로선언, 연합군총사령부 지령(SCAPIN 제677호, 제1033호),
샌프란시스코조약, 이승만 라인, 동해 명칭, 동북아역사재단 및 한국의 독
도 운동 등에 대해 정당성을 부정하는 내용으로 이루어져 있다.

　이 부분에 관해서는 역사적으로 이미 많은 설명이 이루어졌으며, 이 책
의 제4부 '독도가 한국 땅인 이유'에서 항목별로 자세히 서술한다. 해당
부분을 참조해 주길 바란다.

제5부 '국제사법재판소'는 9개 항목으로 구성했다.

49. 국제사법재판소란 어떤 곳인가?

50. 국제사법재판소에서 문제를 해결하는 데 필요한 절차는?

51. 국제사법재판소에서 재판은 어떻게 이뤄지며, 무엇이 중시되는가?

52. 판결은 어느 정도의 구속력이 있는가? 타국의 예를 참조하고 싶다

53. 한국은 왜 일본 정부의 국제사법재판소 회부 제안에 응하지 않는가?

54. 국제사법재판소에 회부된 사건 가운데 다케시마 문제와 유사한 안건과 판결을 알고 싶다.

55. "한국이 다케시마를 실효 지배하고 있다"는 보도는 올바른가?

56. 일·한 우호를 위해 다케시마를 현상 그대로 두는 것이 좋은가?

57. 다케시마 문제 해결에는 무엇이 필요한가?

제5부의 내용은 독도 문제를 해결하는 방법으로 일본이 국제사법재판소 회부를 주장하는 것에 대한 물음과 답변이다. 국제사법재판소는 당사국 쌍방의 동의가 없으면 재판에 회부할 수 없으며, 관할권을 행사할 수도 없다. 한국이 현재 독도에 대한 영토주권을 정당하게 행사하는 시점에서 제소할 아무런 이유가 없으며, 승소하더라도 아무런 실익이 없는 재판을 해야 할 이유가 없다. 또한 '실효 지배'라는 용어에 대해 국제법상 명확한 정의가 있는 것은 아니지만, 일본은 일반적으로 국가 주권이 미치고 있는 영토에 대해 그 주권이 유효하게 행사되고 있는 평온한 상태를 말한다. 그러나 독도는 한국이 1954년 6월부터 불법점거하고 있으며, 계속해서 경비대원을 상주시킴과 동시에 숙소나 감시소, 등대, 접안시설 등을 구축하고 있는데, 이에 대해 일본은 사안이 있을 때마다 항의 의사를 계속 표명하고 있으므로 '평온'이라고 할 만한 상태가 아니라는 것이다.

이 때문에 일본은 한국이 독도를 '사실상의 점거' 또는 '사실상의 지배'를 하고 있지만 그것이 아무리 장기간에 걸쳐 이뤄진다 해도 일본이 항의를 계속하는 한 '실효 지배'가 확립되지 못한다는 입장을 취하고 있다.

국제법적으로 '실효적 지배(effective control)'는 무주지(無主地) 선점과 '영유의 의사(annimus occupandi)'와 함께 요구되는 요건이다. 만약 독도가 무주지였다면 한국이 이를 선점하기 위해 실효적 지배를 하고 있다는 표현을 쓸 수도 있으나 독도는 무주지가 아니라 울릉도에 사람이 거주하기 시작한 이래 한국의 영토였다. 그리고 한국은 고유 영토인 독도에 대한 영유권을 평온하고도 자연스럽게 행사하고 있다. 따라서 독도가 무주지가 아닌 한국의 고유 영토이기 때문에 한국에서도 "독도를 실효적으로 지배하고 있다"는 표현은 쓰지 않는 것이 타당하다.

제6부 '에도시대의 다케시마'는 8개 항목으로 구성했다.

58. 다케시마라는 도명(島名)의 변천을 알고 싶다

59. 다케시마 관련 기술이 있는 사료(문서, 기록, 문헌)에 대해 알고 싶다.

60. 일본은 다케시마를 언제부터 어떻게 이용해 왔는가?

61. '겐로쿠 다케시마 일건(元祿竹島一件)'은 어떤 사건인가?

62. '겐로쿠 다케시마 일건'은 오늘날의 다케시마 문제와 어떻게 연관되는가?

63. 사료에 나타난 안용복에 대해 알고 싶다

64. '텐포 다케시마 일건(天保竹島一件)'은 어떤 사건인가?

65. '텐포 다케시마 일건'은 오늘날의 다케시마 문제에 어떤 영향을 미치는가?

제6부에서는 1693년과 1696년 두 차례에 걸쳐 일본에 다녀왔던 '안용복 사건'과 1833년 '하치에몬[八右衛門] 사건'에 대한 문답 내용이다. 그 내용을 보면 안용복 사건은 인정하지만 독도에 관한 기록도 없고, 안용복이 소지했던 「팔도도(八道圖)」에도 독도는 없으며, 울릉도쟁계에서도 독도를 화제 삼은 적이 없다고 하면서 한국의 독도 영유권을 부정했다. 뿐만 아니라 '다케시마(울릉도)도해금지령'과 독도 영유권과는 아무 상관이 없다고 했다. 그러나 안용복 관련 조선 사료나 일본 사료의 '도해금지령'은 울릉도와 독도를 모두 포함하고 있다는 것이 확실하다. 이 사실을 부정하는 것은 '100問 100答'의 필자들이 자국의 사료를 스스로 부정하는 모순을 드러내는 것이다. 이 내용에 관해서는 이 책의 제4편 제2장 5. 안용복 사건과 울릉도쟁계, 8. 하치에몽 사건과 『태정관지령문』에서 상세히 설명했다.

제7부 '회도(繪圖)를 읽는다'는 7개 항목으로 구성했다.

66. 지도(地圖)와 회도에 다케시마는 어떻게 그려져 있는가?(1)

67. 지도와 회도에 다케시마는 어떻게 그려져 있는가?(2)

68. 지도와 회도에 다케시마는 어떻게 그려져 있는가?(3)

69. 지도와 회도에 다케시마는 어떻게 그려져 있는가?(4)

70. 지도와 회도에 다케시마는 어떻게 그려져 있는가?(5)

71. 지도와 회도에 다케시마는 어떻게 그려져 있는가?(6)

72. 지도와 회도에 다케시마는 어떻게 그려져 있는가?(7)

제7부에서는 일본 지도에 독도가 어떻게 그려져 있는지에 대한 문답이다. 현재 일본에서 독도에 관한 가장 오래된 그림지도(회도)는 1650년경에 그려진 지도로 요나고 시립 산인역사관에 소장된 「마쓰시마회도」와 돗토리현립박물관에 소장된 「다케시마회도」다. 그런데 이들 그림지도는 모두 안용복 조사과정에서 막부에 제출된 지도였다. 이 조사는 결국 일본인의 울릉도 도해금지령으로 종결되었으므로 일본의 영유권을 증명하는 것이 아니라 오히려 한국의 영유권을 증명하는 자료라 할 수 있다.

또한 18세기 이후 20세기 초까지 일본이 만든 공식 지도인 「개정일본여지노정전도」(1779) 「삼국접양지도」(1785), 「다케시마방각도」, 「일본변계약도」(1808), 「대일본연해여지전도」(1821), 『태정관지령문』(1877), 「일본수로지」(1907판) 등에도 모두 독도를 일본 영토가 아니라고 표시하거나 조선 영토라고 표시했다. 이처럼 제7부에서는 역사적 사실을 애써 부정하는 억지논리를 전개하고 있다.

제8부 '한국의 주장에 반론한다 ②'는 14항목으로 구성했다.

73. 한국의 문헌과 고지도에 보이는 '우산도'가 다케시마인가?

74. 『세종실록지리지』, 『신증동국여지승람』의 우산도가 다케시마인가?

75. 한국은 다케시마의 명칭이 우산도→ 석도→ 독도로 변천했다고 하는데 증거가 있는가?

76. 에도시대 문헌에는 다케시마가 일본의 범위에서 제외되어 있는가?

77. 이노 다다타카의 지도에는 다케시마가 일본의 범위에서 제외되어 있

는가?

78. 나가쿠보 세키스이의 지도에는 다케시마가 일본의 범위에서 제외되어 있는가?

79. 하야시 시헤이의 회도에는 다케시마가 일본의 범위에서 제외되어 있는가?

80. "막부의 울릉도 도항금지 시 다케시마가 한국령으로 확인되었다"는 한국의 주장은 사실인가?

81. 에도 막부의 울릉도 도항금지령에서 다케시마는 울릉도의 속도로서 한국령으로 간주되었는가?

82. 안용복이 "일본의 관백(쇼군)에게서 다케시마를 조선령으로 인정받았다"는 한국의 주장은 사실인가?

83. 한국이 '다케시마 조선령'의 논거로 주장하는 1877년 태정관 지령은 무엇인가?

84. 1900년 대한제국 칙령에 있는 '석도'는 다케시마인가?

85. 한국의 1900년 칙령으로 다케시마가 한국 영토가 되었는가?

86. "기존의 영토권이 존재하던 곳을 1905년에 영토편입 조치를 취했다"는 것은 불법인가?

제8부에서는 한국의 문헌 『세종실록지리지』나 『신증동국여지승람』 등에 나오는 우산도가 독도인가, 그리고 한국 측에서는 독도의 명칭이 우산도 → 석도 → 독도로 변천했다고 하는데 증거가 있는가? 울릉도쟁계 이

후 일본인의 울릉도도해금지에 의해 독도 도해도 금지되었다고 하는데, 독도가 울릉도의 속도로서 한국령으로 볼 수 있는가? 안용복이 막부의 쇼군에게서 독도를 조선령으로 인정받았다고 하는데 사실인지 물으면서 이러한 사실들을 부정하고 있다.

이 문답들은 뒤에 서술하는 이 책의 제4편 독도가 한국 땅인 이유, 제2장 역사가 증언한다에서 상세한 서술한다.

제9부 '시마네현의 대응을 알자'는 16항목으로 구성했다.

87. 다케시마 문제에 대한 시마네현의 대응 활동을 알고 싶다

88. '다케시마의 날 조례' 제정의 경위와 의의, 이에 대한 한국의 반응은?

89. 시마네현은 다케시마 문제 계몽을 위해 어느 정도 활동하고 있는가?

90. 시마네현의 다케시마문제연구회의 활동을 알고 싶다

91. 다케시마 문제 등의 영토 문제를 학교에서 왜 가르치는가?

92. 다케시마에 관한 학습 목적은 무엇인가?

93. 학교 교육에서 다케시마 학습은 어느 정도로 진행하고 있는가?

94. '다케시마'에 대해 교과서는 어느 정도 기재하고 있는가?

95. 시마네현이 작성한 교재로는 어떤 교재가 있는가?

96. 시마네현 초등학생은 다케시마 문제에 대해 어느 정도 배우고 있는가?

97. 시마네현 중학생은 다케시마 문제에 대해 어느 정도 배우고 있는가?

98. 시마네현 고등학생은 다케시마 문제에 대해 어느 정도 배우고 있는가?

99. 다케시마 학습지도와 관련해서 담당 교육자에게 필요한 자세는?

100. 시마네현 의회는 어떤 활동을 하고 있는가?

101. 오키노시마초에서는 어떤 활동을 하고 있는가?

102. 다케시마 및 북방영토 반환요구 운동 등 시마네현민회의의 활동을 알고 싶다

　제9부에서는 시마네현의 대응 활동을 알자는 주제 아래, 시마네현에서 '다케시마의 날'의 제정한 경위와 의미에 대해 홍보하고, 시마네현을 비롯한 일본에서의 초·중·고 학생들에 대한 교육과 홍보 및 교과서 내용 등을 소개하였다. 나아가 일본 국민을 대상으로 독도 문제의 중요성과 일본의 영토 문제, 독도 연구를 왜곡해가는 '다케시마문제연구회'의 활동에 대해 소개하고 있다.

　예를 들어, 문 92) '다케시마에 관한 학습 목적은 무엇인가?'에 대한 답변을 보면,

답 : 시마네현교육위원회는 '다케시마 학습으로 학생들에게 바라는 자세'
　　와 '학생들에게 가르쳐주고 싶은 다케시마 관련 지식 등'을 명확히 하
　　고, 초·중·고 발달단계에 맞춰 다케시마 학습을 추진하고 있다.
　* '다케시마 학습으로 학생들에게 바라는 자세'
　　　– 다케시마가 우리나라 고유 영토라는 사실을 안다.
　　　– 다케시마 문제의 해결을 꾀하려는 의욕을 지닌다.
　　　– 다케시마 문제를 해결하기 위한 자신의 생각을 지닌다.

* '학생들에게 가르쳐주고 싶은 다케시마 관련 지식 등'
  - 다케시마에 관한 개략
  - 역사적 사실에 입각해도 우리나라 고유 영토라는 사실
  - 국제법상 우리나라 고유 영토라는 사실
  - 현재 우리나라의 주권이 침해받고 있다는 사실
  - 우리나라와 시마네현이 평화적 해결을 위해 활동하고 있다는 사실

시마네현 내의 각 학교에서는 시마네현교육위원회가 발행한 교재 등을 활용하여 다음의 학습을 하고 있다.

* 초등학교는 '4학년 사회과'에서 시마네현에 속한 다케시마의 위치를 확인하는 학습을 한다. '5학년 사회과'에서는 우리나라(일본) 고유 영토인 북방영토에 대한 학습에 이어, 과거에는 고기를 잡으러 갔던 다케시마에 현재는 갈 수 없게 된 이유를 생각하거나, 다케시마 문제의 해결방법을 생각해보는 학습을 한다.
* 중학교 사회과의 지리 분야에서는 다케시마의 현실과 다케시마 주변 일본해에서의 수산업 현상 및 문제점을 확인한 뒤에 다케시마 문제의 해결방법을 생각해보도록 학습한다.

역사 분야에서는 에도시대 이후 다케시마의 역사를 가르침으로써 시마네현 편입을 과거 식민지화의 일환으로 파악하는 것은 잘못된 인식이라는 점, 샌프란시스코 강화조약 등으로 볼 때 다케시마가 역사적으로도, 국

제법적으로도 우리나라 고유 영토라는 사실을 이해하도록 학습한다. 특히 공민 분야에서는 다케시마 문제가 국가주권이 침해받고 있는 문제임을 확인하고 나아가 평화적 해결을 위해 자신들이 할 수 있는 일을 생각해보도록 학습하고 있다.

* 고등학교에서는 홈룸활동과 지리역사 과목, 공민 과목에서 의무교육 단계의 학습에 맞춰 다케시마 학습을 진행한다. 다케시마 문제는 일·한 양국의 주장이 대립하고 있는 문제지만 국가 간에 주장이 맞설 경우 어떻게 상대를 대하는 것이 진정한 우호적인 자세인가를 생각하게 한다.

라고 답변하고 있다. 또한 문 96), 문 97), 문 98)에서 초·중·고에서 어떻게 교육하고 있는가를 묻고 있는데, 각기 다음과 같이 답변하고 있다.

문 96 : 시마네현 초등학생은 다케시마 문제에 대해 어느 정도 배우고 있는가?

답 : 5학년생은 우선 국경과 북방영토 문제에 대해 배운다. 그리고는 다케시마 문제를 다룬다. 학습 목표는 다음의 2가지이다.

① 다케시마가 시마네현 소속임을 알게 한다.

② 옛날에는 고기를 잡으러 갔던 다케시마에 현재는 한국과의 관계 때문에 갈 수 없게 된 것을 이해하게 한다. 그리고 교재는 부교재뿐만 아니라 외무성이 발행한 '다케시마 문제를 이해하기 위한 10포인트'를 활용하거나, 신문기사와 인터넷에서 자료를 찾는 등 교사와 함께 노력한다.

그 외에도

- 6학년생 사회과의 역사 내용이나 정치 내용에서 실시한다.
- 6학년생 종합적인 학습에서 실시한다.
- 4학년생 사회과의 시마네현 학습에서 실시한다.
- '다케시마의 날'에 맞춰 실시한다.
- 수업시간 외에도 조례 시간을 활용하여 담임이 다케시마에 대해 이 야기한다.

로 되어 있다.

학습 시기는 우선 4~5월에 학습하고, 학년말인 2월 '다케시마의 날'에 맞춰 다시 한번 학습함으로써 보다 충실한 학습이 되고 아동의 관심을 높이려고 했다. 그리고 2011년부터는 중학생용 다케시마 학습 리플릿을 모든 초등학교에 배부하여 교사의 교재연구 자료로도 활용하고 있다.

문 97 : 시마네현 중학생은 다케시마 문제에 대해 어느 정도 배우고 있는가?

답 : 중학교 학습지도요령에 의하면 다케시마 문제는 지리, 공민 분야에서 주로 다룬다. DVD를 활용한 수업은 2시간을 기본으로 하되, 공민에서는 ① 다케시마의 위치, 지형 등을 확인한다.

② 행정이 관여한 고기잡이, 샌프란시스코 강화조약(국제법)에서 일본의 영토 확인, 이승만 라인 설정 후 한국의 불법점거 등 역사적 사실을 학습한다.

③ 평화적으로 어떻게 해결하면 좋은지를 생각해본다.

그리고 지리 분야에서는 자원·에너지와 산업에서 수산업의 문제로 학습할 수 있으며 DVD를 활용한 수업은 1시간을 기본으로 하되, 다음과 같은 흐름으로 되어 있다.

ⅰ) 산인(山陰) 앞바다의 수산업의 특징을 확인하게 한다.

ⅱ) 잠정수역을 설정한 이유와 그로 인해 생기는 문제점을 파악하게 한다.

ⅲ) 풍요로운 바다를 지키기 위해 어떻게 해결하면 좋을까를 생각해보게 한다.

문 98 : 시마네현 고등학생은 다케시마 문제에 대해 어느 정도 배우고 있는가?

답 : 현내의 모든 현립고등학교에서는 다케시마에 대해 "현상을 알고," "의견을 말할 수 있으며," "해결을 위해 생각"할 수 있는 학생을 육성하기 위한 학습지도안에 의해 '다케시마 문제'의 현재와 과거, 시마네현의 '다케시마의 날' 제정 이유를 생각해봄으로써 '다케시마 문제'를 생각하는 의미의 중요성을 배운다.

세계사A, 세계사B에서는 '다케시마 문제'가 감정론에 빠질 것이 아니라 역사적 혹은 국제법적 검증을 통해 냉정하게 논의를 거듭해야 하는 영토 문제임을 배운다. 그리고 지리A와 지리B에서는 다케시마는 역사적으로도 국제법적으로도 일본 영토이며, "일본의 주권이 침해받고 있다"는 매우 중대한 문제임을 배운다. 특히 현대사회와 정치·경제에서는 '다케시마 문제'가 일·한 쌍방이 '역사적 관점'과 '국제법적 관점'에서 다른 주장을 하고 있다는 점, '다케시마 문제'의 해결방법으로 유력한 것은 외교교섭과 국제사법재판 제도를 활용하는 것임을 배운다.

이러한 내용들을 통해 일본에서의 독도 교육과 홍보가 시마네현의 '다케시마의 날' 제정 이후 20년 동안 어떻게 진행되어 왔는가를 알 수 있으며, 일본에서 벌어지고 있는 독도 왜곡의 현주소를 파악할 수 있다. 뿐만아니라 미래 세대인 초·중·고 학생들에게 어떠한 내용을 어떻게 교육하고 있는가를 상세히 알 수 있다. 한국에서의 독도 교육과 어떤 차이가 있는지 꼼꼼히 따져볼 필요가 있다.

제3편

이사부, 독도를 열다

제1장 나무사자가 불을 뿜다

왜가 신라를 침탈하다

『삼국사기』「신라본기」에는 왜에 관련한 기사가 BC50년 왜인의 변경 침입 이후 882년까지 총 65건이 나온다. 그중에 침입기사는 총 34건인데 500년까지 33건이고, 그후 731년에 1건이다.

「신라본기」에 나오는 왜 관련 기사를 정리하면 다음 표와 같다.

「신라본기」의 왜 관련 기사

연대	기원전	0~100	100년대	200년대	300년대	400년대	500년대	600년대	700년대	800년대	계
관계	1	4	6	10	7	20	1	2	5	8	65
침입	1	2	2	8	3	16	1	0	1	0	34

그렇다면 500년부터 231년간 왜의 침입에 관한 기사가 나오지 않는 이유는 무엇일까? 400년대에는 20건 나오는 것에 비해 500년대에 단 1번인 이유는 무엇일까? 서기 500년대에 동해에서는 과연 무슨 일이 있었던 것일까?

왜의 침탈 지역

서기 500년까지 왜의 침탈 지역에 대해서는 동변(東邊) 8회, 남변(南邊) 2회, 변경(邊境) 4회 등으로만 기록하여 정확하게 어느 지역인지 확인하기 어려운 경우가 많다. 그러나 기사 내용에 신라의 도읍지를 지칭하는 금성(金城)이나 도성(都城), 또는 도성 주변의 성이 많이 나오는 것을 보면, 왜의 최종 목적지는 신라의 도성이었음이 틀림없다.

기록에 나오는 지명을 보면, 금성이나 도성, 월성, 토함산은 경주의 왕성을 둘러싼 성들이고, 그밖에 사도성, 명활성, 활개성, 삽량성, 독산, 장봉진 등이 나온다.

사도성은 "162년(아달라왕 9) 왕이 이곳을 순행하여 성을 쌓는 사람들을 위로하였다", "232년(조분왕 3) 7월 이찬 우로(于老)가 사도성에서 싸울 때 바람을 따라 불을 놓아서 배를 태우니 왜병들이 물에 뛰어들어 죄다 죽었다", "292년(유례왕 9) 6월 왜병이 사도성을 공격하여 함락당하자 왕이 일길찬 대곡(大谷)을 시켜 성을 수복시켰고 다음해에 성을 개축하여 사벌주(지금의 상주)의 부호 80여 호를 와서 살게 하였다"는 등의 『삼국사기』 기록으로 보아 상주와 가까운 해변 지역의 지명이 되므로 영덕군에 있었을 것으로 추측된다.

삽량성은 665년(문무왕 5)에 삽량주가 설치되고 687년(신문왕 7)에 주위 1,260보의 성이 축조되었으며, 경덕왕 대에 전국의 군현을 개편하면서 삽량주에서 양주로 개명하였다는 기록을 보면 이 성은 지금의 낙동강 하류에 있는 양산이다. 이곳은 김해 또는 부산 지역에서도 쉽게 도달할 수 있는 지역으로 경주의 신라와 김해의 가야가 통합할 수 있는 중요한 요충지이기도 하다. 이 지역에 신라가 성을 쌓고 가야나 왜로부터의 위협을 견제했을 가능성이 높다.

독산은 경상북도 포항의 남구 장기면 신창리에 있는 작은 산이다. 『신증동국여지승람』(장기)과 『여지도서』(장기)에는 독산이 기록되어 있지 않지만 『해동지도』와 『여지도서』에는 독산이 그려져 있다. 『신증동국여지승람』에 옛 읍성이 조선시대의 장기읍성 남쪽 2리에 있다는 것, 성황사가 현의 남쪽 5리에 있다는 것, 그리고 오늘날에도 근처에 성황이라는 마을이 있다는 것과 관련된 것으로 보이는데 확실하지는 않다. 『대동여지도』 등 전국을 대축척으로 그린 지도에는 독산이 나오지 않지만, 『조선지지자료』에는 독산이 표기되어 있다.

명활성은 경상북도 경주 천군동과 보문동에 걸쳐 있는 삼국시대의 산성이다. 정확한 축성 연대는 알 수 없으나 405년(실성왕 4) 4월에 왜병이 명활성을 공격하였다는 『삼국사기』 기록으로 미루어보면 그 이전에 축성된 것임을 알 수 있다.

결국 위의 내용을 종합하면, 왜는 사도성(영덕), 삽량성(양산), 독산(포항, 장기 일대) 등지의 해안가로 침입하여 도성인 경주를 최종 목표 지점으로 설정했음을 알 수 있다. 따라서 양산이나 포항 등지로 침입한 왜는 낙동강이나 형산강을 이용했을 것이고, 감포 지역으로 침입한 왜는 육로로 토함산을 경유했을 가능성이 높다.

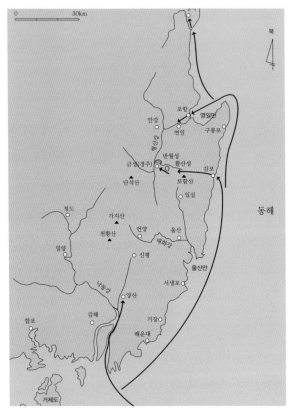

왜의 신라 침구 상황

지증왕의 동해안 영토 확장

서기 500년 왕위에 오른 지증왕은 새롭고 획기적인 국가 비전을 제시한다. 덕업일신(德業日新)과 망라사방(網羅四方)이며, 이 비전을 국호로 제정하였다.

(503) 겨울 10월, 여러 신하들이 아뢰었다.

"시조께서 나라를 세우신 이래 나라 이름을 정하지 않아 사라(斯羅)라고도 하고 혹은 사로(斯盧) 또는 신라(新羅)라고도 칭하였습니다. 저희들은 '신(新)'은 '덕업이 날로 새로워진다'는 뜻이고 '라(羅)'는 '사방을 덮는다'는 뜻이므로 '신라'를 나라 이름으로 삼는 것이 마땅하다 생각합니다. 또 옛부터 나라를 가진 이는 모두 '제(帝)'나 '왕(王)'을 칭하였는데, 우리 시조께서 나라를 세운 지 지금 22대에 이르기까지 단지 방언으로 칭하였고 존엄한 호칭을 정하지 못하였으니, 지금 여러 신하가 한 마음으로 삼가 '신라국왕(新羅國王)'이라는 칭호를 올리옵니다." 임금이 이 말에 따랐다.

-『삼국사기』 신라본기, 지증마립간 4년

기존의 사라, 사로, 신라 등 다양하게 불리던 나라 이름을 신라로 확정하였다. 그 의미를 살펴보면, 덕업이 날로 새로워진다는 '신'과 신라 영역의 사방을 망라하는 '라'의 뜻을 강조하여 "덕업이 날로 새로워지고, 이로써 사방을 망라한다"는 뜻을 표방했다. '망라사방'이란 사방으로 팽창하여 천하를 망라하겠다는 의미로 지증왕은 그 팽창의 첫 대상지로 동해안 지역을 삼았다. 그리고 이를 실천에 옮기기 위해 504년에 대대적인 축성을 하였다.

가을 9월에 인부를 징발하여 파리·미실·진덕·골화 등 12성을 쌓았다.

파리성(波里城)은 강원도 삼척 원덕읍이며, 미실성(彌實城)은 경북 포항 흥해읍 소재 미질부성이다. 골화성(骨火城)은 경북 영천 완산동으로 골화소국을 쳐서 복속한 땅이다. 이러한 지증왕의 축성은 자비·소지왕 대의 축성 사업의 연장으로, 동해안로의 군사적 요충지로서 고구려를 대비한 것이었다. 특히 파리성 축성은 505년 실직주 설치를 위한 준비 과정으로 이 지역을 거점화하기 위한 것이었다. 이듬해에 지금의 삼척에 실직주를 설치하고 이사부를 군주로 파견하였다.

(505) 봄 2월, 임금이 몸소 나라 안의 주·군·현을 정하였다. 실직주를 설치하고 이사부를 군주로 삼았다. 군주의 명칭이 이때부터 시작되었다.

삼척에 실직주를 설치한 이후 사방에 주를 설치하였고, 군주를 파견하여 사방으로 군사정복을 선도하게 하였다. 그리고 정복지가 확대되면 주를 전진 배치하여 방어와 추가 진출을 위한 군사거점으로 활용하였다. 이처럼 주와 군주는 신라의 망라사방 정책을 실현시키는 선발대 기능을 하였다.

이윽고 512년 신라는 우산국을 복속시키고, 동해의 제해권을 확립하였다고 볼 수 있다. 556년 7월에는 비열홀주(比列忽州)를 설치하고 사찬 성종을 군주로 삼았다. 그리고 다시 568년 10월에는 북한산주를 없애고 남천주(南川州)를 설치하고, 비열홀주를 없애고 달홀주(達忽州)를 설치하였다. 이렇게 하여 안변에 이르는 동해안 지역에 대한 신라의 지배권은 진흥왕 시기에 확립하였고, 드디어 진흥왕 순수비를 세우며 삼국통일의 기반을 닦아나갔다. 이러한 흐름에서 신라의 우산국 정벌은 삼국통일의 기반을 구축하는 결정적인 사건으로 평가할 수 있지 않을까.

우산국을 복속한 이유

512년 하슬라 군주 이사부의 우산국 정벌은 고구려와 일본 간의 교류를 견제하기 위한 동해의 제해권 장악과 동해안 북방 지역에 대한 영토 확장이라는 두 가지 목적이 있다. 신라가 우산국을 복속한 직접적인 이유에 대해서는 『삼국사기』와 『삼국유사』에 기사가 나온다.

> (512) 여름 6월에 우산국이 귀복하여 해마다 토산물을 바쳤다. 우산국은 명주의 정동쪽 바다에 있는 섬으로 혹은 울릉도라고도 하였다. 땅은 사방 1백 리인데, 지세가 험한 것을 믿고 귀복하지 않았다. 이찬 이사부가 하슬라주의 군주가 되어 말하기를 "우산국의 사람들은 어리석고 또 사나워서 힘으로 복속시키기는 어려우나 꾀로는 복속시킬 수 있다"라고 하였다. 이에 나무사자를 많이 만들어 전함에 나누어 싣고 그 나라의 해안에 이르러 거짓으로 말하기를 "너희가 만약 항복하지 않으면 이 사나운 짐승을 풀어 밟아 죽이겠다"라고 하자 그 나라 사람들이 두려워하며 곧 항복하였다.

즉 『삼국사기』에는 우산국이 육지에서 바다를 사이에 두고 있는 섬나라로 지세가 험한 것을 믿고 태도를 바꾸어 귀복하지 않았다는 것이었다.

또한 『삼국유사』에는,

> 또 하슬라주의 동쪽 바다 가운데에 순풍으로 이틀 걸리는 거리에 울릉도
> 가 있었다. 둘레가 2만 6천 7백 30보였는데 도이(島夷)들은 그 바닷물이 깊
> 은 것을 믿고 교만하여 신하되기를 거부하였다. 왕은 이찬 박이종(朴伊宗)
> 에게 명하여 군사를 거느리고 그들을 토벌하게 하였다. 박이종은 나무사자
> 를 만들어 큰 배 위에 일렬로 세워 놓고 그들을 위협하며 말하기를 "항복
> 하지 않으면 이 맹수를 풀어 놓겠다" 하자 섬사람들은 두려워 항복하였다.
> [왕은] 이종에게 상을 내려 주백(州伯)으로 삼았다.

라고 하여, 우산국을 지칭하는 도이(島夷)들이 바닷길이 험하고 깊은 것을
알고 교만하여 신하되기를 거부하였다는 것이다.

두 사료를 통해서 볼 때, 언제부터인지는 알 수 없으나 이사부가 우산
국을 복속시킨 6세기 초에 이미 우산국은 신라와 대치 상태였고, 바다가
깊고 지세가 험한 것을 믿고 교만하게 되어 신라에 대해 신하되기를 거부
하고 저항했다는 것이다. 이것은 우산국이 동해에서 하나의 해상세력으
로 신라에 대항할 만큼 성장했다는 뜻이다. 신라는 이에 대응하지 않을 수
없었을 것이다.

신라 국가 비전의 확장
503년 '신라'라는 국호와 왕의 칭호를 사용하며 망라사방의 국가 비전

을 내세운 신라로서 우산국의 이러한 태도는 당연히 용납할 수 없었을 것이다. 결국 우산국의 저항은 신라에 대한 도전이었고, 이를 응징하기 위해 우산국 정벌을 단행했다고 볼 수 밖에 없다. 그리하여 505년 주·군·현을 정비하고, 우산국 정벌의 전초기지로 실직주를 정하고, 이사부를 군주로 임명하였다. 그리고 선박을 제조하고 수리하면서 수군을 정비해 갔다.

(505) 봄 2월에 왕이 몸소 나라 안의 주·군·현을 정하였다. 실직주를 설치하고 이사부를 군주로 삼았는데, 군주의 명칭이 이로부터 시작되었다. 그리고 겨울 11월에 관부에 명을 내려 얼음을 저장토록 하고 또한 주즙(舟楫)의 이익을 통제하도록 했다.

신라 수군 정비에 관해서는 다음 사료가 주목할 만하다.

(408) 봄 2월에 왕은 왜인이 대마도에 병영을 설치하고 무기와 군량을 쌓아 두고서 우리를 습격하려고 한다는 말을 듣고서 그들이 일을 일으키기 전에 우리가 먼저 정예 군사를 뽑아 적의 진영을 격파하고자 하였다.

(467) 봄에 담당 관청에 명하여 전함을 수리하게 하였다.

즉 신라에서는 이미 5세기 초, 대마도에 있는 왜의 병영을 공격하는 논의를 하였으며, 전함을 수리하거나 진을 구축하는 등 왜의 공격에 꾸준히 대비해왔다. 뿐만 아니라 고구려에 대응하기 위해 493년 백제의 동성왕과 혼인동맹을 맺어 공동 대처를 모색하기까지 했다. 신라 입장에서 성과 진을 설치하여 대비를 한다거나 삼척·강릉 지역에 새로운 행정단위로 주를 설치했던 상황도 우산국 정벌의 배경으로 보아야 한다. 즉 고구려와 왜의 침공이 거듭되고, 양국이 외교적으로도 가까워지는 정세가 조성되면 신라로서는 북방과 동남방의 3면에서 강대한 적대세력을 상대해야 하는 상황에 직면하게 된다.

신라가 백제와 동맹했다 하더라도 가야연맹을 사이에 두고 백제와 신라의 이해가 엇갈리고 있었기에 언제까지 유지된다는 보장도 없었다. 이러한 상황을 적극적으로 타개하기 위한 조치가 우산국 출정이라 생각한다. 고구려와 왜 사이의 교통로에서 중간 경유지 역할을 한 우산국을 장악함으로써 양국의 교섭을 차단, 방해할 수 있다. 이사부의 우산국 정벌은 이러한 국제정치적·군사적 목적도 있었을 것이다.

우해왕과 풍미녀의 전설

우산국과 왜와의 관계를 파악할 수 있는 문헌자료는 현재 발견되고 있지 않다. 그러나 이 부분에 관해서는 울릉도에 전해오는 설화가 참고가 된다. 설화라는 특성 때문에 사료로서의 한계는 있지만 울릉도에 현존하는 여러 지명과 관련하여 전해지고 있으며 축적된 집단의 기록이라는 점에서 충분히 참고할 가치가 있다. 울릉도에 전해지고 있는 우해왕의 전설은 다음과 같다.

우산국이 왕성했던 시절은 우해왕이 다스릴 때였으며, 왕은 기운이 장사요 신체도 건장하여 바다를 마치 육지처럼 주름잡고 다녔다. (…) 우해왕이 군사를 거느리고 대마도로 가서 대마도의 수장을 만나 담판을 하였고, (…) 대마도를 떠나올 때 그 수장의 셋째 딸인 풍미녀를 데려와서 왕후로 삼았다. 우해왕은 풍미녀를 왕후로 책봉한 뒤 선정을 베풀지 않았을 뿐 아니라 사치를 좋아했다. (…) 우산국에서 구하지 못할 보물을 풍미녀가 가지고 싶어 하면, 우해왕은 신라에까지 신하를 보내어 노략질을 해오도록 하였다. (…) 풍미녀가 왕후가 된 지 몇 해 뒤에 우산국은 망하고 말았다.

– 『울릉문화』 2

우산국왕 우해는 대마도에서 풍미녀를 데리고 와서 왕후의 자리에 앉히고 부터 나라 일을 돌보지 않고 풍미녀의 마음에 맞게 사치하는 데 정신이 팔렸다. 딸을 낳았는데 (…) 왕후와 딸의 사치를 위해서 사는 왕이 되어 버렸다. 왕후와 딸의 사치를 위해서는 신라에까지 가서 노략질을 해오도록 하였다. 그래서 노략질을 당한 신라의 백성들은 우산국을 토벌해 달라고 신라왕에게 호소하였다. 신라왕은 (…) 이사부로 하여금 군사를 이끌고 우산국을 쳐서 노략질을 하지 못하도록 하라는 명령을 내렸다. (…) 우해왕의 배가 맨 앞에 섰다. 우산국의 군사는 바다에서는 물거미처럼 자유자재로 다니면서 싸웠다. 신라의 군사는 우산국에 상륙도 못하고 쫓겨났다. (…)

『삼국사기』에 나오는 이사부의 우산국 정복에 관한 사료에서는 우산국의 실체를 가늠하기 어렵다. 그러나 설화에서는 우산국에는 독자적인 권력을 가진 우해왕이 있었고, 우산국은 신라에 저항할 수 있는 일정한 힘을 가진 국가 형태를 갖춘 해양 국가였다는 점이 파악된다.

특히 우해왕이 대마도주와의 담판을 통해 그의 딸을 아내로 맞이했다는 내용은 이른 시기부터 우산국과 대마도 사이에 해양을 통한 교류가 있었음을 시사한다. 이러한 정황은 동해의 계절풍과 해류를 통해 우산국은 동해를 접하고 있는 여러 집단과도 교류했다는 점을 추정하게 한다. 특히 울릉도에서 출토된 무문토기의 경우 영동·영서 지역에서 출토되는 토기로 이들과 우산국 간의 교류가 일찍부터 있어 왔음을 증명하는 자료이기도 하다. 이러한 여러 상황을 고려하면 우산국은 해양을 매개로 외부 집단과 교류를 통해 생활을 유지했음을 알 수 있다.

이는 동해를 매개로 하는 집단 간의 연계가 있었음을 의미하는 것이고, 신라가 이러한 관계 속에서 주도권을 잡으려 했던 것이 아닐까. 이 과정에서 신라와 우산국은 동해에서 충돌할 수밖에 없었을 것이다.

동해안의 수운과 유통

또한 자급자족이 어려운 섬나라 우산국이 육지와의 교류를 통해 생활을 유지해야 하는 상황에서 동해안에 대한 신라의 통제 강화는 우산국에게는 정치경제적 고립이자 위협요소로 작용했을 것이다. 따라서 우산국이 신라에 저항하는 것은 당연한 일이다.

그렇다면 우산국은 직면한 상황을 타개하기 위해 어떤 조치를 취했을까? 여기서 고려될 수 있는 것이 신라의 세력권 내로 편제되어 교류를 지속하거나 아니면 신라에 대항하여 전략적인 이점을 취하는 방식이다.

설화에 의하면, 당시 우산국의 지배자였던 우해왕은 왕후인 풍미녀와 딸의 사치를 위해 신라에까지 가서 약탈을 일삼았다. 이에 신라의 백성들은 지증왕에게 우산국 토벌을 요청하게 되었고, 지증왕은 이사부에게 명하여 정벌을 단행했던 것으로 기술하고 있다. 설화에서는 우해왕의 어리석음과 사치를 강조함으로써 우산국의 멸망을 당연하게 서술하고 있다. 그러나 우해왕을 비난하는 부분을 제외하고 역사적 원형에 접근한다면 동해안 방면에서 신라의 통제가 강화되고 있는 시점에서 우산국이 신라에 대항하는 행위는 어쩌면 당연한 논리적 귀결일 수밖에 없을 것이다.

우산국과 신라가 직접적인 접촉을 하게 되고, 서로 간에 대립적 관계를 형성하게 된 것은 동해안에 대한 경영이 본격화되는 지증왕 시기였다. 그리고 동해안 방면의 주 설치와 함께 동해의 수운에 대한 통제와 연관되어 있는 문제를 들 수 있다. 즉 지증왕대 동해안 방면에서 이루어진 조치가 신라와 우산국의 대립관계를 더욱 악화시킨 것으로 분석할 수 있다.

신라의 공격이 우려되는 상황에서 우산국은 왜 신라에 대항하는 극단적 방법을 택했을까? 우산국은 지세가 험하고, 바다가 깊은 것을 믿고, 동해라는 천연적인 경계를 바탕으로 신라군에 대한 위협을 크게 인식하지 못했던 것 같다. 지리적 이점을 활용해 우산국은 신라에 우호적인 관계보다는 대립적인 관계를 택했다. 또한 우산국은 약탈행위를 함으로써 동해안에서 신라의 영향력과 통제력을 약화시키는 결과를 초래할 수 있었던 것이다. 그 결과 신라는 당시까지 확고하게 정립하지 못했던 동해안에 대한 통제력과 해상권 강화의 필요성을 느끼게 되었고, 이는 우산국 정벌이라는 극단의 조치를 취하게 했을 것이다.

이와 함께 동해안 지역과 신라 왕경 간의 해상을 통한 물산의 유통과 교류관계를 방해하여 신라의 영향력을 약화시키려 한 점을 고려할 수 있다. 지증왕 대에는 동해안 지역의 물산이나 문화적 교류가 왕경으로 집산되었다. 신라 왕경에서는 소지마립간 무렵에 처음으로 시장이 개설된데이어 지증왕 대에 동시(東市)를 추가로 설치하였다. 그리고 동해안에서 신라 왕경으로 유입되는 물산들은 신라의 정치사회적 변화에 중요한 원동력이 되었을 것이다.

이러한 상황에서 신라는 동해와 동해안의 안정화가 국가의 중대 시책 중 하나가 될 수밖에 없다. 이 점에서 우산국과의 대립적 상황은 신라에게는 동해를 통한 물산 이동 및 동해안 집단과의 교류 안정성을 해쳤을 것이다. 특히 우산국의 동해안에 대한 약탈행위는 동해를 접하고 있는 여러 지역에서 일어날 수 있다는 점에서 더욱 위협적이었을 것이다. 이러한 요인으로 인해 해양 원정의 어려움을 극복하고 신라는 우산국에 대한 정벌을 단행했다고 볼 수밖에 없다.

이에 지증왕은 실직·하슬라 방면을 담당하고 있는 이사부로 하여금 직접 군사를 이끌고 바다를 건너 우산국을 정벌하게 하였다. 그러나 섬이라는 특성상 해상전투 및 배에 대한 조작 등 여러 면에서 신라군보다 우산국이 능숙했음을 알 수 있다. 해상 전투에서 신라의 어려웠던 사정은 『삼국사기』 우산국 정벌 사료에 나타난 바와 같이 우산국과 군사적으로 직접 전투하는 것보다는 계략을 활용하려는 것에서 엿보인다.

한편 우산국 정벌 이유에 대해 "우산국이 신라에 귀복하여 매년 토의(土宜)를 조공으로 바쳤다"는 기사에 주목할 필요가 있다. 울릉도의 토산물과 관련해 후대의 사료이기는 하지만 『고려사』에는 이상한 과일 종자와 나뭇잎, 땅이 비옥하고 진귀한 나무들과 해산물이 많이 산출하였다고 하였다. 그리고 조선의 사료에는 대[竹]가 큰 서까래 같고, 해산물과 과목(果木)이 있으며, 대죽·수우피(水牛皮)·생저(生苧)·면자(綿子)·검박목(檢樸木)도 있음을 알 수 있다. 그리고 세조 때는 우산도(牛山島)와 무릉도(茂陵島)의 물산으로 저목(楮木)·저상(苧桑)·대죽·해죽·어교목·동백목·잣나무·배나무·동백나무·새매·흙비둘기·김·복어·문어·해달이 있다고 했다. 그리고 숙종 때는 월송 만호 전회일이 울릉도를 수토하고 돌아와 그곳 토산인 황죽, 향목, 토석 등 여러 종류의 물품을 진상하기도 하였다. 정조 때는 월송 만호 한창국이 그 섬의 산물인 가지어피(可支魚皮) 2장을 황죽 3개, 자단향 2토막, 석간주(石間朱) 5되와 함께 토산물로 가져오고 지도 한 장도 그려왔다고 하였다.

이 중 가지어와 관련해 『성호사설』에는 동해 가운데 있는 울릉도의 산물에는 가지어가 있는데 "바위틈에 서식하며 비늘은 없고 꼬리가 있습니다. 몸은 물고기와 같고 다리가 넷이 있는데, 뒷다리는 아주 짧으며, 육지에서는 빨리 달리지 못하나 물에서 나는 듯이 빠르고 소리는 어린아이와 같으며 그 기름은 등불에 사용합니다"라고 하였다. 가지어는 강치라고도

하는데 일반적으로 말하는 물개이며, 위에서 언급한 수우피, 해달, 해표라고도 했다.

가지어피는 해표피이고, 신라는 당에 우산국의 특산품인 해표피를 조공품으로 보내기도 하였다. 따라서 신라의 우산국 정벌은 해표피의 확보와도 관련이 있었다고 보인다. 즉 매년 토산물인 특산품 및 가지어를 바치던 우산국이 귀복하지 않자 이를 필요로 했던 신라가 우산국 정벌에 나섰던 이유 중의 하나는 아니었을까.

독도 영유권의 역사적 권원이 되다

한국의 독도 영유권 주장을 할 때 일반적으로는 『삼국사기』 신라본기 512년 사료인 이사부의 우산국 복속 기사를 바탕으로 '한국의 독도 영유권에 대한 역사적 권원(權原)'이라고 한다. 역사적 권원이란 '역사적으로 권리의 원천'이 된다는 말이다.

여기서 우산국은 말할 것도 없이 『세종실록지리지』에서 언급한 바와 같이 "우산 무릉 두 섬은 울진현의 정동쪽 바다에 있다. 두 섬은 서로 거리가 멀지 않아 날씨가 맑으면 바라볼 수 있다. 신라 때는 우산국이라 칭했는데, 울릉도라고도 했다"에 근거한 울릉도와 독도를 말한다.

이사부의 우산국 복속은 지증왕 대에 신라가 국호를 제정하고 왕호를 칭하는 등 국가체제를 정비하고, 동해안으로 진출하여 북상이 전개되는 과정에서 이루어졌다. 즉 신라는 실직주(삼척)와 하슬라주(강릉)를 장악하고, 우산국을 복속시키며, 이어 비열홀주(안변)와 달홀주(고성) 설치 후 진흥왕순수비를 세워나갔다.

우산국의 특성상 육지와의 교류를 통해 생활을 유지해야 했던 상황에서 신라의 동해안 진출은 자연히 정치·경제적으로 위협이 되었을 것이며, 신라에의 저항은 당연한 일이다. 그 결과 신라는 동해안에 대한 통제력 강화와 해상권 강화의 필요성을 느꼈을 것이다. 나아가 고구려와 대립적인 상황에서 고구려와 왜와의 연대나 우산국과 대마도와의 교류를 차단하는 등 배후를 안전하게 하기 위한 목적에서 우산국 정벌이라는 극단의 조치를 취했을 것이다. 동시에 해상유통로의 안전한 확보와 우산국의 특산품인 해표피의 수급도 또 다른 이유 중의 하나로 작용했을 것이다.

결국 망라사방의 국가 비전을 실천하기 위해 동해안으로 진출한 신라는 우산국과 충돌하게 되고, 그 결과 신라는 우산국을 복속시킴으로써 동해의 제해권 확립이라는 결과를 도출해냈다. 이것이 『삼국사기』 신라본기의 왜 침입 기사, 즉 기원 전후부터 34건에 달하던 왜 침탈의 기사가 500년대에 단 1건만 나온다는 사실에 대한 설명이다.

또한 『삼국사기』의 귀복(歸服)이라는 용어를 통해서 볼 때, 우산국은 이사부의 우산국 정복 이전에 이미 신라의 영향권 내에 있었다는 추론이 가능하다.

이러한 의미에서 이사부는 독도를 우리 영토 안에 편입한 역사적 사실(fact)을 고증하는 인물이며, 동시에 독도 영유권에 대한 '역사적 권원'을 만든 인물로서의 존재감을 드러낸다고 할 수 있다.

제2장 이사부, 그는 누구인가?

『삼국사기』 이사부열전

『삼국사기(三國史記)』에는 "지증왕 13년(서기 512년) 신라 장군 이사부가 우산국을 도모하다"라는 기록이 나온다. 이 사료는 이사부가 우산국을 복속시켜 신라 영토에 편입시킨 역사적 사실을 전하고 있다. 이때의 우산국은 현재의 울릉도와 독도를 말한다. 따라서 역사적으로 보면 울릉도와 독도는 이미 6세기 초부터 우리의 영토였다.

『삼국사기』 이사부 열전에는 다음과 같다.

이사부[혹은 태종이라고도 한다]의 성은 김씨이고, 나물왕의 4세손이다. 지도로
왕 때 변경 관장이 되어 거도의 권모를 모방하여 마희로서 가야[혹은 가라
고도 한다]국을 속여 빼앗았다.

지증왕 13년 임진에 그는 하슬라주의 군주가 되어 우산국을 병합하려고
계획하였다. 그는 그 나라 사람들이 미련하고 사나워 힘으로 항복받기는
어려우나 전략으로 항복시킬 수는 있다고 생각하였다. 이에 나무로 사자

를 많이 만들어 전함에 나누어 싣고 그 나라 해안으로 가서 거짓으로 말했다. "너희들이 만일 항복하지 않으면 이 맹수들을 풀어 놓아 밟아 죽이겠다." 우산국 사람들이 두려워하여 즉시 항복하였다.

이사부의 출생연대에 관해서는 알 수 없다. 내물왕의 4세손으로 진골귀족 출신이다. 일찍부터 무예를 익혀 변경의 관장이 되었으며, 505년에는 실직주의 군주가 되었다. 실직은 오늘날의 삼척이다. 주는 신라의 최전방 기지를 말하며, 군주란 주에서 정예군단인 '정'의 군사를 통솔하며 행정 업무까지도 총괄하는 임무를 수행했다. 이것은 지증왕 시기에

異斯夫或云 苔宗云 姓金氏奈勿王四世孫智度路王
時為沿邊官襲居道權謀以馬戲誤加耶加耶
國取之至十三年壬辰為阿瑟羅州軍主謀幷羅

于山國謂其國人愚悍難以威降可以計服乃
多造木偶獅子分載戰船抵其國海岸詐告曰
汝若不服則放此猛獸踏殺之其人恐懼則降

『삼국사기』 이사부열전

삼척이 신라의 동해안 진출의 전진기지였고, 이사부가 그 주인공이었음을 의미한다.

신라에서는 실직주를 설치한 지 7년 후인 512년에 지증왕은 주를 실직에서 하슬라(강릉)로 옮기고, 이사부를 하슬라주 군주로 삼았다. 그리고 이어 이사부는 삼척에서 출진하여 우산국을 복속시켰다. 이는 이사부가 동

해안 지역의 '망라사방' 정책을 실현하는 데 핵심적인 역할을 했음을 의미한다.

신라의 '망라사방' 정책은 지증왕(500~513), 법흥왕(513~539), 진흥왕(539~575) 3대에 걸쳐 계속되었다. 지증왕 대에는 주로 동해안 방면으로, 법흥왕 대에는 소백산맥으로, 진흥왕 대에는 한강 및 가야 방면을 포함하여 본격적인 '사방'으로의 팽창이 대대적으로 진행되었다.

이 과정에서 이사부는 529년, 3천의 군사를 거느리고 가야의 4촌을 공격하였으며, 541년에는 병부령(兵部令)이 되었다. 그리고 550년에는 고구려와 백제가 상쟁하는 틈을 타 도살성과 금현성을 점령했다. 그 후 562년에 대가야 정복전에 나섰다. 이사부가 실직주의 군주가 된 시점의 나이를 20대로 간주할 경우, 대가야를 정복할 때는 70대의 노년이 되었을 것이다. 젊은 시절 신라의 동해안 진출로 시작된 그의 무인상은 '망라사방' 정책이 완성되는 70대까지 계속되었다. 뿐만 아니라 단양적성비에 국왕을 수행하는 '대중등(大衆等)'으로 기록된 것은 장수가 아닌 재상의 면모를 드러낸다. 진흥왕에게 국사를 편찬할 것을 진언하여 거칠부로 하여금 국사를 편찬하도록 한 것도 이사부의 또 다른 문인의 기상이다.

요컨대, 이사부는 동해안 진출과 우산국 복속, 가야 정복을 주도했던 무인이었으며, 국사를 총괄하고 국사편찬을 주도한 문인이었다. 그리고 '덕업일신'과 '망라사방'이라는 신라의 국가 비전을 실천에 옮긴 인물이다. 그 결과 신라는 삼국 가운데 후진의 열세를 극복하고, 비약적인 발전을 거듭하면서 삼국통일의 초석을 다지게 된다. 이 점에서 이사부는 신라사, 나아가 한국 고대사에서 손꼽히는 일대 영웅이다.

나무사자가 불을 뿜다

이사부는 사자를 이용해 우산국을 복속시켰다. 더구나 살아있는 동물이 아니라 나무로 깎아 만든 목사자였다. 이 사실을 어떻게 해석해야 할까. 실제로 당시 상황에서 동해바다에 멀리 있었던 우산국을 공격하기 위해 많은 군사를 보낸다는 일이 쉽지 않았을 것이다. 배가 조난당할 우려도 있고, 우산국에서 섬의 지형을 이용해 반격하면 공격이 쉽지는 않았을 것이다. 그래서 이사부는 꾀를 짜냈다. 그가 고안한 방법은 나무로 사자 형상을 많이 만들어 배에 싣고 우산국 사람들을 위협하는 것이었다.

지금으로서는 다소 유치하게 보일 수 있으나 마치 고대 그리스 신화에 나오는 트로이 목마처럼 우산국 사람들을 속이기에 충분했다. 이사부는 이 작전을 시행했고, 그가 예상한대로 우산국 사람들은 나무사자들을 보고 공포에 휩싸였다. 그들은 나무사자를 살아있는 사자로 착각하고, 사자를 이길 수 없다고 생각했다. 신라군이 나무사자를 이용해 펼친 공세는 매우 위협적이고 효과적이어서 결국 우산국은 항복하고 말았다.

이러한 내용과 관련하여 울릉도에는 지명에 얽힌 구체적인 설화들이 많다. 예를 들어, 울릉도 서면 남양의 골개포구에 사자바위가 있고, 그 옆에 사자굴이 있으며, 투구를 닮은 투구바위가 사자바위를 굽어본다. 또 국수를 널어놓은 것 같은 국수바위가 있고, 국수바위에서 태하로 가는 길목에 나팔봉이 있다. 사자바위, 투구바위, 나팔봉이 모두 우산국의 최후를 보여주는 지명이고 바위들이다. 당시 상황은 이렇게 전해진다.

신라왕은 이사부로 하여금 군사를 이끌고 우산국을 쳐서 노략질을 못하도록 하라는 명령을 내렸다. 이사부는 모든 준비를 하고 우산국으로 갔다. 하루는 어디선가 나팔소리가 났는데, 우해왕의 귀에 들렸다. 바다를 바라보니, 바다에는 갈매기 떼 모양으로 돛단배가 우산국을 향하여 왔다. 신라의 군사를 이끈 이사부의 군대였다.(중략) 우해왕의 배가 맨 앞에 섰다. 우산국의 군사는 바다에서는 물거미처럼 자유자재로 다니면서 싸웠다. 신라의 군사는 우산국에 상륙도 못하고 쫓겨 갔다.(중략)

이사부는 소문을 내어서 우산국을 칠 묘한 꾀를 널리 모았다. 이사부는 다시 군사를 이끌고 우산국으로 쳐들어갔다. 한편 우산국에서도 신라 군사가 쫓겨 갔으니 분풀이로 다시 공격해 올 것을 예측하고 군사훈련을 게을리 하지 않았다. 신라군의 배에는 이상야릇하게 덮어씌운 물건들이 실려 있었다. 그것이 무엇을 하는 것인가를 아는 사람은 대장들 밖에 없었다.(중략) "항복하지 않으면 이 사자를 풀어 놓겠다"하고 일제히 사자를 보였다. 이상한 물건으로 덮었던 것은 이 사자였다.(중략) 신라 군사의 배에 탄 사자의 입에서 일제히 불이 두어 길씩 튀어 나왔다. 우산국의 군사는 사기가 죽었다. 우산국에서는 큰 깃발을 투구바위에 올렸다. 나팔바위에서는 항복하는 나팔을 불었다.

이리하여 이사부는 우해왕의 항복을 받았다. 우해는 앞으로 왕의 칭호를 쓰지 말 것이며, 우산국이라는 이름도 쓰지 않을 것이며, 울릉도는 앞으로 신라의 땅으로서 강릉 군수의 지배를 받을 것이며, 노략질을 하지 않을 것과 오징어를 조공으로 바칠 것을 약속하였다. 이사부는 신라의 큰 공로자가 되었고, 위대한 장군이 되었다. 우산국은 망하고 우해는 가난한 어부가 되었다. 신라의 군사들은 제각기 울릉도의 향나무며 돌들을 기념품으로 가져갔다.

이사부는 사자 한 마리를 바닷가에 던졌다. 알고 보니 나무로 만든 사자였다. 그 사자의 입에서 불이 튀어 나오게 꾸몄던 것이다. 우산국 사람들은 이사부의 꾀에 속아 항복한 것을 후회했지만 때는 늦었다. 그때 두고 간 사자가 화석이 된 것이 골개 앞의 사자바위라는 전설이다. 투구봉, 나팔봉 등의 이름도 이때 생긴 이름이다.

- 『울릉도의 전설·민담』

이 설화는 해양세력 우산국의 위력을 더욱 실감나게 전하고 있을 뿐 아니라 이사부의 목사자가 불을 뿜었다는 등 재미있는 이야기들로 꾸며져 있다. 설화에 나오는 골개포구는 오늘날 울릉도 서면 남양동에 해당되는 곳으로 남서동과 함께 우산국의 성읍이 자리 잡았던 곳으로 추정된다. 그러한 곳에 사자바위, 투구봉, 나팔봉 등의 이름이 우산국의 멸망과 함께 지금까지 전해지고 있다는 것은 문헌사료와 고고학 자료가 부족한 상황에서는 매우 흥미롭다.

제3장 이사부, 삼척에서 출항하다

서기 512년 한여름 6월, 우산국을 복속하기 위한 이사부 선단의 배가 삼척을 출항했다.『삼국사기』기록이므로 한여름 6월이면, 동해바다가 1년 중 가장 잔잔하며, 동중국해에서 구로시오 난류가, 그리고 오츠크해에서 한류가 흘러들어 울릉도 쪽으로 방향을 바꾸는 시기이다. 그리고 바람도 대륙의 편서풍이 불어와 한반도로부터 일본쪽으로 불어 준다. 이때를 기다려 신라 수군은 우산국 공격의 시점으로 잡았다.

그동안 이사부 선단의 출항지를 놓고 의견이 분분했다. 그러던 중 한국 이사부학회에서는 2011년 8월, 이사부 선단의 출항지로 삼척이 가장 적합하다는 결론을 내렸다. 그 이유는,

문헌사료를 통해 볼 때, "신라는 동해안의 주를「실직주(삼척, 505년)」「하슬라주(강릉, 512년)」「비열홀주(안변, 556년)」「달홀주(고성, 568년)」로 옮겨 가면서 군사적 정복을 확대해 갔다. 그러나 주력부대는 실직주에 그대로 두었고, 하슬라 군주의 통솔을 받게 하였다. 즉 512년 하슬라주를 설치했지만 정예군단인 실직정을 곧바로 하슬라로 옮기지 않고, 658년 무열왕 때 강

릉에 하서정을 비로소 설치하였다.

즉 실직을 군사중심도시로 그대로 유지하면서, 하슬라를 새로운 행정중심도시로 특화시켜 동해안 지역을 하나의 체제로 관리하였던 것이다. 그래서 실직(삼척)이 이사부 군단의 군사기지로서 역할을 수행했으며, 우산국 정벌군도 삼척에서 출항했던 것이다. 동해안 지역의 이러한 관리체제는 조선시대에 관찰사를 강릉에 두고, 삼척 부사로 하여금 동해와 울릉도를 관리하는 체제로 이어졌다. 따라서 이사부의 하슬라주 군주 임명은 동해안 지역의 새로운 행정중심도시의 출현으로 해석해야 하며, 행정과 군사의 이원화 체제가 수립된 것으로 보아야 한다.

기존의 '강릉 출항설'에서는 안목항 또는 강릉 남대천 하류 지역 일대로 출항지로 지목하였다. 그러나 안목항은 남대천 하구의 바깥에 위치해 있고, 암석해안으로 되어 있으며 포구 규모가 매우 작기 때문에 대규모 병선 출입에는 부적합한 점이 많다. 또한 남대천 하류 지역도 주변이 모두 사구지대와 저습지로 형성되어 있어 군선 출입에 적합하지 않다. 그러나 '삼척 출항설'에서는 출항지를 오십천 포구와 하구 남쪽에 접한 오화리 산성의 실체와 연관성이 있는 것으로 지목하였다. 즉 삼척 지역의 산성 구조와 지리적 입지조건, 산성 내 출토유물을 고려할 때 삼척이 군선 출입 및 군항으로서의 입지조건을 제대로 갖추고 있다는 점이다.

군사적 관점에서 볼 때, 우산국을 공격하고 승리를 거두기 위해서는 기능성이 뛰어난 조선술과 항해술, 그리고 잘 훈련된 수군병력이 필요하다. 또한 장기간에 걸쳐 전쟁 준비가 차질 없이 이루어져야 한다. 삼척 지역은

가시거리측정(GIS)

해류순환도

경제적 측면이나 항구, 방어체제, 교통망 등 기능면에서 해양도시의 성격과 범주에 손색이 없다. 따라서 신라 최전방의 정예군단인 실직정의 군사를 동원하는 것이 당연했으며, 결국 삼척을 우산국을 공격하는 발진기지로 삼았을 것이다. 또한 대군이 발진하는 군항의 선정과 활용을 고려할 때 삼척은 이사부 선단의 발진기지로서의 조건을 잘 갖추고 있다. 다만 전쟁의 중요도 및 규모 등과 동해안 중부 지역의 자연환경 및 정치 상황을 고려하면 삼척을 주력 발진기지로 삼고, 북쪽의 강릉 지역과 남쪽의 울진 등이 유기적으로 역할 분담을 했을 가능성이 있다.

해양지리의 관점에서 강릉, 동해, 삼척, 울진에 속한 항구 및 진, 포구, 어촌에 대해 현장조사 및 문헌조사를 실시하고 GIS기법을 이용하여 출항 후보지를 분석했다. 그 결과, 경사가 완만하고 넓은 배후지를 보유하고 있으며, 육안으로 울릉도 관측이 가능하고, 거리상 울릉도와 가까운 곳은 거의 대부분 삼척 지역에 위치하고 있다. 그리고 군사적으로 대규모 군진이나 피항 및 방어에 유리한 지형적 요인을 잘 갖춘 곳으로 삼척의 정라·오분진을 지목하였다.

또한 남중국해에서 대한해협을 거쳐 동해상으로 흐르는 남류와 북쪽의 오츠크해에서 남쪽으로 흘러오는 한류가 만나 울릉도와 독도 근해로 빠져나가는 지점이 삼척 부근의 바다인 점을 감안하면 삼척 지역이 이사부 군단의 출항지였을 가능성이 가장 높다.

조선시대에는 울릉도 출항에 관한 각종 문헌기록들이 남아 있는데, 이들 사료는 모두 삼척을 출항지로 기록하고 있다. 대표적인 예가 울릉도 안무사, 경차관, 수토군이 모두 삼척에서 출항하고 있다. 뿐만 아니라 최초의 안무사 김인우도 삼척 사람이었고, 최초의 수토사 장한상도 삼척 사람이었으며, 이후의 수토사들도 모두 삼척 영장이나 월송 만호였다. 또한 조선 후기 200여 년 동안 지속된 수토군은 보통 80명 선으로 편성했는데, 채삼군이 30명이었고, 그중 1/3인 10명이 삼척 사람이었다. 강릉, 양양, 평해 등 타 지역에 비하면 삼척에 가장 많은 인원이 배정되었던 것이다. 물론 수토군에 필요한 짐물도 그에 비례해서 부담했다.

이처럼 여러 사례들을 통해서 볼 때 삼척은 우산국 정벌을 위한 수군기지로서 필요한 여러 조건을 잘 갖추고 있었으며, 이사부는 이러한 상황을 충분히 고려하여 삼척을 출항지로 선택했던 것이다.

제4편

독도가 한국 땅인 이유

제1장 지리가 보여준다

1. 독도가 보인다

육지에서 울릉도가 보이고, 울릉도에서 독도가 보인다

독도의 주소는 우편번호 40240. 경상북도 울릉읍 독도리 30-2(독도이사부
길 55)이다. 동해안의 삼척에서는 직선거리로 217km 떨어져 있으며, 울릉
도에서는 87km 떨어져 있다. 그래서 날씨가 맑은 날이면 동해안 삼척근
덕의 소공대에서 울릉도가 보이며, 울릉도에서도 독도가 보인다. 반면 일
본 시마네현에서는 157km가 떨어져 있어 가시거리 밖에 위치하고 있으
므로 독도를 전혀 볼 수 없다.

울릉도에서 독도가 보인다는 사실은 『세종실록지리지』(1454년)에 기록
되어 있고, 최초의 울릉도 수토사였던 장한상의 『울릉도사적』에도 기록되
어 있다. 최근에는 이를 증명하는 여러 장의 사진들이 촬영되어 공개되고
있다.

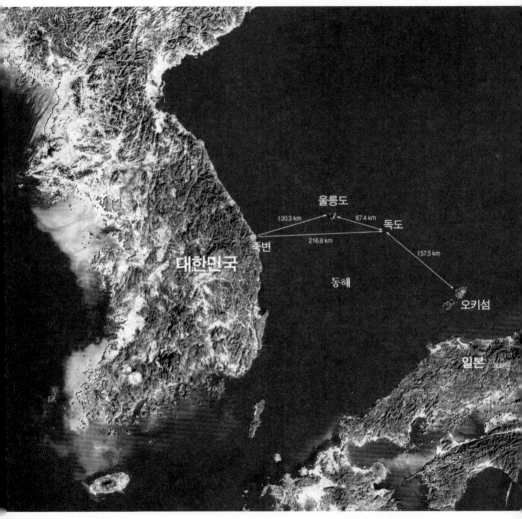

울릉도

130.3 km

87.4 km

독도

족변

216.8 km

대한민국

157.5 km

동해

오키섬

일본

독도의 위치

동해시 초록봉에서 본 울릉도(ⓒ 이효웅)

울릉도에서 본 독도

독도에서 본 울릉도

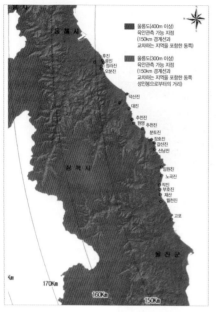

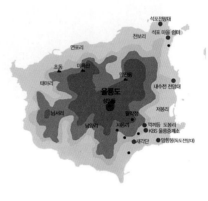

▲ 울릉도에서 독도가 보이는 지점(붉은색 지역)
◀ 동해안에서 울릉도가 보이는 지점(붉은색 지역)

독도의 이모저모

독도는 약 460만 년 전에 해저 약 2천m에서 화산활동에 의해 솟은 용암이 굳어져 형성된 섬이다. 이에 비해 울릉도는 250만 년 전, 제주도는 120만 년 전에 형성되어 독도가 가장 형님 섬인 셈이다. 바다 위에 드러난 부분보다 바다 밑에 잠겨 있는 해산(海山 : 바다 밑에 1천m 이상 솟은 산)이 더 크다. 독도 부근의 바다 밑에는 해산, 분지, 절벽 등 여러 형태의 지형이 있으며 특히 해산에는 이름을 붙여 놓았다. 안용복해산, 김인우해산, 독도해산, 심흥택해산, 이사부해산 등이다. 이 가운데 안용복해산과 김인우해산은 국제해저지명위원회에 등록되어 있다.

이처럼 독도에서 울릉도까지는 여러 개의 해산으로 연결되어 있고, 독도는 퇴적된 화산재가 단단하게 굳어진 응회암과 화산암인 현무암, 조면암 등으로 이루어져 있다. 반면 일본 오키섬은 화산활동과는 거의 관계없는 편마암으로 구성되어 있어 지형적으로도 완전히 다르다.

독도는 원래 하나의 섬이었지만 파도에 의한 침식 작용으로 약 250만년 전에 동도와 서도 두 섬으로 분리되었고 89개의 작은 암초들이 분포되어 있다. 동서도의 거리는 150m이다.

기온은 추운 겨울이 1도, 더운 8월이 23도로 연평균 기온이 12도 정도로 내륙지역과 비교하면 따뜻한 편이다. 동해상에 위치하므로 해류의 영향을 받아 해양성 기후의 성격이 나타나기 때문이다. 독도의 기후에 영향을 미치는 해류는 동한난류(東韓暖流 : 쿠로시오 난류)와 북한한류(北韓寒流 : 오츠크 한류)이다. 여름에는 동한난류의 영향을 크게 받고, 겨울에는 북한한류와 동한난류가 울릉도 부근에서 교차한다. 그래서 육지에서 울릉도·독도로 가려면 이 해류를 타고 간다.

통계적으로, 연중 강우일이 150일, 연평균 강우량은 1200mm이다. 여름철 3개월 강수량이 많은데, 7월 강수량이 많은 것은 장마의 영향이며, 8월과 9월에 강수량이 많은 것은 태풍이 빈번하게 지나가는 경로에 있기 때문이다. 또한 흐린 날이 160일 이상이며 맑은 날은 연중 50일 정도이다. 따라서 배를 타고 가면 실제로 선착할 수 있는 날은 50일 정도에 불과하다. 그래서 관광객들 사이에서는 3대가 덕을 쌓아야 독도에 입도할 수 있다는 말도 있다. 바람은 계절에 따라 북동풍과 남서풍이 많이 불고, 1월부터 8월에 풍속이 강하고 변동이 심하며, 10월에는 비교적 풍속이 약하고 변동이 심하지 않다.

독도는 연중 300일 이상 흐리거나 비가 내리기 때문에 습한 날씨가 많다. 그리고 강한 해풍으로 인해 염분이 많아 식물이 자라기에 척박한 환경이다. 열악한 환경에서 잘 견뎌내는 식물들만 살아남을 수 있어 육지보다 종류가 적고 나무들도 키가 작은 편이다. 독도에서 자라는 식물은 나무를 포함하여 약 50~60종인데, 왕해국, 왕호장근, 땅채송화, 섬기란초, 갯까치수염, 번행초 등이 대표적이다.

독도 주변 해역에서 볼 수 있는 어종으로는 연어병치, 말쥐치, 대구, 명태, 꽁치, 복어, 오징어, 문어, 상어, 전어, 가자미, 돌돔, 흑돔, 개볼락, 조피볼락, 용치놀래기, 노래미, 소라, 전복, 해삼 등이 있다.

독도의 곤충류로는 크기가 작고, 비행성이 약한 것이 특징이며 약 93종이 있는 것으로 파악되었다. 관찰된 조류는 약 139종으로 괭이갈매기, 바다제비, 슴새, 알락할미새, 섬참새 등이 대표적이다. 특히 괭이갈매기, 바다제비, 슴새는 '독도 천연 보호구역'에서 법적으로 보호받는 새들이다. 또한 독도는 이동 중인 조류들의 피난처로 철새들도 많이 모여든다.

독도에는 무척추동물이 약 370여 종이 있고, 해조류가 미역, 다시마를 비롯하여 약 223종이 있다. 독도에만 있는 미생물은 2005~6년에 발견된 '동해아나 독도넨시스'가 있다. '동해아나 독도넨시스'는 2008년 이소연 씨가 우주실험을 위해 국제 우주 정거장으로 가져갔던 여섯 가지 생물 중에 하나이다.

우리나라 문화재청에서는 독도 생태계를 보존하기 위해 1982년 11월, 독도를 천연기념물 제336호로 지정하였으며, 현재도 일반인이 독도에 입도하더라도 선착장 부근만 개방하여 자연훼손을 막고 있다.

2. 가서 살았다

보이면 가고 싶다

동해안 울진 부근에서 독도가 보인다는 지리적인 조건은 선사시대부터 동해안 지역의 사람들로 하여금 울릉도를 왕래하게 했다. 보이면 가고 싶은 것이 인간의 본능임은 말할 것도 없다. 콜럼버스의 신대륙 발견도 보이면 가고 싶다는 본능의 산물인 것이다.

독도에 사람이 살았다는 흔적이나 기록은 없다. 그러나 독도 왕래의 거점인 울릉도에는 여러 곳에서 사람이 살았던 흔적(유적과 유물)이 남아있고, 6세기 이후부터는 많은 역사기록이 현존한다.

울릉도에 대한 고고학적 조사연구는 1947년 국립박물관에 의해 시작되었다. 현포리, 천부리, 남서리, 남양리, 사동리 등 고분군 전반에 대한 측량과 조사가 이루어졌다. 그 후 1997년 서울대 박물관이 울릉도 광역에 대한 지표조사를 실시하여 현포1리 등지에서 고인돌이 발견되었고, 청동기시대의 무문토기와 함께 갈돌과 갈판이 수집되었다. 조사단은 이 유물들을 근거로 울릉도에 처음 사람이 살기 시작했던 시기를 BC 4세기경으

현포동 고분군 전경(1963년)

로 추정했다. 이듬해인 1998년 영남대 민족문화연구소에서 울릉도의 고고학적 조사를 토대로 새로 확인된 고분과 토기들에 대한 분석을 통해 고분과 토기의 존속 시기를 6세기 중반에서 10세기까지로 추정하였다.

주요 고분 현황을 보면, 현포동 고분군은 1963년 국립박물관은 38개의 고분이 있었다고 하나, 지금은 10기만이 경상북도 기념물 73호로 지정되어 있다. 고분은 경사지대에 수평으로 기단부를 만들고 그 위에 장방형 석실을 축조하였는데, 할석을 내경시켜 측벽을 쌓고 그 위에 장대석으로 개석을 덮었으며, 장축은 대부분 동서나 남북으로 된 것도 있다. 규모는 석실이 6~9m 정도이고 높이 1m 내외, 길이는 7~9m 정도이다. 태하리 고분

현포동 고분군 10-1호   내부 모습

은 경상북도문화재연구원이 조사한 40여 기의 석군 가운데 6기에서 석실이 확인되었는데, 장축은 약 10m의 세장방형으로 남북 장축이다.

고분으로 울릉도에 살았던 흔적을 남기다

남서동 고분군은 1963년 국립박물관 보고서에서 32기가 넘는 고분의 존재를 보고한 것으로, 그중 현재 15기가 경상북도 기념물 72호로 지정되어 보호되고 있다. 고분의 앞면에는 축대를 쌓고 후면은 땅을 파서 석실을 마련하였으며, 석실 규모는 길이 약 5~6m, 폭 0.7~0.9m, 높이 1~1.1m로서 석실의 폭이 좁고 높이가 높은 특징을 지닌다.

사동리 고분군은 마리나 관광호텔 진입도로 부근 사동천의 산사면에 위치한다. 3기 중 1기는 전면부 석축이 잔존하지만 석실은 붕괴되었다. 석실측벽은 할석을 4단 정도로 경사지게 쌓았고 그 위에 개석이 3개 남아 있으며, 전체 규모는 장축이 6~6.5m, 단축이 4.5~5m이고 평면은 장방형으로 남북향이다.

한편 사동2리 새각단 마을 서쪽 능선에서 2000년 영남대 민족문화연구소 조사 당시 5개의 고분을 확인하였으나 2001년 경상북도문화재연구원 조사에는 모두 사라진 것으로 밝혀졌다. 2008년 한림대 박물관 조사에 의하면 대아리조트와 연접한 급경사면에서 토기편과 석재만이 확인되었다.

유물 산포지는 사실상 토기 산포지로서 후속 조사를 통해 기존 조사에서 미발견된 산포지가 계속 추가되기 때문에 앞으로도 새로운 산포지는 계속 발견될 것이다. 천부리 산포지의 경우 천부마을 구릉 정상부와 죽암 윗대바위마을 등지에서 회청색 경질토기, 연질토기 등이 채집되었다.

태하리 유물 출토지의 경우, 태하1리 태하천 건너편에서 1981년에 세워진 삼도사(三途寺)의 터파기 공사 과정에서 상당량의 토기가 수습되었다. 건너편 고분군과 관련이 있을 것으로 추정된다. 나리분지의 경우 추정 고분은 조사결과 자연석 무더기로 밝혀졌으나 천혜의 조건을 지닌 분지형 평지에 대한 정밀조사는 계속되어야 할 것이다.

지금까지 울릉도에서 발견된 고분은 모두 신라 고분이며 고분과 산포지에서 출토된 토기 역시 모두 신라 토기에 해당된다. 따라서 고분 관련 유적과 유물은 모두 이사부의 우산국 복속이 이루어진 6세기 이전으로 올려 보기는 어렵다는 것이 연구자들의 일반적인 견해이다.

결론적으로 현포1리 등지에서 발견된 고인돌과 청동기시대의 무문토기와 돌판, 갈돌 등을 근거로 제시된 1997년 서울대 박물관의 보고서를 바탕으로 하면 울릉도에 처음 사람이 살기 시작한 시기는 BC 4세기일 가능성이 높다. 현포리 일원이 울릉도의 수장이 머물렀던 곳이며 이곳이 신

울릉도 석포에서 바라본 독도 ▶

울릉도 석포에서 본 독도

라 복속 이전에도 우산국의 중심지였을 개연성을 보여준다(노혁진,「울릉도의
고대 유물과 고고학적으로 본 우산국」).

그렇다면 이 시기 울릉도에 살았던 사람들은 누구였을까?

이들은 대부분 강원도나 경북 해안지역에서 건너간 사람들이었다고 보
고, 한국의 고대사에 등장하는 옥저와 동일한 예족(濊族)이었을 가능성이
높다. 기원 전후 무렵부터 3세기에 이르는 시기에 한반도 동해안 지역에
거주하였던 예족의 분포지를 보면, 두만강 하류에서 영일만 북안에 이르는
전 지역에 예족이 거주하였기 때문이다(노태돈,「우산국의 기원과 이사부의 정벌」).

이상의 논의를 검토할 때, 울릉도에서는 적어도 기원전 4세기경부터 사
람이 살았고, 이들은 한반도 동해안에서 이주한 예족이었으며, 현포리를
중심지로 우산국을 건설하였음을 알 수 있다. 유적과 유물을 통해 볼 때

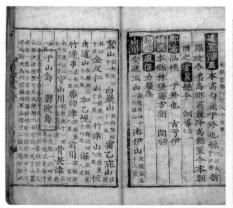

「신증동국여지승람」의 「팔도총도」와 우산도, 울릉도

청동기 시대인의 특징을 갖고 있었고, 눈앞에 보이는 독도를 왕래하면서 어로생활을 했으며 때로는 신라나 왜와도 왕래했을 것이다.

3. 지도가 보여준다

최초의 우산국 지도

『신증동국여지승람』 강원도 '울진현조'에는 『세종실록지리지』 '울진현조'의 "우산 무릉 두 섬이 현의 정동해 중에 있다"는 기사와 같은 내용이 실려 있다.

울릉도와 독도가 그려져 있는 최초의 지도는 『신증동국여지승람』(1530년)의 강원도 첫머리 부분에 실려 있는 「팔도총도」이다. 이 지도는 1481년에 제작된 것으로 동해에 울릉도와 우산도 두 개의 섬만이 그려져 있는데,

우산도가 울릉도보다 작게 울릉도 서쪽에 그려져 있어 위치가 바뀌어져 있다. 일본에서는 이 점을 이유로 들어 한국 땅이 아니라고 주장하지만 당시는 1430년 이후로 울릉도 주민의 육지 '쇄출정책'에 의해 울릉도가 이미 무인도화 되어 50년 이상 경과한 때이고, 지금처럼 항해술이 발달되어 있던 때가 아니다. 따라서 섬의 위치가 바뀐 것은 지도 제작자도 두 섬의 존재는 알았지만 위치에 대한 인식이 정확치 않았기 때문에 생긴 착오이다. 이를 빌미로 한국 땅이 아니라는 주장은 잘못된 것이다.

독도의 위치를 바로 그리다

울릉도와 독도의 위치를 정확히 그린 것은 18세기 중반에 제작된 「동국대지도」(정상기)와 「여지고」(1770년, 신경준), 『동국문헌비고』, 「조선전도」(1846년, 김대건) 등이다. 이것은 17세기 말 안용복 사건 이후에 정확해진 독도 인식의 결과이다. 국립중앙박물관에는 보물 제1538호로 지정된 정상기의 「동국대지도」가 있다. 크기 272cm×147cm의 고운 비단 위에 한반도와 만주 일부가 그려진 대형 지도이다. 1755~1767년 사이에 그려진 것으로 추정되며 근대의 정확한 지도와 비슷할 정도로 정확하다.

「동국대지도」에는 울릉도가 타원형으로 그려졌고, 울릉도(鬱陵島)와 주토굴(朱土堀)·죽전(竹田)이 적혀 있다. 그리고 왼쪽에 "울진에서 바람을 잘 만나면 이틀에 도착한다(自蔚珍得風便二日到)"라는 문구가 적혀 있고, 동쪽으로 타원형의 우산도가 있다. 1700년대 초까지 그려진 지도에 우산도가 동쪽에 그려진 지도가 없다는 점에서 주목된다. 우리나라는 이 우산도를 독

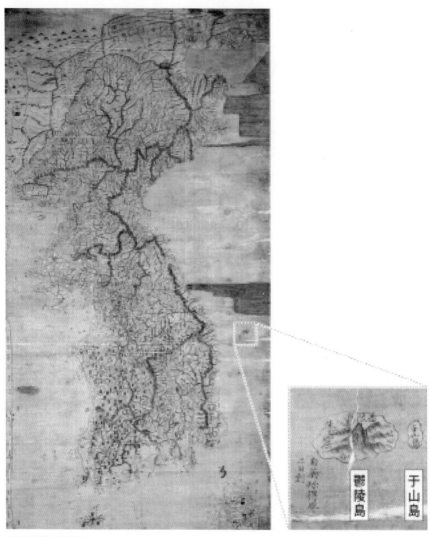

정상기의 「동국대지도」(국립중앙박물관)

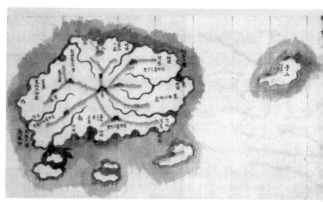

신경준의 도별지도 「강원도지도」
(경희대학교 혜정박물관)

신경준의 『관동방여』의 울릉도지도(국립중앙도서관)

도로 보고 있고, 일본은 울릉도 옆의 죽도라 주장하여 독도를 부정하고 있다. 그러나 이것은 독도를 그린 것이다.

울릉도 동쪽의 섬이 독도라는 것은 이후 신경준의 『동국문헌비고』의 「여지고(輿地考)」에 의해 확실하게 증명된다. 영조의 명을 받아 편찬한 『동국문헌비고』는 각 지역의 강역지와 지도 제작과 함께 1770년에 완성되었다.

『동국문헌비고』 속의 강원도 지도책에는 강원도 26개 마을의 지도와 함께 울릉도 지도가 독립적으로 수록되었다. 이 지도에는 울릉도 본섬이 타원형으로 되었고, 남쪽에는 이름이 적혀있지 않은 5개의 섬과 동쪽에 우산(于山)이 있다. 일본은 울릉도 본섬과 가깝다 하여 역시 우산을 죽도라고 하지만 이 우산은 독도임이 분명하다. 그 이유는 신경준 스스로가 「여지고」에서 다음과 같이 명확하게 서술했기 때문이다.

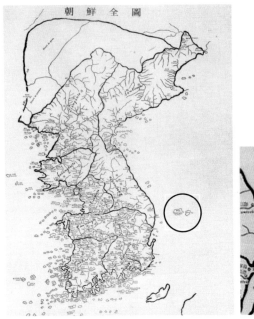

김대건신부의 조선전도(프랑스국립도서관)　　　　우릉도·우산도로 표시됨

『동국문헌비고』의 「여지고(輿地考)」

우산도·울릉도 [(울진현)의 동쪽 350리에 있고, 울(鬱)은 울(蔚)·우(芋)·우(羽)·무(武)라 쓰기도 한다. 두 섬 중의 하나가 곧 우산이다. 역사적 사실을 왼쪽에 기록한다.] 섬은 울진현의 정동 바다 가운데 있는데, 일본의 은기주와 서로 가깝다. … 섬은 본래 우산국이며, 신라에서 취한 후 왜인을 이끌고 도적질할까 두려워 주민들을 모두 나오게 해 그 섬을 비우게 했다. … [『여지지』에서 울릉·우산은 모두 우산국의 땅이라고 하는데, 우산이 곧 일본이 말하는 송도(필자 주 : 독도)이다] … (이어 안용복의 고사를 소개하였다)… 일본이 지금에 이르기까지 다시는 울릉도를 가리켜 일본 땅이라고 하지 않는 것은 모두 안용복의 공로이다.

신경준의 이러한 인식은 이후 『만기요람』(1808), 『증보문헌비고』(1908)에 그대로 계승되었다. 한편 1846년 김대건 신부가 작성한 「조선전도」의 원본은 프랑스 국립도서관에 소장되어 있는데, 중국에 있던 프랑스 신부들의 조선 입국을 위해 그린 것이다. 김대건 신부가 체포되기 전에 프랑스 영사 드퐁티니(DeMontigny)에게 전달되었다. 이 지도는 1849년에 프랑스로

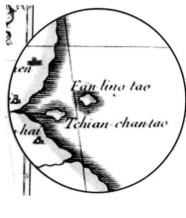

조선왕국전도(서울역사박물관)

가져갔고 국립도서관에 기증되었다. 1855년에 조선전도는 프랑스『지리학회보』에 수록되었고, 6개 언어로 번역되어 서양세계에 알려졌다.

김대건 신부의 「조선전도」에는 독도가 울릉도 바깥에 정확히 그려져 있고, 지명은 우리의 고유 명칭을 한글 발음으로 표기했다는 데 특징이 있다. 즉 울릉도를 'Oulangto'로, 독도는 'Ousan'(우산)으로 표기했다.

독도가 그려진 서양 지도

프랑스의 왕실 지리학자 당빌(D,anville)이 제작한 「조선왕국전도」(1734년) 이다. 이 지도는 울릉도를 '판링타오'로, 우산도를 '찬찬타오'로 표기했다. 조선 영토는 파란색으로 일본 영토는 붉은색으로 선을 그었다. 그리고 동해가 'COREAN SEA'로 명시되어 있다.

일본 지도도 독도를 조선땅으로 그렸다

일본의 울릉도와 독도에 관한 최초의 사료인『은주시청합기』에도 "울릉도와 독도가 고려의 영토이며, 일본 영토의 경계는 오키섬"이라고 분명히 기술하고 있다.

이 책의 저자 사이토 호센[齊藤豊宣]은 이즈모(出雲 : 시마네현의 서쪽 지역)의 지방관리이다. 번주의 명령으로 1667년에 오키섬을 순시하면서 보고 들은 내용을 정리하여 보고한 문헌이다. 이 문헌은 지방 관찬사서이지만 일본의 공식문서로 편찬한 것이다. 그 가운데 울릉도에 관한 부분은 다음과 같다.

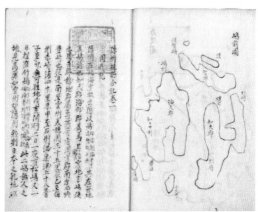

『은주시청합기(隱州視聽合記)』

"오키섬은 북쪽 바다 가운데 있다. 오키섬에서 북서쪽으로 2일 하룻밤을 가면, 송도(독도)가 있고, 다시 하루정도를 가면 죽도(울릉도)가 있다. … 흔히 기죽도라고 하는데, 대나무, 물고기, 물개가 많다. 이 두 섬은 무인도이고, 고려를 보는 것이 마치 운주에서 오키섬을 보는 것과 같다. 그러므로 일본 북서쪽의 땅은 이 오키섬을 경계로 삼는다."

(隱州在北海中故云隱岐島 戌亥間行二日一夜有松島 又一日程有竹島 俗言磯竹島多竹漁海鹿
此二島無人之地 見高麗如白雲州望隱州 然則日本之乾至 以此州爲限矣)

미토번의 학자 나가쿠보 세키스이[長久保赤水]가 1779년 경위도선을 그린 일본전도 「개정 일본여지노정전도(改正 日本輿地路程全圖)」에는 울릉도와 독도를 마쓰시마, 다케시마로 표기했다. 이 지도를 가지고 일본은 울릉도와 독도를 인지하고 있었다고 주장하지만 두 섬의 위치만 표시했을 뿐

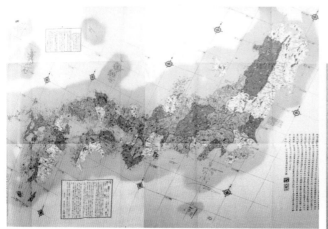

「개정 일본여지노정전도(改正 日本輿地路程全圖)」

영토로 표시되어 있지 않다.

이 지도에서 울릉도와 독도는 일본열도와 부속도서에 그려진 경위도선 밖에 한반도 남단과 같이 무색으로 그려져 있다. 즉 두 섬이 일본 밖의 땅, 즉 조선 영토로 그려져 있다. 울릉도·독도 옆에 "고려를 보는 것은 마치 운주(이즈모)에서 은주(오키섬)를 보는 것과 같다"(見高麗猶雲州望隱州)고 기록되어 있다.

1785년 하야시 시헤이[林子平]가 그린 지도 『삼국통람도설(三國通覽圖說)』의 「삼국접양지도(三國接壤地圖)」는 동아시아 지도로 일본을 비롯하여 중국·조선·러시아 영토를 각각 다른 색깔로 구분하여 그렸다. 동해에 울릉도와 독도를 '조선의 소유'라고 표기했으며 두 섬이 모두 조선과 같은 노란색으로 그려져 있다. 그리고 이 섬에서 은주(오키섬)를 바라볼 수 있으며,

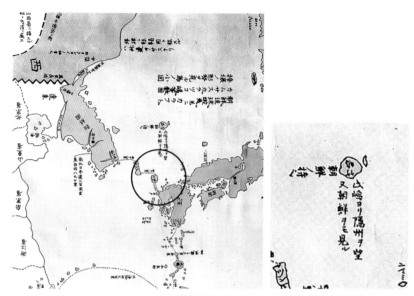

『삼국통람도설(三國通覽圖說)』의 「삼국접양지도(三國接壤地圖)」

조선도 보인다고 했다. 『삼국통람도설』과 이 지도는 1832년 프랑스어로 번역되어 보급됨으로써 울릉도와 독도가 조선 영토임을 세계에 알렸다.

1808년 에도막부의 천문방(天文方 : 지도제작 등을 책임지는 관리) 소속 다카하시 가게야스[高橋景保]가 제작한 일본의 공식 지도 「일본변계약도(日本邊界略圖)」에는 울릉도와 독도가 각각 완릉도(宛陵島)와 천산도(千山島)라는 이름으로 기록되어 있다.

완릉도라는 명칭은 울릉도의 중국식 발음으로 표기한 것이고, 천산도는 우산도의 우(于)를 천(千) 자로 잘못 쓴 것이다. 당시 일본은 1698년 이후 울릉도에 대한 일본인의 도항금지령으로 독도와 울릉도로의 접근이

「일본변계약도(日本邊界略圖)」

불가능하여 울릉도와 독도의 이름조차 잊은 상태였다. 그러므로 과거 다케시마(울릉도)와 마쓰시마(독도)의 이름조차 중국 지도를 인용하여 이름을 붙였다. 뿐만 아니라 이 지도에서 동해를 '조선해'라고 기록했다는 점이 주목된다. 그 후 1849년부터는 프랑스의 포경선 이름을 따서 붙인 '리앙쿠르 락스'라고도 불렀다. 일본에서 다케시마 마쓰시마의 명칭이 다시 불려진 것은 1870년 외무성이 극비리에 조선의 내정을 조사해 작성한『조선국 교제시말 내탐서』에서이다.

제2장 역사가 증언한다

1. 우산국이 신라 영토가 되다

우산국을 복속시키다

신라는 505년 삼척에 실직군을 두고, 512년 강릉에 하슬라주군을 설치한 후 이사부를 군주로 임명하여 우산국 공격을 단행하였다. 앞에서 살펴본 것처럼 『삼국사기』에 의하면, 섬오랑캐였던 우산국이 바다가 깊음을 믿고 교만하여 신하가 되어 섬기지 않거늘 지증왕이 이사부로 하여금 군사를 거느리고 가서 치게 하였다. 512년 6월 우산국 병합 계획을 세운 이사부는 우산국 해안으로 가서 거짓으로 말하기를 "너희들이 항복하지 않으면 이 맹수를 놓아 밟아죽이겠다"고 하자 우산국 사람들이 두려워서 즉시 항복했다고 한다.

이 사료를 볼 때 『삼국사기』에는 우산국을 하나의 독립국으로 서술하고 있고, 이사부의 공격에 의해 결국 신라에 '귀복(歸復)' '래복(來服)' 내지는 '항복(降服)(『삼국유사』)'했다는 사실을 전하고 있다. 여기서 우산국의 '귀복' '래복' '항복'은 신라에 복속됨을 의미하며, 우산국은 지금의 울릉도와 독도를 말한다. 즉 우산국의 신라에의 복속은 신라의 영토 안에 들어왔다는 뜻이다. 이후 고려, 조선을 거쳐 대한민국으로 이어진다. 그래서 독도에 대한 영유권 행사의 '역사적 권원'이라 표현한다.

우산국은 울릉도와 독도

일본에서는 우산국이 지금의 울릉도와 독도라는 증거가 없다고 하면서 이를 부정한다. 그러나 『세종실록지리지』(1454)에는 울진현의 정동 쪽에 있는 우산국은 우산과 무릉 두 섬으로 되어 있고, 두 섬의 거리는 서로 멀지 않아 날씨가 맑으면 볼 수 있다고 했다.

> 우산과 무릉 두 섬은 현의 정동(正東) 바다 가운데 있다. 두 섬이 서로 거리가 멀지 않아 날씨가 맑으면 가히 바라볼 수 있다. 신라 때는 우산국 또는 울릉도라고 했는데 지방은 100리다

라고 했다. 이 기사에 의해 우산국은 지금의 울릉도인데, 울릉도는 우산과 무릉 두 섬으로 되어 있다는 것을 알 수 있다. 『세종실록지리지』의 이 기사는 독도에 대한 분명한 영유권 선언이라 볼 수 있다.

우산과 무릉은 한 섬인가

일본은 우산과 무릉이 한 섬이라는 설과 우산이 독도라는 증거가 없다

고 하면서 부정한다. 우산·무릉 1도설은『신증동국여지승람』(1530)의 다음 기사에 근거하고 있다.

> 무릉이라고도 하고 우릉이라고도 한다. 두 섬이 현의 정동쪽 바다 가운데 있다. 세 봉우리가 곧게 솟아 하늘에 닿았으며 남쪽 봉우리가 약간 낮다. 날씨가 청명하면 봉우리의 수목과 산 밑의 모래톱을 역력히 볼 수 있으며 순풍이면 이틀에 갈 수 있다. 일설에는 우산과 울릉이 원래 한 섬으로 땅이 사방 백리라고 한다.

라고 기술하여『세종실록지리지』와는 달리 우산과 울릉을 한 섬으로 기술했다. 그렇다면 왜 이러한 인식이 나오게 된 것일까?

여기에는 역사적 이유가 있다. 조선 정부는 울릉도에 대한 왜구의 침탈을 우려한 나머지 1403년 울릉도 주민의 쇄출 이후 주민의 거주를 금지하고 1416년, 1419년, 1425년 무릉등처안무사, 1438년 무릉순심경차관을 파견했으나 계속하여 거주민이 생겼다. 그러자 1438년에 거주민의 우두머리를 사형에 처했다. 그 후 사람들은 울릉도 거주를 겁냈고, 거주민이 없어지자 상대적으로 울릉도에 대한 관리가 소홀해진다.

그리하여 역사 속에서 울릉도는 점차 잊혀지게 되었고, 사료에는 울릉도보다는 요도와 삼봉도 기사가 등장한다. 따라서 이 시기가 되면 울릉도와 독도에 대한 기술도 직접적인 경험보다는 간접 경험에 의한 기록들이 나타난다. 우산·무릉 1도설은 이러한 과정에서 생성되었을 것이다. 이후 울릉도와 독도의 위치에 대해 다시 정확히 기록되는 것은 1696년 안용복의 도일사건과 '울릉도쟁계' 이후 편찬된 『강계고』와 『동국문헌비고』의 사료이다.

『강계고』(1756년)에는

> 내가 생각건대, 『여지지』에 이르기를, "일설에는 우산과 울릉이 본래 한 섬이라고 하나, 여러 도지를 상고하면 두 섬이다. 하나는 왜가 말하는 송도(松島)인데, 대개 두 섬이 모두 다 우산국이다."

라고 기록되어 있으며, 『동국문헌비고』(1770년)에는

> 여지지에 이르기를, 울릉과 우산은 다 우산국인데, 우산은 왜가 이르는 이른바 송도이다.

라고 기술되었다. 위의 두 기록은 모두 『여지지(輿地志)』를 인용하고 있다. 이 내용을 통해 종래 우산과 울릉이 한 섬이라고 하는 '1도설'이 완전히 부정되고, 두 섬이라는 견해가 정리되었다. 그리고 이러한 견해가 이후 『만기요람』(1808), 『증보문헌비고』(1908)로 이어져 조선왕조의 공식 입장이 되었다.

'우산국 시대'의 설정

우산국이 신라에 복속된 이후 신라와 우산국과의 관계는 아직 명확히

밝혀져 있지 않다. 이후 신라의 기록에서 우산국에 관한 기록은 찾을 수 없을 뿐만 아니라『삼국사기』지리지에 수록된 군현 관련 기사에도 우산국에 관한 언급은 보이지 않는다. 그리고 통일신라 시기에도 우산국이 신라의 군현에 편성되어 직접적인 지배를 받았다는 기록도 없다.

이에 관하여 김호동은 "'우산국이 귀부(歸附)하여 해마다 토산물을 바치기로 하였다'는 기록으로 보아 우산국은 신라 영토에 편입된 것은 아니다. 만약 신라의 땅이 되었다면『삼국사기』지리지에 울릉도나 독도, 아니면 우산국의 기록이 나와야 한다. … 그러나 지리지에 탐라국이나 우산국은 기록되어 있지 않다. 이것은 512년 이후 우산국이 신라에 복속되었지만, 신라의 강역 안에 울릉도와 독도를 포함하는 우산국이 편제되었다 볼 수 없는 증거다"라고 하였다.

이에 대해 김화경은 "김호동의 견해는 512년 이사부가 우산국을 정복함으로써 신라의 강역이 되었다고 보던, 종래의 연구에 이의를 제기한 것이라고 할 수 있다"고 하면서,『고려사』의 기사를 예로 들어 12세기 초까지 우산국 또는 우릉 성주의 명칭이 존재한다고 지적한 후 아직도 우산국이 본토에 복속되지 않고 나름대로 존속하고 있는 증거라고 했다.* 그에 관련된 고려사의 사료는 다음과 같다.

- 우릉도에서 백길과 토두를 보내 토산물을 바쳤다. 백길에게는 정위(正位), 토두에게는 (고려의) 정조(正朝) 품계를 주었다(930년).
- 우산국이 동북여진의 침략을 받아 농사를 짓지 못하므로 이원구를 그곳

에 파견해 농기구를 주었다(1018년).

- 우산국 백성들로서 일찍이 여진의 침략을 받고 망명하여 왔던 자들을 모두 고향으로 돌아가게 하였다(1019년).
- 도병마사가 여진에게서 약탈을 당하고 도망하여 온 우산국 백성들을 예주에 배치해 관가에서 그들에게 식량을 주어 영구히 그 지방의 편호로 정할 것을 청하니 왕이 이 제의를 좇았다(1022년).
- 우릉 성주가 자기의 아들 부어잉다랑(夫於仍多郎)을 파견하여 토산물을 바쳤다(1032년).

그러나 고려사의 1141년 이후 자료에서는 '우산국'이라는 표기는 더 이상 나오지 않는다. 예를 들어,

- 명주도 감창사 이양실이 울릉도에 사람을 보내 이상한 과일 종자와 나뭇잎을 가져다가 왕에게 바쳤다(1141년).
- 왕이 동해 가운데 있는 우릉도는 지역이 넓고 땅이 비옥하여 옛날에는 주와 현을 두었던 적이 있어서 백성들이 살 만하다는 말을 듣고 명주도 감창 전중내급사 김유립을 시켜서 가보게 하였다. 유립이 돌아와서 그곳에는 암석들이 많아서 백성들이 살 수 없다 하므로 그 의논이 그만 잠잠하여졌다(1157년).

---

* 김호동, 「울릉도의 역사로서 우산국 재조명」 『독도연구』 7, 2009, 53쪽.

등의 기사가 나온다. 12세기 중반을 전후한 고려 중기 이후부터는 '우산국'이란 명칭 대신 '울릉도(蔚陵島·鬱陵島)'나 '우릉도(羽陵島, 芋陵島)' 등으로 변화되고 있다.

　김화경은 이러한 명칭 변화에 주목하면서 "'이것은 하나의 소국 형태를 유지하면서 독자적으로 존속하던 우산국이 고려에 귀부하였다는 것'을 의미한다"고 하면서, 나아가 "울릉도에는 우산국이란 독자적 세력이 존재했었는데, 신라시대에 이사부에 의해 정복된 다음에도 온전히 신라 강역에 포함된 것이 아니라 그 독립성을 유지하고 있었다. 그러다가 고려 초기에 여진족의 침입을 받아 그 세력이 약해지면서 고려에 하나의 지방으로 편입되었다고 보는 것이 합리적일 것 같다고 했다. 이렇게 본다면 우산국은 신라 지증왕 때 신라에 의해 복속은 되었지만 고려 현종 때까지는 존속되었다고 보는 것이 타당하다. 그리고 이와 같은 추정이 가능하다고 한다면 상당히 오랜 기간 존속된 소국이었으므로, 단순히 신라에 편입되었다고 볼 것이 아니라 우산국 시대를 상정하여도 무방하지 않을까"라고 하면서 '우산국 시대'를 제안했다.

우산국의 복속 형태

　우산국의 신라 복속 형태에 대해 노태돈은, 우산국 복속 이후 해마다 토산물을 바치는 형태로 신라에 예속되었다고 하면서 "당시 동해안의 피복속 지역에 대한 기본적인 통치방식이 기존의 재지 수장을 통해 공납을 거두어들이는 간접 지배 형태에서 군현제적인 직접 지배 형태로 전환하였다. 하지만 우산국의 경우, 계속하여 재지 유력자를 통해 공납을 징수하고 자치를 행하게 하는 간접 지배책을 취했던 것 같다"고 했다.

그 후 통일신라에 접어들어서도 중앙집권적인 국가체제 정비가 진전되어 갔지만 우산국은 신라의 군현으로 편성되지 않았다. 그것은 『삼국사기』 지리지에 수록된 군현 관련 기사에 우산국이 보이지 않는 것으로 확인할 수 있다.

당시 군현에서는 3년마다 호구조사를 하고, 사람은 연령에 따라 6등급으로 나누어 조세를 수취했는데 울릉도에는 적용하지 않았다. 그 대신 우산국 주민들은 신라 중앙에 공납할 토산물을 마련해 보냈고, 일부는 그 역할을 통해 권위와 세력을 키웠다. 그들이 울릉도 현포리 등지 고분들의 주인공일 것이다. 실제로 이들 고분에서는 신라 토기가 출토되었고, 또 천부리 고분군에서는 금동제 장신구도 출토되었다.

또한 울릉도 향토사료관에는 금동관의 조각이 전시되어 있는데, 제작시기는 7세기 즈음으로 추정하고 있다. 신라가 지방소국의 수장들에게 주었던 정치 군사적인 의미의 금동관과는 다른 성격을 지니지만 안동과 단양 등 신라 북부지역에서 출토되는 금동관과 통하는 것으로 주술적인 기능을 수행했던 자가 착용했던 것으로 보고 있다. 또한 울릉도에서 수습되었다는 석가여래입상은 대체로 금강산 유점사의 금동불과 같은 유형의 불상으로 8~9세기 작품으로 추정된다.

이러한 사실들은 6세기 이사부의 우산국 복속 이후 신라의 직접 지배가 이루어지지는 않았지만 신라와의 관계 속에서 우산국 내의 유력자들이 그들의 입지를 강화했고, 신라와의 교류를 통해 우산국 사회의 변화가 이루어졌음을 알 수 있다.

이들의 견해는 우산국의 실체에 관한 연구가 없는 상황에서 주목할 만한 견해이다. 그러나 '우산국 시대'가 설정된다고 해서 한국의 독도 영유권이 부정되는 것은 아니다. 왜냐하면 제주도에 한국의 영유권이 있고, 오키나와에 일본 영유권이 존재하는 것처럼 한국은 같은 차원에서 독도에 대한 영유권을 갖고 있는 것이다.

2. 동여진 약탈과 울릉도의 무인도화

울릉도를 약탈하다

고려는 930년에 후백제와 고창군 지역의 전투에서 크게 승리하였다. 그러자 강릉[溟州]에서 울산[興禮府]에 이르는 동해안의 110여 성이 고려에 항복하고, 울릉도의 호족인 백길과 토두가 고려 조정에 공물을 바쳤다. 고려에서는 백길과 토두에게 정조(正朝)와 정위(正位) 품계를 주었다. 정조나 정위는 고려 초기 관제로 보통 고려에 복속한 지방의 유력 인물에게 수여하는 관직이었다. 이후에는 향직이라 불렀는데, 고려 조정에 내조하는 여진인에게도 수여했다. 고려의 향직체계에서 정조는 전체 16등급 중 12등급, 정위는 13등급에 해당된다.

그 후 『고려사』에는 동북여진의 침입 기사가 나온다. 고려 전기에는 울릉도에 대해 여진족의 노략질이 빈번했는데, 고려에서는 울릉도 주민에게 농기구를 하사한다던지, 노략질을 피해 본토로 피난 온 사람들을 귀환시킨다던지, 본토의 다른 곳에 정착시키는 등의 기록이 나온다.

동여진 해적의 고려 동해안 침입은 1005년부터 1097년까지 90여 년 동안 모두 30회 이상 확인된다. 그리고 1141년 명주도감창사 이양실이 울릉도에 사람을 보내 진귀한 과일종자와 나뭇잎을 취하여 조정에 바친다는 기록이 나온다.

그런데 최근 정요근은 1048~1052년 동여진의 동해안 침공이 급증하고 있음을 밝히면서 이 시기에 울릉도가 일시적으로 무인화 되었다고 주장한다. 그 이유로 1141년 명주도감창사 이양실이 울릉도에 파견되기 이전에는 울릉도에서 고려 조정에 사람을 보내 내조를 하거나 토산물을 바치는 등의 방식으로 고려와의 관계를 유지했지만, 이때는 오히려 조정에서 사람을 보내 울릉도의 상황을 조사했다는 것이다. 같은 시기 여진이나 탐라에서 고려 조정에 내조하거나 방물을 바쳤던 기록이 상당히 자주 확인되는 점을 감안하면, 이 시기 울릉도로부터의 내조나 토산물 상납에 대한 기록이 갑자기 사라졌다는 사실은 울릉도가 무인화 되었을 가능성이 높았음을 의미한다고 했다.

울릉도가 일시적으로 무인도가 되다

그리고 이어서 등장하는 1157년 "왕이 동해 가운데 있는 우릉도는 지역이 넓고 땅이 비옥하여 옛날에는 주와 현을 두었던 적이 있어서 백성들이 살 만하다는 말을 듣고 명주도 감창 전중내급사 김유립을 시켜 가보게 하였는데, 그곳에는 암석이 많아서 백성들이 살 수 없다 하므로 그 의논이 잠잠해졌다"는 사료를 근거로 울릉도는 이미 무인도 상태였다고 주장한다.

이 사료를 근거로 고려가 울릉도의 지형조건에 대한 충분한 정보도 가지고 있지 못했고, 예전에 울릉도에 주현이 있었다는 과장된 정보까지 논의의 선상에 있었다고 기술했다. 또한 1032년 이후 울릉도가 무인도가 되었음을 방증하는 자료로 울릉도의 고분이 6~10세기 사이에 축조된 것이고, 토기유물의 경우도 하한선을 10세기로 보면서 그 이후 토기유물이 발견되지 않고 있다고 했다.

그렇다면 울릉도에 다시 사람이 이주한 것은 언제일까. 정요근은 1243년부터 이주시켰다고 한다.

> (고종) 30년(1243)에 … 동해 중에 울릉도라는 섬이 있는데 땅이 비옥하고 진귀한 나무들과 해산물이 많이 산출되나 수로가 원격하여 왕래하는 사람이 끊어진지 오래되었다. 최이가 사람을 보내어 시찰한 즉 과연 집터와 주춧돌이 완연히 있었으므로 동부지방의 군 주민들을 이주시켰다.

이 시기는 고려가 몽골의 침입으로 강화도로 천도했던 시기이다. 고려 조정에서는 각 지방의 주민들에게도 산성이나 해도로의 이주를 권장했는데 울릉도로의 이주 역시 동해안 군현 주민들의 해도 이주의 한 방편으로서 진행되었다고 했다. 즉 11세기 중반 이래 무인도가 되었던 울릉도가 13세기 중반에 이르러 다시 유인도가 되었다는 것이다.

그러나 현 단계에서 이 주장을 그대로 받아들이기는 쉽지 않다. 첫째, 고려 초 930년에 울릉도에서는 아직 신라가 존재하고 있음에도 자발적으로 고려에 공물을 바치고 직급을 받았다. 그만큼 내륙과의 왕래가 빈번했음을 의미한다. 그리고 1018년 울릉도가 동북여진의 침략을 받아 농사를 짓지 못하므로 농기구를 보내준다는 것은 울릉도에 일정 수준의 인구와 경제적 축적이 이루어졌다는 것을 의미한다. 동북여진에게 울릉도의 존재가 알려진 것은 그만큼 울릉도 사람들의 활동 범위가 광범위했다는 것을 알 수 있다. 이것은 울릉도에 상당한 세력과 인구가 있었음을 의미하는 것이기 때문에 위의 사료만을 가지고 무인화가 되었다고 보기는 어렵다.

둘째, 1032년 우릉 성주가 아들을 보내 토산물을 바친 이후, 동여진의 동해안에 대한 약탈이 본격화되어 육지와의 왕래가 단절되었다 하여도 성주라 부를 만큼 독자적인 세력을 구축한 울릉도가 한순간에 무인화 되었다고 보기에는 증거가 부족하다. 물론 유적이나 유물이 발견되지 않는다고는 하지만 울릉도에 대한 고고학적 조사가 아직 충분히 이루어지지 않았고, 그 이후 왜구와의 관계 등을 고려하면 아직 단정 짓기에는 이르다고 본다.

셋째, 1141년 명주도감창사 이양실이 울릉도에 사람을 보낸 사실에 근거하여 종전에는 울릉도로부터 사람이 왔으나 무인화 되었기 때문에 사람을 보냈다고 했지만, 오히려 감창사를 울릉도에 보낸 사실은 이 무렵을 전후하여 울릉도가 동계 울진현 관할로 편입되었기 때문이라는 주장도 있기 때문이다.

그러나 송요근의 울릉도 무인화 현상에 대한 주장도 주목할 만하다. 그 이유는 조선 초 왜구 약탈을 우려하여 울릉도 주민을 육지로 쇄환하는 조치와 연관지어 생각할 때 유사한 형태와 과정을 지니고 있기 때문이다.

그 후 1246년 고려에서는 국학 학유 권형윤과 급제 사정순을 울릉도 안무사로 임명하였다. 그리고 1260년에는 "울진 현령 박순이 처자와 노비, 가산을 싣고 울릉도로 가려 했으나 성안 사람들이 이것을 알고 마침 성안에 들어온 박순을 붙잡는 바람에 좌절된 일이 있었다. 1273년에는 첨서 추밀원사 허공을 울릉도 작목사로 임명하여 이추와 함께 가게 하였으나 왕이 울릉도의 작목을 파하였다. 그 후 1346년 동계 우릉도 사람이 내조하였다"는 기록이 나온다.

이미 이 시기가 되면 울릉도는 동계의 행정구역으로 확실하게 편입되었음을 알 수 있고, 상당수의 주민들이 살고 있었음을 알 수 있다. 그런 까닭에 왜구의 침입이 극심했던 고려 말 시기에는 왜구 무리가 울릉도에 와서 보름 동안이나 머물기도 하는 등 울릉도는 왜구의 침략 대상이 되기도 했다.

3. 왜구의 동해안 침탈

왜구가 약탈을 시작하다

고려 말, 왜구가 한반도를 본격적으로 침탈하기 시작하는 것은 1350년 부터이다.

『고려사』에는,

왜구가 고성·죽림·거제 등지를 노략질했다. 합포 천호 최선과 도령 양관 등이 이를 격파하고, 3백여 명의 적을 죽였다. 왜구가 우리나라를 침입한 것이 이때부터 시작되었다.

라고 기록하여, 1350년부터 왜구의 약탈이 시작된 것으로 기록하였다. 1350년은 경인년이므로 일반적으로 경인왜구(庚寅倭寇)라 하며, 이 용어 는 왜구 시작을 의미하는 역사용어가 되었다. 이후 왜구는 한반도 전역 을 대상으로 약탈을 감행하는데 동해안 지역에 처음 기사가 등장하는 것 은 1352년 6월 강릉 침입 기사이다. 1372년에는 함경남도 진명창, 덕원, 안변, 함주 등 동해안 전체 지역으로 확대되고 있다. 동해안 지역으로 왜 구가 침입하게 된 정확한 이유는 알 수 없으나 해안지역의 조창을 내륙지 방으로 옮긴 후 해로를 이용한 조운을 폐지한 것이 하나의 원인이 아닌가 본다.

이어 7월부터는 왜구가 양광도 일대를 침탈하기 시작했고, 9월에는 서

해안의 용성, 10월에는 한강을 거슬러 내륙으로 양천을 침입하였다. 1373년에는 다시 남해안의 하동을 약탈했고, 6월이 되면 개경의 관문인 동강과 서강으로 몰려들자 고려 조정은 개경으로 통하는 수로를 봉쇄했다. 그러자 왜구는 강화도를 약탈하여 교동을 함락하기도 했다. 1374년에 접어들면서 왜구의 침탈은 더욱 거세졌다. 4월 23일에 왜구는 전선 350척의 대선단으로 합포에 쳐들어왔다. 군영과 병선을 불살랐으며 병사 피살자가 5천여 명이나 되었다. 이어 다시 강릉을 침범했다.

1374년에는 주변의 삼척, 양양 지역으로 확대되었으며, 내륙인 회양에까지 침입하였다. 뿐만 아니라 울주를 통해 경주까지 경상도 내륙으로 범위가 넓어졌다. 그들은 종전까지는 주로 남해안과 서해안에 침구하여 조운선을 탈취하거나 연해지역의 주민을 약탈하면서 수도 개경으로 접근하는 것이 통례였으나, 그 전과 달리 서해안과 동해안의 양 방향으로 동시 다발적으로 침구하였다.

왜구의 약탈행위는 우왕 때에 이르러 더욱 기세를 부렸다. 1374년 9월 왜구는 도성의 지근거리에서 약탈을 자행했고, 고려 조정은 개경 일원에 계엄을 선포하였다. 이듬해에도 왜구는 계속하여 남해와 서해 연해지역을 약탈했고, 1376년에 이르면 경상도의 낙동강 하구, 전라도의 영산강 하류, 금강 연안 지역에 침투하여 강을 타고 내륙으로 들어왔다. 그해 7월 금강 하구인 홍산에 침입한 왜구를 최영이 섬멸하는 큰 전과를 올렸다. 1376년에는 울주와 계림을 포함하여 동해안의 남부와 남해안 지역에 집중적으로 왜가 출몰했다.

고려 말 왜구의 동해안 지역 침구

연도	월	지역	출전
1352년	6월	강릉도(강릉)	『고려사』, 『고려사절요』
1361년	4월	울주	『고려사』
	8월	울주	『고려사』
	10월	울주	『고려사』
1372년	6월	강릉부(강릉), 영덕, 덕원	『고려사』, 『고려사절요』
	6월	안변, 함주, 북청	『고려사』, 『고려사절요』
1374년	5월	강릉	『고려사』
	5월	삼척, 경주, 울주	『고려사』
	6월	양주(양양)	『고려사』
	8월	회양	『고려사』
1376년	11월	울주	『고려사절요』
	12월	울주	『고려사절요』
1377년	4월	울주, 계림	『고려사절요』
1379년	윤5월	울주, 계림	『고려사절요』
	6월	계림, 강릉, 울주	『고려사절요』
	7월	무릉도, 울주	『고려사절요』
1381년	3월	강릉도(강릉), 삼척, 평해, 영해, 영덕	『고려사절요』
	6월	영해, 울주, 울진	『고려사절요』
1382년	3월	삼척, 울진	『고려사절요』
	4월	회양	『고려사절요』
	5월	강릉	『고려사절요』
1383년	9월	강릉	『고려사절요』
1385년	4월	양주(양양)	『고려사절요』
	7월	평해	『고려사절요』

왜가 울릉도에 머물다

이와 같이 왜구의 동해안 침구가 본격화 되어가던 1379년 7월, 왜가 무릉도(울릉도)에 와서 15일가량 머물다가 물러갔다는 기록이 나온다.

1380년대 왜구 약탈 지도   강원도의 약탈

왜가 낙안군에 침입하였다. … 왜가 무릉도에 들어와 보름이나 머물다가 돌아갔다.

당시는 왜구가 가장 극성을 부리던 시기로 해안 지역뿐만 아니라 조창을 약탈하기 위해 내륙 깊숙이 침입하여 노략질을 자행했던 시기이다. 특히 강릉·삼척·울주 등 동해안 여러 곳을 약탈했는데 울릉도를 중간 거점으로 이용했음을 알 수 있는 단서가 나타난다.

조선 초 왜구의 동해안 지역 침구

연도	월	지역	출전
1395년	윤9	삼척부	『조선왕조실록』
1396년	8월	기장	『조선왕조실록』
	8월	영해	『조선왕조실록』
	11월	장기	『조선왕조실록』
	11월	평해	『조선왕조실록』
	11월	강릉	『조선왕조실록』
	11월	영해	『조선왕조실록』
	11월	울진	『조선왕조실록』
	11월	울주	『조선왕조실록』
	11월	울주	『조선왕조실록』
	12월	영해	『조선왕조실록』
1403년	7월	강릉 우계현	『조선왕조실록』
	8월	장기	『조선왕조실록』

한편 1380년 5~7월까지 금강 상류로 약탈 범위를 확대한 왜구는 금강 하구의 진포를 내륙 진출의 교두보로 삼기 위해 무려 500척에 달하는 대규모 선단을 집결시켰다. 8월에 해도원수 나세와 최무선 등이 이끄는 1백 척의 고려 선단은 화포를 사용하여 왜구 선단을 불살랐다. 배를 잃은 왜구들은 금강을 따라 내륙 깊숙이 숨어들었다. 9월에 이르러 남원산성을 공격했으나 많은 사상자를 낸 채 운봉현으로 퇴각하여 인월역을 거점 삼아 저항했다. 그러나 이성계가 이끄는 고려군에게 공격을 받아 왜장 아기발도(阿其拔都)가 죽자 괴멸되면서 겨우 70여 명이 살아남아 지리산으로 달아났다.

진포전투와 황산전투에서 고려군의 타격을 입은 왜구는 남·서해안의 침투에 한계를 느꼈는지 1381년이 되면 다시 동해안을 약탈하기 시작했다. 1381년, 82년, 83년에 걸쳐 연속적으로 동해안에 대한 침탈 기사가 나타나며, 강원도 내륙인 홍천, 춘천까지 약탈을 감행했다. 기록에 의하면, 고려 말 왜구의 강원지역에 대한 침구는 조선시대에 들어서도 다시 계속되지만 1385년 양주(양양)와 평해의 2차례 침입이 마지막이다.

고려에서는 동해안 방어를 위해 병선을 배치하거나 해안 지역에 축성을 하면서 왜구를 대비하였다. 최근 조사된 바에 의하면 동해안 강원도 지역에는 총 45개의 성곽이 존재하는데, 이 중 고려시대 여진과 왜구의 대비를 위해 19개의 산성을 새로 쌓거나 보수한 것으로 파악되고 있다.

주민을 육지로 모두 나오게 하다

조선시대에 들어서도 강원도를 비롯한 동해안에의 왜구 침탈은 계속된다. 왜구 침탈 기사는 1395년 윤9월에 나타난다.

왜구가 삼척부에 침입한 것을 부사 박만이 2인을 쳐서 죽였다. 임금이 장군 이자분을 보내어 내온을 하사하게 하였다.

1396년 11월, 경상도 영해에 침입했던 왜구가 다시 강원도를 침입했다. 그러던 중 1403년 7월, 왜선 8척이 강릉의 우계현에 침입하자 조정에서는 좌군 첨총제 신유정을 강원도 조전병마사로 삼았다. 그런데 8월이 되자 조정에서는 울릉도의 주민을 모두 육지로 나오게 했다.

강릉도의 무릉도 거민을 육지로 나오게 했다. 감사의 장계에 따른 것이
었다.

결국 조선에서는 고려 말부터 계속되고 있는 동해안에의 왜구 침탈을
막기 위한 조처로 울릉도가 중간 거점이 되는 것을 미연에 방지하기 위해
섬에 살고 있던 주민을 육지로 나오게 하여 무인화 정책을 취했던 것이다.
이러한 조치는 울릉도뿐만 아니라 남해안의 거제도나 남해도에도 취해졌
다. 그런데 이 '거민쇄출(居民刷出)' 조처를 일본에서는 소위 '공도정책(空島
政策)'이라 부른다.

'공도정책'이라는 용어를 처음 쓴 사람은 쓰다 소기치[津田左右吉]였다.
일제강점기 대표적 식민사학자인 그는 1913년에 「왜구지도에 대하여」라
는 논문을 발표했는데, 이 논문에서 "고려와 조선 정부는 왜구 때문에 도
서지역과 연해지역의 거주민들을 내륙으로 소개시키는 정책, 즉 '무인화
정책' 또는 '공도정책'을 시행했다"고 주장했다.

공도정책의 허구성

이후 일본 학자들은 '공도정책'이라는 용어를 조선 정부 해양정책의 특
징으로 단정하였다. 예를 들어 저명한 연구자인 오사사츠꼬[長節子]도 "고
려 말부터 조선시대의 해도정책을 살펴볼 필요가 있다. 고려 말기에 왜구
의 노략질을 피해 도서 및 연해지방의 주민을 내륙부로 소개한 사실은 잘
알려져 있으므로 여기에서 상술하지 않는다. 하지만 조선시대에 들어서

도 도서·연해 대책에서도 무인화정책이 보인다. … 예전부터 고려시대까지 사람들이 거주하고 있었던 섬들이 이조(李朝) 정부의 공도정책에 의해 무인도가 된 것은 지극히 당연한 것이었다"고 했다. 그리고 이러한 인식은 우리 학자들에게도 무비판적으로 받아들여져 하나의 역사용어로 정착되어 별다른 의심 없이 통용되고 있다.

물론 행위 자체로만 보면 섬을 비운 것은 사실이다. 그러나 그 원인은 왜구의 약탈 때문이었을 뿐 섬 자체를 포기한 것은 아니다. 지속적인 관리를 했다는 점을 상기하면 섬을 포기하는 정책이 아니었음이 명백해진다.

대마도주가 울릉도의 이주를 청하다

조선 정부에서 울릉도의 주민을 육지로 나오게 하자 1407년 3월, 대마도주 소 사다시게[宗貞茂]가 대마도 주민의 울릉도 이주를 조선에 청한 일이 발생했다.

대마도 수호 종정무가 평도전을 보내와 토물을 바치고, 잡혀 갔던 사람들을 돌려보냈다. 정무가 무릉도를 청하여 여러 부락을 거느리고 가서 옮겨 살고자 하므로, 임금이 말하기를 "만일 이를 허락한다면, 일본 국왕이 나더러 반인을 불러들였다 하여 틈이 생기지 않을까?" 하니, 남재가 대답하기를 "왜인의 풍속은 반하면 반드시 다른 사람이 따릅니다. 이것이 습관이 되어 상사로 여기므로 금하기가 어렵습니다. 누가 감히 그런 계책을 내겠습니까?" 하였다. 임금이 말하였다. "그 경내에서는 상사로 여기겠지만, 만일 월경해 오게 되면 저쪽에서 반드시 말이 있을 것이다."

남재가 이를 허락하자고 했지만 태종은 월경(越境), 즉 국경을 넘어오면 문제가 될 것이라 하면서 허가하지 않았다. 대마도주가 사신을 보내 이주를 청한 것이나 태종이 월경은 안 된다고 답한 것을 보면, 모두 울릉도가 조선 영토임을 분명히 한 대목이다.

무릉등처안무사를 파견하다

이러한 상황에서 드디어 조선 정부에서는 보다 적극적으로 울릉도 관리를 위해 삼척 사람 전 만호 김인우를 파견하게 된다. 즉 1416년 9월, 김인우를 무릉등처안무사(武陵等處安撫使)로 삼아 울릉도에 보내 주민들을 설득하여 데리고 돌아오도록 조치했다.

안무사는 지방에 특사로 파견하던 관직인데, 일반적으로 북감사라 불렸으며, 당하관일 경우에는 안무어사로도 불렀다. 전쟁이나 반란 직후 민심 수습을 위하여 파견되었던 관직으로 울릉도 거주민을 육지로 불러들이기 위해 특별히 보낸 것이다.

무릉등처안무사의 파견은 두 가지 의미를 가진다. 하나는 왜구 방지를 위한 울릉도 거주민의 보호 차원이고 또 하나는 무릉등처의 의미이다. 즉 울릉도만을 대상으로 했다면 등처라는 용어를 붙이지 않았을 것이다. 따라서 이미 울릉도 주변의 섬과 독도 등을 염두에 두고 붙인 호칭이라고 볼 수밖에 없다.

무릉등처안무사 김인우는 1417년 2월, 울릉도에서 돌아와 복명했다. 김인우의 보고에 의하면, 울릉도에는 15가구에 86명이 거주하고 있었다. 이중 3명만 데리고 온 것을 보면 나머지 사람들은 육지로 이주하는 것을 원치 않았던 모양이다. 보고를 접한 태종은 곧이어 육조의 대신들과 대간을 소집하여 울릉도 거주민의 쇄출에 대한 논의를 한 결과 김인우를 다시 파견하였다. 그리하여 김인우는 두 번째로 울릉도에 건너갔으나 몇 명을 인솔하고 돌아왔는지의 기록은 없다. 2년 후인 1419년 4월 기록에 무릉도에서 나온 남녀 17명이 경기도 평구역리에 당도하여 양식이 떨어져 굶주린다는 소식이 있자 세종이 규휼하도록 명하고 있는 것을 보면 상당수의 거주민이 쇄출되었던 것 같다.

그런데 1417년 8월, 다시 왜가 우산도와 무릉도를 침구한 일이 발생했다. 어떠한 과정을 통해 왜가 우산과 무릉에 침구한 사실을 알았는지는 알수 없으나 그로부터 8년 뒤에 세 번째로 김인우의 쇄출 기사가 나온다.

우산무릉등처안무사 김인우가 본도에 피역한 남녀 20인을 수색해 잡아와 복명하였다. 당시 김인우는 병선 두 척을 거느리고 무릉도에 갔는데, 선군 46명이 탄 배 한 척이 바람을 만나 간 곳을 몰랐다. 이 사료에 나오는 선군 46명이 탄 배는 표류하면서 36명이 익사하고, 10명이 일본 이와미[石見州] 나가하마[長濱]에 표류하여 30일간 머물다가 대마도를 통해 귀국했다. 사건 전말은 『세종실록』에 상세히 수록되어 있다.

이상의 내용에서 확인되듯이 사료에 '공도정책'이라는 용어는 존재하지 않는다. 사료에는 '쇄환' 또는 '쇄출'이라는 용어만 보일 뿐이다. 그리고 '쇄환' '쇄출'도 왜구의 침탈을 방지하고 거민을 보호하기 위한 조치였지, 섬을 포기한다는 의미가 아니었다. 그럼에도 울릉도 거민에 대한 쇄환·쇄출을 공도정책이라 부름으로써 울릉도가 빈 섬, 버려진 섬, 포기해버린 섬이란 인식을 만들어내 우리 영토가 아닌 듯한 빌미를 제공했다. 오히려 울릉도·독도는 '우산무릉등처안무사'에 의해 철저하게 보호·관리되었던 것이다. 또한 거민들을 쇄출시켰음에도 지속적으로 우산무릉등처에는 주민들이 존재했다. 그들은 조선의 백성이었고, '우산무릉등처'는 조선의 영토였다.

그 후에도 조선의 우산무릉등처에는 주민이 계속 숨어들어갔다. 그러자 1436년(세종 18) 윤6월, 강원도 감사 유계문은, 울릉도는 토지가 비옥하고, 방어하기가 쉬우니 만호와 수령을 두고 개발할 것을 청하였으나 세종은 허락하지 않았다. 대신 매년 사람을 보내 섬 안을 탐색하거나 혹은 토산물을 채취하고, 혹은 말의 목장을 만들면 왜노들도 대국의 땅이라 생각하여 반드시 몰래 점거할 생각을 내지 않을 것이라고 했다.

무릉도순심경차관을 파견하다

그 이듬해 4월, 전 호군 남회와 전 부사직 조민을 '무릉도순심경차관(茂陵島巡審敬差官)'으로 파견하여 도망해 숨은 주민들을 탐문하여 조사하도록 하였다. 순심은 순찰하는 것을 말하며, 경차관은 조선시대 중앙정부의 필요에 따라 특수 임무를 띠고 지방에 파견된 관직이다. 두 사람은 세종의 명을 받아 울릉도를 순심하고 돌아와 7월에 복명하였다.

무릉도순심경차관 남회와 조민은 세종의 명을 받아 울릉도를 순심하고, 거민 66명을 잡아 왔는데, 모두가 본국, 즉 조선 사람이었다. 그리고 이들은 토지가 비옥하여 울릉도에 이주해 왔으며 항거하지 않은 채 그대로 쇄출에 순순히 응했던 것이다.

그럼에도 울릉도에는 계속 사람이 들어가서 살았다. 드디어 1438년 11월, 울릉도에 숨어들어간 거민의 두목을 처형하고, 그 무리들을 함경도 경성에 분치하는 강력한 조치를 취했다.

> 형조에서 아뢰기를, "김안이 수모가 되어서 무릉도로 도망해 들어갔사오니, 율이 마땅히 교형에 처하는 데에 해당하옵고, 그 밖의 종범은 모두 경성으로 옮길 것을 청하옵니다"하니, 그대로 따랐다.

이제까지는 울릉도 거민을 쇄출하여 육지에 분치하는 정도였지만 이제부터는 처벌을 하기 시작했던 것이다. 이듬해 2월에도 울릉도에 들어간 사람을 다시 교형에 처했다.

> 형조에서 아뢰기를, "김범·귀생 등이 함부로 무릉도에 들어가 살았사오니, 율에 의하여 교형에 처하옵소서"하니, 그대로 따랐다.

이 사건은 울릉도 연구사에 매우 중요한 의미를 갖는다. 왜냐하면 이 사건 이후 『조선왕조실록』에는 숙종 1693년에 이르기까지 우산과 무릉에 관해서는 단 3개의 기사만 나올 뿐이며, 거의가 요도(蓼島)와 삼봉도(三峯島)를 찾는 48개의 기사가 나오기 때문이다. 그 이유는 무엇일까. 그것은 아마도 1438년 울릉도 거민들을 쇄출하여 주범은 교형 당하고, 종범들은 경성으로 분치했는데, 이들에 의해 울릉도와 독도에 대한 소문이 퍼져나간 것이 요도와 삼봉도에 대한 기사로 이어진 것으로 추정된다. 다시 말해 울릉도 거민에 대한 처형이 시작되자 울릉도로의 이주가 어려워졌고, 경성에 분치된 거민들에 의해 울릉도와 독도에 대한 소문들이 확산되고, 이것이 요도와 삼봉도의 수색작업으로 이어진 것이다.

이제까지 살펴본 것처럼 조선 초기의 울릉도 정책은 1436년 '순심경차관'의 파견을 기점으로 그 이전의 '안무사' 파견에 의한 단순한 거민 '쇄출'에서 '처벌'로 강화되었고, 그 결과 울릉도에서의 거주는 물론 왕래가 불가능해졌다.

이러한 흐름에서 본다면 한일 간의 독도 문제의 시작은 왜구의 울릉도 침탈에 있다. 왜구 침탈에 대비한 울릉도의 무인화 정책에 의해 울릉도의 왕래조차 어려워지면서 독도에 대한 출어는 물론 관리가 전혀 불가능하게 되고, 반대로 일본인들의 독도와 울릉도에의 어로가 시작되기 때문이다. 결국 17세기 안용복 사건에 의한 울릉도쟁계 등 영유권 분쟁도 필연적으로 일어날 수밖에 없었던 것이다.

4. 요도와 삼봉도를 찾아라

요도는 없었다

『조선왕조실록』에 요도에 관한 기사가 처음 나오는 것은 1430년이다. 1430년(세종 12) 정월에 봉상시윤 이안경이 요도(蓼島)를 방문하고 돌아오자 세종은 함길도 감사에게 다음과 같은 명을 내렸다.

> 과거 요도에 가 본 적이 있는 사람이나 이 섬의 상황을 전부터 보고 들은 사람을 모두 찾게 하니, 함흥부 포청사에 사는 김남연이란 사람이 일찍이 이 섬에 갔다가 돌아왔다고 하므로 그 사람에게 역마를 주어 보내게 하되, 만약 늙고 병들었거든 이 섬의 생김새와 주민들의 생활은 어려운지 넉넉한지, 그리고 의복·언어·음식 등의 사정은 어떠한지 그 사람에게 자세히 물어서 아뢰라.

라고 하였다. 그러나 이 내용만 가지고는 이안경이 어떠한 연고로 요도를 방문했는지, 그리고 무엇을 보고했는지는 알 수 없다. 3개월 후인 4월에 요도에 관한 기사가 다시 나오는데, 이 내용으로 볼 때 경성과 홍원 지방에는 이미 요도에 관한 소문이 널리 퍼져 있었던 것 같다. 그러나 10월까지 요도 탐색에 대한 보고는 없다. 그러자 세종은 요도의 위치를 지금의 양양 고성의 북쪽과 길주 홍원의 남쪽 바다 사이에 있는 것으로 생각하고 요도를 탐색하도록 했다. 이때 함길도 감사는 세종의 명에 따라 다음과 같이 보고했다.

전벽 등 네 사람을 시켜서 무시곶에 가서 올라가 바다 가운데를 바라보니 동쪽과 서쪽의 두 봉우리가 섬처럼 생겼는데 하나는 약간 높고 하나는 약간 작으며 중간에는 큰 봉우리 하나가 있는데 표를 세워서 측량하여 본즉 바로 남쪽에 해당합니다.

그러나 이들이 목측한 위치에서 요도를 보았다는 보고가 사실인지 아닌지는 알 수 없다. 그 후 요도에 관해서는 한동안 기록이 없다가 1436년 윤6월에 강원감사 유계문이 무릉도에 만호와 수령을 두기를 건의하자, 1438년 4월에 남회와 조민을 경차관으로 무릉도에 파견하였다. 이러한 기록들에 의하면 조선 조정에서는 요도가 무릉도가 아님을 분명히 알고 있었다고 본다. 그래서 요도와는 별도로 무릉도에 경차관을 파견했던 것이다.

전 호군 남회와 전 부사직 조민을 무릉도순심경차관(茂陵島巡審敬差官)으로 삼았다. 두 사람은 강원도 해변에 거주하는 사람들이었는데, 국가에서 무릉도가 바다 가운데 있는데 이상한 물건이 많이 나고 토지도 비옥하여 살기에 좋다고 하므로 사람을 보내 찾아보려 해도 사람을 얻기가 어려웠다. 이에 해변에서 사람을 모집하니 이 두 사람이 응모하므로 멀리서 경차관의 임명을 주어 보내고 이에 도망해 숨은 인구도 탐문하여 조사하도록 한 것이었다.

호군 남회와 사직 조민이 무릉도로부터 돌아와 복명하고 포획한 남녀 모두 66명과 그곳에서 산출되는 사철·석종유·생포·대죽 등의 산물을 바쳤다. 세종은 다시 강원감사에게 요도 탐색을 명하였는데, 여전히 요도가 양양 동쪽에 위치하고 있다고 믿었다. 그러나 요도에 대한 보고는 없었고, 3년이 지난 후에 다시 요도에 대한 언급하면서,

무릇 토지나 서적을 찾아낸다는 것이 역시 매우 어려운 일이므로, 반드시 성심으로 구한 연후에야 얻게 되는 것이 천하 고금의 상사이니, 그것을 얻고 얻지 못하는 것은 구하는 데에 있어 정성 여하에 달려 있는 것이다. 이제 새 땅의 일도 역시 이와 같은 것이니, 만약 그 실지가 없는 것이라면 전하는 것이 어찌 이 같이 오랠 것이며, 말하는 자가 어찌 이같이 많겠는가. 하물며 이 새 땅은 우리 강역 안에 있는 것이니 더욱 알지 않을 수 없는 것이다. 구하기를 성심으로 하면 반드시 이를 얻을 수 있을 것이다. 경은 이를 알아서 경내의 옛날 노인과 일을 아는 각 사람 등에게 현상하여 묻기도 하고, 혹은 설명하여 묻기도 하는 등, 여러 가지로 계획하여 널리 탐방하여서 아뢰라.

라고 하였다. 세종 자신이 요도 탐색에 얼마나 집착하고 있었는가를 나타내주는 부분이며, 새로운 섬이 있을 경우 그 섬은 조선의 강토임을 확신하고 있었다. 그 후 1445년에 다시 강원도 감사에게 요도를 찾도록 했다.

세상에 전하기를, 동해 가운데에 요도가 있다고 한 지가 오래고 또 그 산의 모양을 보았다는 자도 많다. 내가 두 번이나 관원을 보내어 찾아보았으나 찾지 못하였는데, 지금 갑사 최운저가 말하기를, '일찍이 삼척 봉화현에 올라 바라보았고, 그 뒤에 무릉도에 가다가 또 이 섬을 바라보았다' 하고, 남회는 말하기를, '연전에 동산현 정자 위에서 바다 가운데에 산이 있는 것을 바라보고 현리에게 질문하니, 대답하기를, "이 산은 예전부터 있었다" 하기에, 그 아전을 시켜 종일토록 후망하게 하였더니, 구름 기운이 아니고 실제가 산이라고 하였습니다' 한다. 내가 생각하건대, 이 섬은 바다 가운데에 반드시 있는데, 섬의 산이 평평하고 적어서 바다 물결이 하늘에 연하면 언덕에 있는 자가 자세히 보지 못하는 것이다.

… 만일 고하는 자가 있어 이를 얻게 되었다면 양민은 등급을 뛰어서 벼슬로 상 줄 것이고, 공천(公賤)은 일생 동안 사역을 면제하고 면포 50필을 상 줄 것이며, 사천(私賤)은 면포 1백 필을 상 줄 것이고, 향리·역리 등속은 사역을 면제할 것이며, 입거한 자는 향리로 놓아 돌려보낼 것이다. 마침내 큰 공이 있으면 양민은 3등을 뛰어서 벼슬을 줄 것이고, 공사천은 영영 방면하여 양민이 될 것이며, 향리·역리 등속은 대대로 사역을 면제하고 등급을 뛰어서 벼슬을 줄 것이고, 입거하는 자는 향리로 방환하고 인하여 그 집을 복호할 것이니, 경은 이 뜻으로 두루 효유하라. 또 남회의 말을 듣고 마음을 다하여 찾으라.

라고 하였다. 세종은, 동해바다에 요도가 있다고 한 지가 꽤 오래이고, 두 번이나 사람을 보냈으나 찾지 못하였는데, 이제 최운저와 남회가 다시 요도를 보았다고 하지만 찾지 못했다고 하면서 포상금을 걸고 계속 찾으라고 독려했다.

요도 탐색을 포기하다

그러나 한편으로는 사실상 요도 탐색을 포기하는 전지를 다음과 같이 내리게 된다.

> 회가 바다를 전부 후망하였으나 결국 찾지 못하고 돌아왔으니, 요도의 말은 허망한 것이다. 진실로 바다 가운데에 있다면 무릇 눈이 있는 자는 모두 다 볼 터인데, 어째서 남회만 혼자 보고 다른 사람은 보지 못하는가. 맹손이 남회의 말을 경솔히 믿고 거연히 위에 아뢰었으니 그 기망을 한 것은 마찬가지요, 회가 마침내 찾지 못하였으니 그 탄망한 것이 더욱 분명하였다.

결국 요도 찾기를 포기한다. 이로써 1430년부터 시작된 요도 탐색은 15년 만에 막을 내리게 된다. 그렇다면 요도의 풍문은 어떻게 된 것일까. 요도의 실체는 없었던 것일까. 왜 실체도 없는 요도의 풍문이 이렇게 확산되었을까.

필자의 생각은, 요도에 대한 풍문은 1403년 울릉도 거민의 육지 쇄출 이후 울릉도와 독도에 대한 인식이 희박해지면서 생겼다고 볼 수밖에 없다. 더구나 울릉도 거민을 쇄환하여 육지에 분산시켜 살게 하자 그들을 통해 울릉도와 독도에 대한 소문이 퍼져나갔을 것이고, 특히 1438년 거민의 우두머리를 처형시키고 그 무리들을 함경도 경성에 분치하면서 함경도와 강원도 일대에 울릉도와 독도에 대한 소문이 확산되었을 것이다. 그리하여 세종이 직접 나서 요도 탐색을 지시했지만 결국 찾을 수 없었던 것이다.

풍문뿐만 아니라 남회가 무릉도경차관으로 무릉도를 다녀올 때 보았다고 보고되었지만 허위보고라는 것이 판명되었다. 그러나 1445년 최운저의 보고에 의하면 삼척 봉화현에 올라 바라보았고, 그 뒤에 무릉도에 가다가 보았다고 한 것을 보면, 삼척에서 본 것은 울릉도이고, 울릉도에서 본 것은 독도이므로 요도는 울릉도도 되고, 독도도 될 수 있다. 그러나『세종실록지리지』에는 우산과 무릉이 나오고, 동해에 울릉도와 독도 외의 섬은 없으므로 결론적으로 요도의 실체는 없었다고 단정 지을 수밖에 없다. 따라서 울릉도와 독도의 별칭으로 요도를 사용할 수는 없다고 본다.

삼봉도를 찾아라

삼봉도가 기록에 처음 등장하는 것은 1470년(성종 원년) 성종이 영안도 관찰사 이계손에게 명을 내리면서부터이다.

삼봉도에 간 자는 부세를 피하고 나라를 배반하였으므로 정범이 심히 악하니, 경이 마땅히 탐문하여 아뢰라. 다만 지금은 바람이 높아 바닷길이 험해서 가히 본도의 작은 배로서 가볍게 달리지는 못할 것이니, 경은 그것을 자세히 살펴서 시행하도록 하라.

라고 하였다. 즉 영안도 관찰사로부터 삼봉도에 도망쳐 들어간 자에 대해 보고를 들었던 모양이다. 이에 성종은 강원도 바다 가운데에 삼봉도가 있다고 하므로 임진년(1472년)에 사람을 보내 찾고자 절목을 준비하도록 하였다. 이에 병조에서는 선박 4척에 40명씩 160명의 군사로 탐색군을 편성하고, 그 가운데는 탐색을 자원한 사람을 선발하여 포함시키도록 하는 한편 김한경으로 하여금 항로 안내를 하도록 했다.

성종은 국토를 넓히고 백성을 많이 모으는 것은 왕정에서 먼저 해야 할 일이라고 하면서 "삼봉도는 우리 강원도 지경에 있는데, 토지가 비옥하고 백성들이 많이 가서 거주하기 때문에 세종조 때부터 사람을 보내 이를 찾았으나 얻지 못하였다. 어떻게 하면 그 땅을 얻어 거민을 많게 할 수 있겠는가? 혹자는 말하기를 '바닷길이 험난하여 비록 그 땅을 얻는다 하더라도 무익하니 버려두는 것만 같지 못하다'고 하는데, 이 말은 어떠한가?"라고 하면서 박종원을 삼봉도 경차관으로 임명하고 예조에 명하여 "삼봉도 경차관의 행차에 왜통사와 여진통사 1인씩을 차견"하도록 하였다. 왜어 역관과 여진역관을 동행하도록 한 것은 탐색 중에 만일의 경우를 대비하여 삼봉도에서 일본인이나 여진족을 만날 때를 대비한 조치였다.

드디어 삼봉도 경차관 박종원은 1472년 5월에 삼봉도 탐색에 나섰다. 박종원 일행은 4척의 배로 울진포를 출발하였는데, 박종원이 탄 배는 무릉도에서 15리쯤 거리에서 표류하여 7주야를 지낸 후에 간성의 청간진에 도착했다. 다른 3척은 무릉도에 3일간 머물렀다가 집터만 확인한 후에 강릉 우계현으로 돌아왔다. 결국 삼봉도 탐색은 실패했다.

삼봉도가 보인다

이후 성종은 삼봉도를 다녀왔다는 김한경의 발언을 의심하기 시작했고, 이미 세종 때에 탐색을 포기한 요도에 대해서도 믿을 수 없으니 다시 조사해보도록 영안도 관찰사에게 지시하였다. 김한경의 말에 의하면 경흥에서 청명한 날에 삼봉도가 보이고, 회령에서 7일 밤낮을 항해하면 갈 수 있다고 했으며, 울진에서 하루 밤낮을 항해하면 무릉도에 갈 수 있다고 했다. 그로부터 2년 후인 1475년 5월에 김한경 등이 삼봉도 근처까지 다녀왔다는 보고가 있었다. 이에 대해 성종은 다녀온 사람들에게 다시 자세히 물어 보고하도록 하니,

> 지금 종성에 있는 친군위 노의순이 상언하기를, '지난 해 5월에 경성 사람 김한경과 회령 사람 임도치와 경원 사람 임유재·김옥산·이오을망·김덕생과 더불어 경원 지방의 말응대진에 나아가서 배를 타고 3일 동안 가서 삼봉도를 보았는데, 멀리서 바라보니 섬 가운데에 7, 8인이 있었으나, 우리 무리들은 고단하고 약하여 육지에 내려가지도 못하고 돌아왔습니다.

라고 하였다. 그러던 중 영안도 관찰사가 "영흥 사람 김자주가 삼봉도에 가보고, 삼봉도의 그림을 그려서 가지고 왔다"고 보고했다.

> 영흥 사람 김자주가 말하기를, '삼봉도를 가보고 또 그 모양을 그려 왔다.'고 하므로, 김자주를 보내어 바치게 합니다." 하였다. 명하여 물어 보게 하

니, 김자주가 대답하기를, "경성 바닷가에서 배를 타고 세 밤과 네 낮을 가니, 섬이 우뚝하게 보이고, 사람 30여 명이 섬 입구에 벌려 섰는데 연기가 났습니다. 그 사람들은 흰 옷을 입었는데, 얼굴은 멀리서 보았기 때문에 자세히는 알 수 없으나 대개는 조선 사람이었는데, 붙잡힐까 두려워 나아갈 수가 없었습니다"하였다.

즉 경성에서 출발하여 3박 4일을 가서 삼봉도에 도착했는데, 30여 명의 사람을 보고 겁이 나서 돌아왔다는 것이었다. 이에 병조에서는 김자주 등에게 다시 조사하여 보고하도록 하니, 김한경 등 12인이 함께 삼봉도에 갔다 왔는데, 섬의 서쪽 7~8리쯤의 거리에서 보니 3개의 봉우리를 가졌고, 섬 사이의 암석에 인형처럼 별도로 선 것이 30여 개나 있어서 두려워서 더 나가지 않고 섬 모양만 그려가지고 돌아왔다는 것이다. 김한경 등이 옹구미에서 출발하여 섬의 그림을 그려 가지고 돌아왔으므로 다시 간다면 찾을 수 있을 것이므로 명년에 바람이 좋을 때 가서 찾아보는 것이 좋겠다고 했다.

그러자 성종은 경차관 신중거가 "삼봉도에 숨어 들어가 사는 사람의 수가 천여 명이나 된다"고 보고하자 초마선 40척을 제조하여 토벌할 것을 지시했다. 그러나 앞의 삼봉도를 묘사한 지형을 감안하면 천여 명이 살 수 있으리라고는 믿기 어렵다.

이제는 삼봉도 탐색에서 몰래 들어가 사는 사람들을 토벌해야 한다는 토벌론이 등장한다. 그리고 삼봉도 토벌에는 군사뿐만 아니라 거민을 추쇄해야 하므로 지혜와 꾀가 많은 사람을 보내야 한다고 했다. 이에 대해 성종은 삼봉도에 유서를 가지고 갈 사람을 전에 왕래한 적이 있던 사람과 친척 중에 가서 살거나 또 갇혀 있는 사람을 대상으로 선발했다. 그 결과 영안도 경차관 조위는 삼봉도에 들어갈 32명을 모집했다. 이들 가운데 김한경은 삼봉도에 세 번이나 다녀왔다고 일컫고 있으며, 김자주도 두 번이나 멀리서 보고 왔으며, 풍채와 언어를 취할 만하므로 그를 우두머리로 삼아 10월 27일에 부령에서 출항하기로 했다. 그러나 거의 1개월이 지났는데도 돌아오지 않자 관찰사 이극돈은 김한경을 의심하면서,

> 신이 강원도 감사가 되었을 때에 김한경이란 사람이 처음 이 말을 내었으므로, 신이 이를 의심하여 되풀이하면서 힐문하니, 그 말이 거짓이 많기 때문에 신은 믿고 듣지 않았습니다. 영안도의 사람들은 어리석고 미혹됨이 너무 심하여 유언비어를 많이 믿고 있어서, 어떤 사람이 삼봉도의 좋은 점을 말하면 사람들이 모두 가서 거주하려고 합니다.

라고 하면서, 강원감사 시절에 김한경을 직접 힐문하였는데 그 말에 거짓이 많았다고 했고, 또 영안도 사람들이 삼봉도에 대한 유언비어를 많이 믿고 들어가서 살려고 한다고 하면서 삼봉도 탐색에 대한 부정적인 견해를 아뢰었다.

그러던 중 이듬해인 1481년 1월, 영안도 관찰사 이극돈이 중지할 것을 건의하면서 김한경 무리가 사람들을 미혹하게 하므로 극형에 처하기를

청하였다.

> 지난번에 왕래한 자들 가운데 어떤 이는 '멀리서 보았다'하고, 어떤 이는 '보지 못하였다' 하니, 진실인지 거짓인지를 분변할 수가 없습니다. 지금 사람을 보내어 찾아보고, 만일 끝내 이 섬이 없으면 처음에 이 말을 한 김한경의 무리들이 말로 속이고 대중을 미혹하게 한 죄가 분명하니, 극형에 처하여 그 시체를 온 도에 전하게 하여 여러 사람들에게 보인다면, 어리석은 백성들도 삼봉도가 기필코 없다는 것을 알고 서로 선동하여 미혹됨이 저절로 풀릴 것입니다.

이로써 김한경 일행은 극형에 처해졌고 더 이상 삼봉도에 관한 기사는 등장하지 않는다.

그렇다면 여기서 말하는 삼봉도는 어디일까? 혹자는 독도라고도 하지만 여러 정황을 보면 아마도 울릉도를 가리키는 것은 아닐까.

독도의 별칭, 자산도와 가지도

조선 후기에는 독도의 별칭으로 자산도(子山島)와 가지도(可支島)가 있다. 자산도는 1696년(숙종 22년) 9월, 안용복의 제2차 도일사건 이후, 비변사에서 안용복을 추문할 때 안용복이 독도를 지칭하여 자산도라고 한 것에서 기인한다.

비변사에서 안용복 등을 추문하였는데, 안용복이 말하기를, "저는 본디 동래에 사는데, 어미를 보러 울산에 갔다가 마침 중 뇌헌(雷憲) 등을 만나서 근년에 울릉도에 왕래한 일을 자세히 말하고, 또 그 섬에 해물이 많다는 것을 말하였더니, 뇌헌 등이 이롭게 여겼습니다. 드디어 같이 배를 타고 영해 사는 뱃사공 유일부 등과 함께 떠나 그 섬에 이르렀는데, 주산인 삼봉은 삼각산보다 높았고, 남에서 북까지는 이틀길이고 동에서 서까지도 그러하였습니다. 산에는 잡목·매·까마귀·고양이가 많았고, 왜선도 많이 와서 정박하여 있으므로 뱃사람들이 다 두려워하였습니다.

제가 앞장서서 말하기를, '울릉도는 본디 우리 지경인데, 왜인이 어찌하여 감히 지경을 넘어 침범하였는가? 너희들을 모두 포박하여야 하겠다' 하고, 이어서 뱃머리에 나아가 큰소리로 꾸짖었더니, 왜인이 말하기를, '우리들은 본디 송도(松島)에 사는데 우연히 고기잡이 하러 나왔다. 이제 본소로 돌아갈 것이다' 하므로, '송도는 자산도(子山島)로서, 그것도 우리나라 땅인데 너희들이 감히 거기에 사는가?' 하였습니다. 드디어 이튿날 새벽에 배를 몰아 자산도에 갔는데, 왜인들이 막 가마솥을 벌여 놓고 고기 기름을 다리고 있었습니다. 제가 막대기로 쳐서 깨뜨리고 큰 소리로 꾸짖었더니, 왜인들이 거두어 배에 싣고서 돛을 올리고 돌아가므로, 제가 곧 배를 타고 뒤쫓았습니다.

그런데 갑자기 광풍을 만나 표류하여 옥기도(玉岐島)에 이르렀는데, 도주가 들어온 까닭을 물으므로, 제가 말하기를, '근년에 내가 이곳에 들어와서 울릉도·자산도 등을 조선의 지경으로 정하고, 관백의 서계까지 있는데, 이 나라에서는 정식(定式)이 없어서 이제 또 우리 지경을 침범하였으니, 이것이 무슨 도리인가?' 하자, 마땅히 백기주(伯耆州)에 전보하겠다고 하였으나, 오랫동안 소식이 없었습니다.

제가 화를 금하지 못하여 배를 타고 곧장 백기주로 가서 울릉자산양도감세장(鬱陵子山兩島監稅將)이라 가칭하고 장차 사람을 시켜 본도에 통고하려 하는데, 그 섬에서 사람과 말을 보내어 맞이하므로, 저는 푸른 철릭를 입고 검은 포립을 쓰고 가죽신을 신고 교자를 타고 다른 사람들도 모두 말을 타고서 그 고을로 갔습니다. 저는 도주와 청위에 마주 앉고 다른 사람들은 모두 중간계단에 앉았는데, 도주가 묻기를, '어찌하여 들어왔는가?' 하므로, 답하기를 '전일 두 섬의 일로 서계를 받아낸 것이 명백할 뿐만이 아닌데, 대마도주가 서계를 빼앗고는 중간에서 위조하여 두세 번 차왜를 보내 법을 어겨 함부로 침범하였으니, 내가 장차 관백에게 상소하여 죄상을 두루 말하려 한다' 하였더니, 도주가 허락하였습니다.

드디어 이인성으로 하여금 소(疏)를 지어 바치게 하자, 도주의 아비가 백기주에 간청하여 오기를, '이 소를 올리면 내 아들이 반드시 중한 죄를 얻어 죽게 될 것이니 바치지 말기 바란다' 하였으므로, 관백에게 품정하지는 못하였으나, 전일 지경을 침범한 왜인 15인을 적발하여 처벌하였습니다. 이어서 저에게 말하기를, '두 섬은 이미 너희 나라에 속하였으니, 뒤에 혹 다시 침범하여 넘어가는 자가 있거나 도주가 혹 함부로 침범하거든, 모두 국서를 만들어 역관을 정하여 들여보내면 엄중히 처벌할 것이다' 하고, 이어서 양식을 주고 차왜를 정하여 호송하려 하였으나, 제가 데려가는 것은 폐단이 있다고 사양하였습니다"하였고, 뇌헌 등 여러 사람의 공사(供辭)도 대략 같았다.

즉 안용복이 울릉도에서 왜인을 만나 그들을 꾸짖었을 때 왜인들이 독도를 송도라고 하면서 변명하자, 송도는 자산도이고 조선의 땅이라고 역설했다. 또 오키섬을 거쳐 돗토리번에서 번주를 만났을 때 독도를 자산도라 칭했고, 스스로를 '울릉자산양도감세'라고 칭하였다고 하는 기록을 통해 알려져 있다.

가지도는 1794년 6월 수토사 한창국의 수토 보고를 한 강원관찰사 심진현의 장계에 나오는 명칭이다.

강원도 관찰사 심진현이 장계하였다. "울릉도의 수토를 2년에 한 번씩 변장으로 하여금 돌아가며 거행하기로 이미 정식을 삼고 있기 때문에, 수토사 월송만호 한창국에게 관문을 띄워 분부하였습니다. 월송 만호의 첩정에 '4월 21일 다행히도 순풍을 얻어서 식량과 반찬거리를 4척의 배에 나누어 싣고 왜학 이복상 및 원역과 격군 80명을 거느리고 같은 날 미시쯤에 출선하여 바다 한가운데에 이르렀는데, 유시에 갑자기 북풍이 일며 안개가 사방에 자욱하게 끼고, 우레와 함께 장대비가 쏟아졌습니다. …
25일에 장작지포 계곡 어귀에 도착해보니 과연 대밭이 있는데, 대나무가 듬성듬성할 뿐만 아니라 거의가 작달막하였습니다. 그중에서 조금 큰 것들만 베어낸 뒤에, 이어 동남쪽 저전동으로 가보니 골짜기 어귀에서 중봉에

이르기까지 수십 리 사이에 세 곳의 널찍한 터전이 있어 수십 섬지기의 땅
이었습니다. 또 그 앞에 세 개의 섬이 있는데, 북쪽의 것은 방패도, 가운데
것은 죽도, 동쪽의 것은 옹도이며, 세 섬 사이의 거리는 1백여 보에 불과하
고 섬의 둘레는 각각 수십 파씩 되는데, 험한 바위들이 하도 쭈뼛쭈뼛하여
올라가 보기가 어려웠습니다.

거기서 자고 26일에 가지도(可支島)로 가니, 네댓 마리의 가지어(可支魚)가 놀
라서 뛰쳐나오는데, 모양은 무소와 같았고, 포수들이 일제히 포를 쏘아 두
마리를 잡았습니다. 그리고 구미진의 산세가 가장 기이한데, 계곡으로 십
여 리를 들어가니 옛날 인가의 터전이 여태까지 완연히 남아 있고, 좌우의
산곡이 매우 깊숙하여 올라가기는 어려웠습니다. …

30일에 배를 타고 출발하여 새달 8일에 본진으로 돌아왔습니다. 섬 안의 산
물인 가지어 가죽 2벌, 황죽 3개, 자단향 2토막, 석간주 5되, 도형 1벌을 감
봉하여 올립니다' 하였으므로, 함께 비변사로 올려보냅니다."

즉 수토사 월송만호 한창국이 1794년 4월 21일에 월송포를 떠나 22일
울릉도 서쪽 황토구미에 도착했고, 이어 24일에는 통구미, 25일에는 장작
지포, 그리고 26일에는 가지도에 가서 두 마리의 가지어를 잡았다는 사실
과 섬의 지형과 산물을 보고했다. 이 수토보고서에서 독도를 가지도로, 바
다사자인 강치를 가지어로 기록했던 것이다. 그리고 이에 근거하여 독도
를 가지도라고 부르게 되었다.

5. 안용복 사건과 울릉도쟁계

안용복은 43세였다

안용복(安龍福)은 1693년과 1696년, 2차례에 걸쳐 일본에 건너가 울릉도와 독도가 조선 땅임을 주장했다. 그 일로 인해 양국 사이에 외교문제가 발생했는데 이 사건을 조선에서는 '울릉도쟁계' 일본에서는 '다케시마잇켄[竹島一件]'이라 한다. 안용복의 2차례 도일사건은 엄격히 말하면 1693년은 일본 어부들에 의한 피랍이고, 1696년은 안용복의 도일이다.

안용복의 생몰연대는 그동안 알 수 없었으나, 필자가 2005년 11월 26일, 일본 오키섬 무라카미가[村上家]를 방문하여 제2차 도일 때 작성된 안용복의 공술자료인 『원록구병자년조선주착안일권지각서(元祿九丙子年朝鮮舟着岸一卷之覺書)』의 전문을 입수하여 학계에 소개하면서 밝혀졌다. 이 자료에 의하면 안용복은 갑오생(甲午生)으로 기록되어 있다. 갑오년은 1654년(효종 5)이므로 당시 43세였다.

안용복이 피랍되다

1693년(숙종 19년) 3월, 안용복은 어부 40여 명과 울릉도에서 어로작업을 하다가 4월 18일 일본 오키섬의 어부들에게 박어둔과 함께 납치되어 오키섬을 거쳐 요나고에 보내졌다. 요나고 관리는 에도에 있던 돗토리 번주를 통해 안용복의 처리를 막부에 문의했고, 막부는 안용복과 박어둔을 나가사키를 거쳐 조선에 돌려보내도록 했다. 한편 쓰시마도주는 조선인의 울릉도 출어 금지를 요청하는 서계를 조선에 보냈다.

안용복과 박어둔은 1693년 6월 말 나가사키에 도착하여 조사받은 후 9월 초에 쓰시마에 인도되었다가 11월 초에 부산 왜관에 이송되었다. 두 사람은 왜관에 40일 정도 갇혀 있다가 12월 10일 동래부사에게 인도된 후 허가없이 외국에 다녀온 죄로 2년 여간 옥살이를 했다. 이때부터 조선과 일본 사이에서는 울릉도와 독도를 두고 서로 자국 영토라고 주장하는 소위 '울릉도쟁계'가 2년간 계속되었다.

울릉도쟁계가 시작되다

1693년 11월, 쓰시마에서는 안용복을 인도하면서 조선 어민들이 다케시마(울릉도)에 들어와 고기잡이를 했기 때문에 두 사람을 일본으로 연행했다가 돌려보내니, 앞으로 조선인이 울릉도에 들어가지 않도록 해달라고 요청

『원록구병자년조선주착안일권지각서』와 안용복 일행의 인적사항

하였다.

이에 대해 조선에서는 1694년 9월 삼척 첨사 장한상에게 수토사의 직함으로 울릉도에 가서 섬의 형편을 살펴보도록 명했다. 한편으로 영의정 남구만의 주장에 따라 울릉도와 다케시마는 동일한 섬으로 조선 영토이므로 일본인들의 출입을 금한다는 내용을 쓰시마에 통보했다. 수토사 장한상은 총인원 150명과 6척의 선박으로 울릉도를 13일간 조사하고 돌아와 주민을 상주시킬 수는 없으므로 1~2년 간격으로 수토할 것을 건의했다.

영의정 남구만의 통보 이후 조선과 쓰시마 사이에서는 울릉도를 놓고 논쟁을 벌였고, 1695년부터 에도막부에서 울릉도와 독도에 대해 조사를 시작했다. 에도막부는 돗토리번에게 울릉도가 어디에 속해 있는지를 확인했고, 돗토리번은 울릉도는 자신들이 통치하는 섬이 아니며 다른 번에서도 통치하지 않는다고 했다. 에도막부는 다시 울릉도 외에 돗토리번 소속으로 간주했던 섬이 따로 있는지를 물었고, 이에 돗토리번은 마쓰시마(독도)가 있다고 대답했다. 그리고 독도에 어로하러 가는 것은 다케시마(울릉도)에 도해할 때 길목에 있기 때문에 들러서 어로를 한

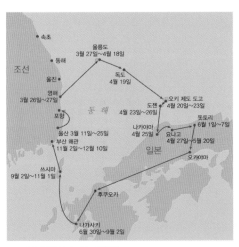

1693년 안용복의 1차 피랍경로

다고 했다.

회신을 받은 에도막부는 2년이 넘는 조사를 진행했다. 일본 사료『통항일람(通航一覽)』에 의하면 "원록 8, 을해년 10월 대마태수(宗義眞, 天龍院公)가 막부(東武)에 입조하였다. 그 자리에서 집정에게 아뢰기를 '죽도에 관한 항목은, 전 태수가 사자를 시켜서 말하게 한 것이며, 이미 3년이 지났습니다. 그 나라(조선)에서 완강하게 죽도를 그 나라 땅이라고 우기며 끝내 우리 말을 듣지 않았습니다. 어떻게 대처해야 하겠습니까?'"라는 기사가 있고, 이에 대해 노중 아베([阿部豊後守])가 이 문제에 직접 관련 있는 돗토리번에 질문서를 보낸 것이 12월 24일이라고 했다. 막부에서 돗토리번에 보낸 8개 조로 된 질문서의 내용은 다음과 같다.

1. 인번·백기주에 속하는 죽도는, 언제쯤부터 양국에 속하게 된 것인가, 선조가 영지를 하사받은 이전의 일인가, 또는 그 이후의 일인가?

2. 죽도는 대략 어느 정도 크기의 섬인가. 사람이 살고 있지 않은가?

3. 죽도에 어민이 가기 시작한 것은 언제부터인가?

4. 죽도에 어민이 가기 시작한 것은 언제부터인가? 매년 가는가? 또 때때로 가는가? 어떤 것을 잡았는가? 배는 여러 척이 있는가?

5. 삼사년 전에 조선인이 와서 어로를 하였을 때, 인질로 두 사람을 잡아왔다고 하는데, 그 이전에도 때때로 왔었는가? 오지 않았다가 위(3~4년 전)의 2년에만 계속해서 왔다간 것인가?

6. 최근 1, 2년간에는 (죽도에) 가지 않았는가?

7. 이전에 (조선인이) 왔을 때 배는 몇 척이었고, 사람은 몇 명 정도였는가?

8. 죽도 외에 양국(인번·백기)에 속하는 섬이 있는가? 아울러 양국의 어민이 거기에 가고 있는가?

이에 대한 돗토리번의 회답서는 다음 날인 25일에 에도번에 있는 저택에서 즉각 막부로 제출되었다. 다음 날에 회답한 것으로 보아, 그 이전에 막부로부터의 조회가 이미 있었고, 영지인 돗토리에서 사료에 근거한 조사를 하는 등의 사전 준비가 있었던 것으로 생각된다.

울릉도 도해금지령이 내려지다

돗토리번의 회답서는 다음과 같다.

1. 죽도는 인번과 백기에 속하는 섬이 아닙니다. 호키국 요나고의 주민이 도해한 건에 관해, 마스다이라[松平新太郎]가 영주일 때, (막부가) 봉서로서 명령하셨다고 들었습니다. 그 이전에도 도해한 적이 있다는 말을 듣고는 있습니다만, 거기에 대해서는 잘 알지 못합니다.

2. 죽도의 둘레는 대략 8~9리쯤 되고, 사람은 살고 있지 않습니다.

3. 죽도에는 2, 3월경에 어로를 위해 가고, 요나고에서 출선하여 매년 갑니다. 그 섬에서 전복, 강치 등을 잡는데 크고 작은 배 두 척이 갑니다.

4. 4년 전인 임신(1692년)에 조선인이 그 섬에 와 있었을 때, 선장들이 가서 만났던 일은 그때 말씀드렸고, 다음 해인 계유(1693년)에도 조선인들

이 와 있기로, 우리 선장들이 조선인 두 사람을 데리고 요나고로 돌아왔고, 그것도 보고를 올리고 나가사키로 보내었습니다. 갑술(1694년)에는 바람이 세서 그 섬에 도착하지 못한 것도 보고하였습니다. 올해에도 도해하였더니, 이국인이 많이 보였기에 배를 대지 못하고 돌아오는 길에 송도(松島 : 독도)에서 전복을 조금 잡아 돌아 왔습니다. 위와 같이 보고 드립니다.

5. 임신년에 조선인이 왔을 때, 배 열 한 척 중 여섯 척은 태풍을 만나 조난당하고, 남은 다섯 척은 그 섬에 머물렀는데 사람 수는 오십 삼명이었습니다. 계유년에는 배 세 척에 사람은 사십 이명이 와 있었습니다. 올해에는 많은 배와 사람이 보였으나, 배를 대지 못했으므로 분명하지 않습니다.

6. 죽도와 송도 외에 양국(인번, 백기)에 속하는 섬은 없습니다.

이상의 내용을 통해서 볼 때, 막부는 처음에는 죽도가 양국(인번·백기)을 지배하는 돗토리번에 속하는 것으로 생각하고 돗토리번에 문의를 한 것이다. 돗토리번의 회답서에는 "죽도는 인번·백기에 속하는 섬이 아니다"라고 분명히 밝히고 있다. 돗토리번이 자국령이 아니라고 한 것이며, 결국 이 회답서에 의해 막부에서는 1개월 후인 1월 28일에 일본인의 '죽도 도해금지령'을 내렸다. 이 과정에 대하여 노중 아베는 다음과 같이 밝히고 있다.

죽도의 땅이 인번에 속한다고 해도 또 우리나라 사람이 거주하는 일이 없고, 태덕군(德川秀忠)의 시대에, 요나고 사람들이 그 섬에서 어로를 하게 해달라고 원하기에 이를 허락하였다. 지금 그곳의 지리를 헤아려보니, 인번에서 160리 정도 떨어져 있고, 조선과의 거리는 40리 정도이다. 이것으로도 일찍부터 그 섬이 그들의 땅이라는 사실을 의심할 수 없을 것 같다. 나라에서 만일 무력으로 이를 취한다면, 무엇인들 얻지 못하겠는가.

다만 쓸모없는 작은 섬이 원인이 되어, 이웃 나라의 호감을 잃는 것은 좋은 계략이 아니다. 더욱이 당초에 저 나라로부터 빼앗은 것이 아니니, 지금 다시 돌려준다고 말할 수는 없다. 오로지 우리나라 사람이 가서 고기를 잡는 것을 금지해야 할 뿐이다. 지금 조정의 의논도 이전과 같지 않으니, 그 일로 서로 다투다 그만두는 것보다는 서로 간에 아무 일 없는 것이 좋다. 우리의 이런 뜻을 그 나라가 알아듣게 잘 타일러야 하는 것이다.

노중 아베는 그 섬에 일본인이 살고 있지 않다는 것과, 지리적으로 일본(인번)보다도 조선에서의 거리가 가깝기 때문에 이전부터 조선령이었음이 분명하다고 했다. 덧붙여, 일본이 힘으로 대처하면 손에 넣지 못할 것도 아니지만 '쓸모없는 작은 섬' 때문에 이웃나라와의 우호관계를 손상시키는 일은 득책이 아니며, 언제까지고 다투는 것보다는 '아무 일 없는 것'이 좋다고 하는 막부 당국자의 입장을 표명했다. 결국 막부에서는 2년여의 논쟁 끝에 울릉도와 독도가 조선 땅임을 인정하고, 1696년 1월 28일자로 일본 어부들로 하여금 울릉도에 가지 못하게 하는 '다케시마(竹島 : 울릉도) 도해금지령(渡海禁止令)'을 내렸다. 그러나 도해금지령이 돗토리번에 전달된 것은 1696년 8월이었다. 그리고 그 사이에 안용복은 제2차 도일을 단행했다.

안용복의 제2차 도일

2년여 간 옥살이를 한 안용복은 억울함을 호소하고, 일본인의 울릉도·독도 도해를 금지시킬 목적으로 다시 일본으로 갔다. 1696년(숙종 22년) 3월 18일, 안용복 등 11명은 울산을 출발하여 울릉도에 도착해 2개월을 머물렀는데 그때 울릉도에 침입한 일본 어부들을 만났다. 안용복 등은 왜인을 쫓아내고, 그들이 다시 독도로 가자 독도로 쫓아가 몰아내고, 그들을 추적하여 오키섬에 이르게 되었다. 그 상황을 『숙종실록』에는 다음과 같이 기록하고 있다.

나는 큰소리로 (왜인들에게) 말하기를 '울릉도는 본래 조선 땅인데 왜인이 감히 어찌하여 월경하여 침범하느냐, 너희들을 모두 묶어야 마땅하다'라고 뱃머리에 나아가 외치니, 왜인이 말하기를 '우리들은 본래 송도(독도)에 사는데 우연히 고기잡이하러 왔다. 이제 돌아가겠다'고 하므로, 내가 '송도는 자산도(독도)로 그곳도 우리나라 땅인데, 너희가 감히 그곳에 가느냐'고 하였습니다. 이튿날 배를 몰아 자산도에 갔는데 왜인들이 가마솥을 걸고 고기기름을 달이고 있었다. 그래서 내가 막대기로 치면서 크게 꾸짖었더니, 도망을 치므로, 쫓아가 오키섬에 이르렀습니다.

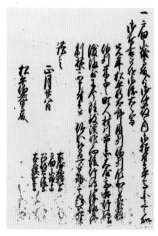

〈번역〉

예전에 마쓰다이라 신타로(松平新太□)가 이나바
와 호키를 지배할 때, 노중에게 문의한 것으로,
호키국 요나고의 상인 무라카와 이치베 및 오
야 진키치가 다케시마(울릉도)에 도해하여 지금
까지는 어업을 하고 있었다고 할지라도, 앞으로
는 다케시마(울릉도)에 가는 것을 금지해야 한
다는 쇼군의 지시가 있었습니다. 그 뜻을 아시
기 바랍니다.

정월 28일

다케시마 도해 금지령

오키섬에 이르자 일본 관리들은 안용복을 조사했고, 안용복은 울릉도와
자산도가 조선 영토임을 주장하며 호키(돗토리번주) 태수에게 보고해 줄 것
을 요청했다. 태수로부터 소식이 없자 미리 준비해 간 관복을 입은 후 '울
릉자산양도감세장(鬱陵子山兩島監稅將)'이라고 쓴 깃발을 달고 호키로 갔다. 또
한 '조선지팔도(朝鮮之八道)' 지도를 지참하여 독도가 조선 땅임을 주장했다.

『원록구병자년조선주착안일권지각서』

안용복이 두 번째로 도일했을 때 오키섬의 관할 번이던 호키 태수에게
보고했던 안용복에 대한 공술문서이다. 현재 시마네현 오키군에 있는 무
라카미가(村上家)에서 소장하고 있다. 필자는 2005년 11월 26일, 오키섬 아
미쵸[海土町]를 방문하여 이 문서의 소장자인 무라카미가의 40대손 무라카

미 조쿠로우[村上助九郎]를 만났다. 그는 안용복 공술자료의 원본과 2004년 5월 17일 〈산음신문〉(山陰新聞)에 소개된 기사를 보여주며 이 자료를 공개하게 된 연유를 설명했다. 그리고는 이 문서를 통해 독도 영유권 문제가 더 이상 양국 간에 분쟁이 되지 않았으면 좋겠다고 말했다.

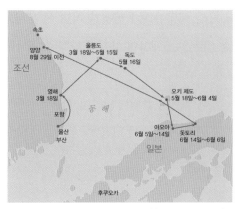

1696년 안용복의 2차 도일행로

또한 자료에 「조선팔도지도」가 첨부되어 있었던 것 같은데, 지금은 찾을 수 없어 안타깝다고 했다. 덧붙여 수십 년 전 젊었을 때 지도를 본 것도 같다고 하면서, 어딘가에 있지 않을까 하는 여운을 남겼으나 현재 그 지도의 소재는 알 수 없다고 했다. 촬영을 해도 좋으냐고 묻자 선뜻 허락하면서 이 자료가 독도 문제를 해결하는데 도움이 되기를 바란다고 거듭 강조했다. 필자는 귀국 후 2006년 4월 『한일관계사연구』 42집에 원문·탈초문·번역문을 게재하고 내용을 소개한 바 있다.

안용복의 도일 목적이 밝혀지다

이 문서에는 안용복의 2차 도일 때 탔던 배와 사람, 도일 목적, 경위, 상황, 조사 내용, 배에 실린 물건, 지도 등에 대한 내용이 수록되어 있다. 안용복의 생몰연대가 밝혀진 것도 이 문서가 공개되어 가능했다. 문서의 주요 내용을 소개하면 다음과 같다.

① 배에는 11인이 탔는데, 안용복, 이비원, 김가과와 이름을 알 수 없는 속인 3인, 승려 뇌헌(雷憲), 연습(衍習)과 이름을 알 수 없는 승려 3인이 있었다.

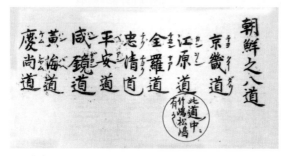

무라카미 조쿠로우 씨와 필자(좌, 중앙)
'조선지팔도' 지도 목록(좌), '울릉자산 양도감세장' 깃발(우)

② 안용복은 검은 갓을 썼고, 수정이 달린 줄과 얇은 목면 상의를 입었고, 허리에 패를 찼는데, 겉에는 통정대부 안용복 갑오생(1654년), 동래라는 글자가 새겨져 있었다.

③ 안용복 등 11인은 돗토리 호키 태수와 담판을 지으려고 순풍을 타고 호키주에 도해한 것이다.

④ 5월 15일 울릉도를 출선하여 그날 독도에 도착했고, 동 16일에 독도를 떠나 18일 아침에 오키섬의 니시무라 해안에 도착하여 동 20일에 오쿠무라로 갔다.

⑤ 11인 가운데 이름을 알지 못하는 사람들이 있는데, 이들은 호키주에 소송하는 문서와 경위를 적어서 보고했다.

⑥ 안용복, 뇌헌, 김가과 3인은 번의 관리가 입회했을 때 소지했던 「조선지팔도」를 내보이며, 팔도의 이름을 조선말로 썼다. 3인 가운데 안용복을 통역인으로 하여 사정을 문답했다.

⑦ 「조선지팔도」에는 다케시마(울릉도)와 마쓰시마(독도)는 같은 강원도 내에 있으며, 마쓰시마는 자산(子山)이라는 섬이라는 내용이 있다.

이 문서를 통하여 안용복의 제2차 도일 경위와 목적, 항해 루트와 일정, 오키섬 도착 후의 조사 내용 및 과정이 소상하게 밝혀졌다. 이 내용들은 일본 자료『죽도기사』나 『죽도고』의 내용과 일치한다. 종래 일본 학자들이『숙종실록』의 내용이 "허구와 과장으로 가득 찼고, 안용복이 꾸며낸 거짓이다"라고 했던 주장을 뒤집는 결과를 가져왔다.

그해 8월 29일, 안용복 일행은 추방되어 강원도 양양으로 돌아왔다. 귀국한 안용복 일행은 양양현에서 강원감사 심평에게 붙잡혀 한양의 옥에 갇히게 된다. 1697년 3월, 사헌부에서는 안용복을 주살할 것을 왕에게 요청했으나 영의정 유상운이 처단할 수 없다고 건의했다. 유상운은 쓰시마가 울릉도를 조선 땅이라고 인정해 왜인의 왕래를 금지시켰는데, 이는 안용복의 공이라고 주장하여 안용복은 죽음을 면하고 유배형에 처해졌다. 당시 쓰시마는 이미 막부로부터 울릉도도해금지령을 통보받고 그 내용을 알고 있으면서도 중간에서 농간을 부렸던 것이다. 한편 사형을 면한 안용복이 어디로 유배되었는지 그 이후의 행적은 기록이 남아있지 않아 전혀 알 수 없다.

6. 울릉도 수토와 장한상

수색하여 토벌하라

사전에 의하면 수토(搜討)란 무엇을 알아내거나 찾기 위해 조사하거나 탐색한다는 뜻이다. 즉 울릉도 수토제 실시는 울릉도에 들어가서 섬의 형편을 조사하고, 거민이 있는지 또는 일본인을 찾아내 토벌하는 것이다.

울릉도 수토제 기원은 1693년 안용복의 1차 피랍사건 직후, 그해 겨울 대마도주가 조선 어민의 울릉도(죽도)에의 출어금지를 요청한 서계에서 비롯된다. 이에 대해 조선에서는 1694년 2월, 처음에는 조선 어민의 울릉도 출어는 금지시키되, 울릉도가 조선의 영토라는 애매한 서계를 보냈다. 8월에는 삼척 첨사 장한상으로 하여금 울릉도에 가서 섬의 형편을 살펴보도록 하고, 앞서의 서계를 회수하는 대신 죽도, 즉 울릉도는 강원도 울진현의 속도이니 조선 어민이 경계를 넘은 것이 아니며, 앞으로는 일본 어민의 울릉도 왕래를 금한다는 서계를 동래왜관의 왜사에게 보냈다. 조선 정부의 의지를 분명히 하면서 울릉도에 대한 구체적인 대책을 도모하기 위함이었다.

남구만이 아뢰기를, "일찍이 듣건대, 고려 의종 초기에 울릉도를 경영하려고 했는데, 동서가 단지 2만여 보뿐이고 남북도 또한 같았으며, 땅덩이가 좁고 또한 암석이 많아 경작할 수 없으므로 드디어 다시 묻지 않았습니다. 그러나 이 섬이 해외에 있고 오랫동안 사람을 시켜 살피게 하지 않았으며, 왜인들의 말이 또한 이러하니, 청컨대 삼척 첨사를 가려서 보내되 섬 속에 보내어 형편을 살펴보도록 하고, 혹은 민중을 모집하여 거주하게 하고 혹은 진을 설치하여 지키게 한다면, 곁에서 노리는 근심거리를 방비할 수 있을 것입니다. 하니, 임금이 윤허하였다. 드디어 장한상을 삼척 첨사로 삼고, 접위관 유집일이 명을 받고 남쪽으로 내려갔다.

국왕의 명을 받은 장한상은 역관 안신휘를 포함하여 총 150명에 기선 2척, 급수선 4척을 동원하여 9월 19일에 삼척을 출발했다. 9월 20일부터 10월 3일까지 13일간 체류하면서 울릉도를 조사하고 10월 6일에 삼척으로 돌아와 국왕에게 복명했다.

장한상이 9월 갑신에 배를 타고 갔다가 10월 경자에 삼척으로 돌아왔는데, 아뢰기를, "왜인들이 왔다 갔다 한 자취는 정말 있었지만 또한 일찍이 거주하지는 않았습니다. 땅이 좁고 큰 나무가 많았으며 수종(水宗 : 바다 가운데 물이 부딪치는 곳으로, 육지의 고개가 있는 곳과 같다)이 또한 평탄하지 못하여 오고 가기가 어려웠습니다. 토품(土品)을 알려고 밀과 보리(牟麥)를 심어놓고 돌아왔으니 내년에 다시 가 보면 징험할 수 있을 것입니다." 하였다. 남구만이 입시하여 아뢰기를, "백성이 들어가 살게 할 수도 없고, 한두 해 간격을 두고 수토하게 하는 것이 합당합니다(間一二年搜討爲宜)" 하니, 임금이 그대로 따랐다.

즉 백성을 들어가 살게 할 수 없으니 1~2년 간격으로 수토하는 것이 마땅하다고 건의했고, 이것이 숙종에 의해 받아들여지면서 울릉도의 수토 방침이 일단 결정되었다. 그러나 1년에 한 번 할 것인가, 또는 2년에 한 번 할 것인가, 구체적으로 언제부터 할 것인가에 대한 내용은 결정되지 않았다. 울릉도의 수토가 제도화되어 시행되는 것은 안용복의 2차 도일사건 후 울릉도의 영유권 문제가 매듭지어지는 1697년부터이다.

2년 간격으로 수토하라

1697년 3월, 안용복의 2차 도일 사건이 매듭지어지고 대마도를 통하여 막부로부터 일본인의 '죽도도해금지령'이 전해지자 4월에는 울릉도 수토 문제를 다시 논의하게 되었다. 『숙종실록』에는 수토 제의 결정에 대해 다음과 같이 기록하고 있다.

> 대신과 비국의 여러 신하를 인견하였다. 영의정 유상운이 말하기를, … "울릉도에 대한 일은 이제 이미 명백하게 한 것으로 귀착되었으니, 틈틈이 사람을 들여보내어 순검해야 합니다" 하니, 임금이 2년 간격으로 들여 보내도록 명하였다(間二年入送).

라고 하여, 2년 간격으로 정기적으로 울릉도 순검을 하도록 결정했다. 이 결정에 대해 『승정원일기』에 자세한 전말을 기록하였다.

> 상께서 희정당으로 거동하여 대신·비변사 당상들을 인견하여 입시했다. 영의정 유상운이 말하기를, "울릉도 일은 이미 명백하게 귀일되어, 왜인은 본국인의 어로를 금한다고 말했고, 우리나라는 때때로 사람을 보내어 수토하겠다는 뜻을 서계 중에 대답해 보냈습니다. 먼 바다의 절도(絶島)에 비록 매년 입송할 수는 없지만, 이미 지방에 매이고, 무인도이어서 불가불 간간히 사람을 보내어 순검하여 오도록 하는 까닭에 감히 이같이 앙달합니다."
> 상께서 말씀하시기를, "우리나라의 지방을 영구히 버릴 수 없으며, 입송하는 것 또한 많은 폐단이 있으므로 2년을 간격으로 입송함이 가하다." 상운이 말하기를, "3년에 1번 보내는 것을 정식으로 삼는다면 상상년에 이미

가보고 왔으므로 명년에 마땅히 입송해야 하는데, 듣건대 본도는 반드시 5월말 바람이 고를 때 왕래할 수 있다고 하니 명년 5월 달에 입송하는 것이 마땅할 듯하며, 차송하는 사람은 늘 입송할 때를 당하여 품지하여 차송함이 어떠하겠습니까" 하니, "그리하라" 하였다.

이 사료를 통해 볼 때, 일본은 울릉도에서 일본인의 어채를 금하고, 조선은 울릉도를 수토하는 것을 정식으로 합의한 것이며, 수토는 3년에 1번씩 하기로 제도화했음을 알 수 있다. 그리고 장한상의 수토를 기준으로 했는데 실제 장한상의 수토가 1694년이었으므로 1697년이나 상상년, 즉 1695년으로 계산한 것은 착오가 있는 듯하다. 그러나 1698년에 영동지방에 흉년이 들어 울릉도에 대하여 수토가 실시된 것은 1699년 6월이었다.

강원도 월송만호 전회일이 울릉도를 수토하고 대풍소로 돌아왔다. 본도의 지형을 그려 올리고, 겸하여 그곳 토산인 황죽·향목·토석 등 수종의 물품을 진상하였다.

1699년 6월, 월송포 만호 전회일의 제2차 수토에 이어, 제3차 수토는 그로부터 3년 후인 1702년 5월, 삼척 영장 이준명에 의해 이루어진다.

삼척 영장 이준명과 왜역 최재홍이 울릉도에서 돌아와 그곳의 도형과 자단향·청죽·석간주·어피 등의 물건을 바쳤다. 울릉도는 2년을 걸러 변장을 보내어 번갈아 가며 수토하는 것(윤회수토)이 이미 정식으로 되어 있었는데, 올해에는 삼척이 그 차례에 해당되기 때문에 이준명이 울진 죽변진에서 배를 타고 이틀낮밤 만에 돌아왔는데, 제주보다 갑절이나 멀다고 한다.

삼척 영장과 월송포 만호가 번갈아 수토하다

『승정원일기』에 의하면, 수토사가 파견될 때마다 품지하여 임명하도록 했으나『숙종실록』사료를 보면, 삼척과 월성포에서 번갈아 가며 윤회하여 수토사를 임명했다. 수토사는 일본인을 대비하여 왜어역관을 대동하여 울릉도를 순검하면서 지도와 토산물을 바치며 복명했다.

울릉도 수토는 이후 극심한 흉년을 당하여 정지된 경우도 있었지만 1702년 단계에서는 이미 정식으로 정례화 되어갔다. 그러나 1705년 6월, 울릉도를 수토하고 돌아오던 중 평해 고을의 군관 황인건 등 16명이 익사한 후 1708년 2월에는 수토 기록은 없다. 다만 부사직 김만채가 울릉도에 설진하여 해방을 하자는 상소를 올렸다. 이어 1710년 10월에도 사직 이광적이 왜선이 자주 울릉도에 들어가 어물을 채취하니 설진할 것을 상소했다. 이어 1714년 7월에도 울릉도에 대한 해방을 강조하는 상소가 이어지다가 1717년 3월, 강원감사 이만견이 치계하기를,

올해에 울릉도를 수토하는 일을 정지하기를 청했는데, 비국에서 다시 주청하기를, "근년에 수토하는 것은 빈섬을 가서 보는 것에 지나지 않는데, 이런 흉년에 민폐를 많이 끼칠 수는 없으니, 우선 정지하게 하소서"하니 임

금이 따랐다.

라고 했다. 이 사료를 통해 볼 때, 1717년은 1705년 이후 12년만이지만 '근년에 수토를 했다'는 기록을 3년에 한 번씩 수토했다는 의미로 받아들여도 무리가 없다고 본다. 이어 이듬해에 영의정 김창집이 왕세자에게 수토를 정지해 줄 것을 요청하는데 "지금 진휼하는 정사가 바야흐로 확정되고 있으니, 잠시 울릉도를 연례로 수토하는 것을 정지시켜 주소서"라고 했다. 그 후, 1735년 1월에도 강원감사 조최수가 아뢰기를,

> 울릉도의 수토를 금년에 마땅히 해야 하지만 흉년에 폐단이 있으니, 청컨대 이를 정지하도록 하소서" 하였는데, 김취로 등이 말하기를, "지난 정축년(1697년)에 왜인들이 이 섬을 달라고 청하자, 조정에서 엄하게 배척하고 장한상을 보내어 그 섬의 모양을 그려서 왔으며, 3년에 한 번씩 가보기로 정하였으니, 이를 정지할 수가 없습니다" 하니, 임금이 이를 옳게 여겼다.

라고 했다. 이 기사를 통해 볼 때, 3년 수토는 이미 제도적으로 완전히 정착되었음을 알 수 있다. 그 후 수토 기사는 1769년 1월과 1786년 6월, 1794년 6월, 1799년 3월에 나온다. 1799년 3월 기사에 "금년에 울릉도를 수토하는 것은 월송 만호가 할 차례인데…"라는 기록을 보면, 울릉도에 대한 수토는 여전히 삼척 영장과 월송 만호가 교대로 시행했음을 알 수 있다.

1800년대에 들어서는 실록에서 아쉽게도 수토 기록을 찾을 수 없다. 소위 세도정치기의 정치적 해이함 때문에 정례적인 수토 시행이 어려웠을 수도 있었을 것이다. 실록에는 1853년 7월에 가서야 울릉도 기사가 나온다. 경상감사 홍열모의 밀계에 의하면, 영양현 사람 정우룡 등이 울릉도의 도적들과 역모를 꾸몄다고 보고한 기사가 나온다. 아마도 어느 때부터인지는 알 수 없으나 수토가 부실해지면서 울릉도에 다시 들어가는 사람이 생겼던 모양이다.

울릉도의 개척을 시작하다

1881년 5월, 「통리기무아문」의 제의에 의하면,

> 강원 감사 임한수의 장계를 보니, 울릉도 수토사의 보고를 하나하나 들면서 아뢰기를, "간심할 때에 어떤 사람이 나무를 찍어 해안에 쌓고 있었는데, 머리를 깎고 검은 옷을 입은 사람 7명이 그 곁에 앉아있기에 글을 써서 물어보니 대답하기를, '일본 사람인데 나무를 찍어 원산과 부산으로 보내려고 한다'고 하였습니다"라고 하였습니다.

라고 했다. 이 사료를 보면 1881년에도 울릉도 수토는 시행되고 있었으며, 이 시기가 되면 이미 일본인들도 울릉도로 들어가 벌목을 했었음을 알 수 있다. 그리하여 고종은 이규원을 검찰사로 임명하여 울릉도에 파견했다.

울릉도에는 근래에 와서 다른 나라 사람들이 아무 때나 왕래하면서 제멋대로 편리를 도모하는 폐단이 있다고 한다. 그리고 송죽도(松竹島)와 우산도(芋山島)는 울릉도의 곁에 있는데 서로 떨어져 있는 거리가 얼마나 되는지 또 무슨 물건이 나는지 자세히 알 수 없다. 이번에 그대가 가게 된 것은 특별히 가려 차임한 것이니 각별히 검찰하라. 그리고 앞으로 읍을 세울 생각이니, 반드시 지도와 함께 별단에 자세히 적어 보고하라.

라고 하교했다. 이를 보면, 수토제는 계속 시행되고 있었으나 기강이 문란하여 소홀하게 형식적으로만 시행되고 있었음을 알 수 있다. 울릉도 검찰사 이규원은 서계와 별단을 통해 보고하기를, 울릉도에 내륙인과 일본인이 있었고, 일본인이 송도라는 푯말을 세우고 벌목을 하고 있으므로 일본 정부에 항의해야 하며, 향후 개척할 것을 건의했다. 이어 영의정 홍순목은 울릉도 개척에 대해 다음과 같이 주청했다.

"지난번에 검찰사가 복명할 때 울릉도의 지도와 서계를 삼가 이미 보셨으리라 생각합니다. 이 섬은 바다 가운데 외딴 곳에 있는 하나의 미개척지로서, 듣자니 땅이 비옥하다고 합니다. 우선 백성들을 모집하여 개간하게 해서 5년 후에 조세를 물리면 절로 점차 취락을 이루게 될 것입니다. 그리고 양남의 조운선들이 여기에 가서 재목을 취해다가 배를 만들도록 허락한다면 사람들이 번성하게 모여들 것이니, 이것은 지금 도모해 볼 만한 일입니다"고 하니 윤허하였다.

라고 하여, 울릉도의 개척을 결정하고, 이어 전석규를 울릉도장에 임명했다.

1883년 3월, 참의교섭통상사무 김옥균을 '동남제도개척사'로 임명하여 울릉도 개척을 본격화했으며 4월경에는 육지에서 약 30명이 입도했다. 7월에는 16가구 54명이 거주하는 것으로 보고되었다. 그리고 9월에는 일본인 225명을 일본 내무성에서 파송한 배(越後丸)로 돌려보냈다. 1884년 3월에는 「통리군국사무아문」의 명으로 울릉도 개척을 삼척 영장이 직접 주관하도록 하고, 관직명은 '울릉도첨사 겸 삼척영장'으로 했다. 이어 6월에는 평해 군수도 울릉도 첨사를 겸하도록 했다. 월송포 만호가 수토사를 겸한 수토제의 전례를 따르도록 한 조치로 보인다.

이 단계에서는 육지로부터 울릉도 입도가 계속 이루어졌고 개척과 개간도 상당히 진전되어 갔다. 그러나 1892년경부터는 일본인의 울릉도 잠입이 다시 시작되었다. 그래서 1893년까지도 평해 군수 조종성을 울릉도 수토사로 파견했으나 수토의 의미는 거의 없었다. 그러자 1894년 12월, 총리대신 등의 건의로,

"울릉도를 수토하는 배와 집물을 바치는 것을 영영 없애는 문제입니다. 그 섬은 지금 이미 개척되었는데 좌수영에서 동쪽 바닷가 각 읍에 배정하여 삼척·월송진에 이속하는 것은 심히 무의미한 일입니다. 수토하는 배와 집물을 이제부터 영영 없애라고 경상도와 강원도에 분부하는 것이 좋겠습니다"라고 하니 승인하였다.

이로써 1694년부터 실시되어 온 울릉도 수토제는 1894년 12월에 폐지되었다. 이듬해인 1895년 1월부터 월송 만호가 겸하던 도장을 없애고, 따로 주관하는 사람을 골라 임명하는 전임도장을 두게 되었다.

수토군의 편성과 역할

수토군의 조직이나 편성, 역할에 관련된 사료로는 『조선왕조실록』, 『일성록』, 장한상의 『울릉도사적』 등의 사료가 참고가 된다.

이 사료들을 통해서 볼 때, 수토사는 삼척 영장과 월송포 만호가 번갈아 했고, 수토군의 인원은 처음에는 150명이었으나, 1786년과 1794년에는 모두 80명이었던 것으로 보아 80명 선으로 조정되었으며 반드시 왜학 역관을 동행했다. 만일의 경우 일본인과의 조우에 대비한 것으로 보인다. 그리고 원역·격군 등 인원구성과 필요한 집물은 강릉·양양·삼척·평해·울진 등 동해안에 접한 고을에서 차출했고, 강원감사가 주관했는데, 개항기에는 경상좌수영에서도 관계한 것으로 파악된다.

수토군의 역할에 대해서는 왜인 탐색, 지세 파악, 토산물 진상, 인삼 채취 등을 꼽을 수 있다. 1438년 울릉 거민이 교형 당한 이후, 조선 후기에 들어서도 조선인의 울릉도 거주는 없었던 것으로 보인다. 수토 기록 가운데 거민 쇄출의 사례는 찾아볼 수 없다. 따라서 왜인 탐색과 지세 파악이 가장 중요한 임무였다고 파악된다. 장한상의 복명 기사는 주로 왜인이 다녀간 흔적에 관한 내용과 울릉도의 산천, 도리의 지도였으며, 왜인으로 하여금 그곳이 우리나라 땅임을 알도록 하는 데 있었다.

울릉도의 토산물로는 가지어 가죽, 황죽, 자단향, 석간주 등이 보고되고 있다. 가지어는 흔히 바다사자·바다표범·물개·강치로 부른다. 바다사자의 경우 수컷은 몸길이 약 3.5m, 몸무게 약 1t 이상, 암컷은 몸길이 2.3m, 몸무게 약 500kg 정도이다. 바다표범은 우리나라에 서식하는 종은 소형이며, 물범이라고도 부른다. 물범은 종에 따라 다르지만 보통 몸에 점박이 무늬가 있는 게 특징이다. 물개나 바다사자에 비해 둥글고 통통한 몸매를 가지고 있다. 물개의 경우 수컷은 약 2.5m, 180~270kg, 암컷은 약 1.3m, 43~50kg 정도 된다. 강치는 강치과에 속하는 동물로 무리를 지어 생활하며 크기는 2.5m가량이다. 바다사자와 물개를 포함하여 강치로 부르기도 한다.

황죽은 누런 대나무이며 단소 재료로 많이 사용되는데 오죽보다 단단하고 무거운 소리를 내는 장점이 있어 선호한다. 자단향은 우리나라의 해안, 섬 지방에 자생하는 상록성 침엽교목으로 나무껍질은 암갈색이고 비늘 모양이며 송곳 모양의 잎은 오린가지에 난다. 고혈압과 토사곽란에 효과가 있는 생약으로 사용한다. 또 향기가 좋아 향료로도 널리 이용하며, 지금도 울릉도 향나무는 천연기념물로 지정되어 있다. 석간주는 산수화와 인물화의 살빛을 나타낼 때 사용하는 회화 채료이다. 천연산 석간주는 붉은 산화철을 많이 포함한 적다색의 붉은 흙으로, 석회암·혈암(頁岩) 등이 분해된 곳에서 난다.

따라서 이러한 울릉도의 특산물은 육지 물품과는 달리 귀하게 여겨졌고, 왕실에서도 선호했던 물품이었음을 쉽게 짐작할 수 있다.

산삼을 채취하다

한편 토산물의 진상과는 달리 1795년부터는 별도로 인삼 채취의 임무가 부과되었다. 울릉도에서의 인삼 채취에 관해서는 1769년 12월부터 기록에 나온다. 허가없이 인삼을 채취한 강원감사를 파직하는 등 인삼 채취를 금하고 있다. 1799년 3월, 『정조실록』에 의하면,

> 강릉 등 다섯 고을의 첩보에 의하면, "채삼군을 정해 보내는 것은 을묘년 (1795)부터 시작되었다. 그리고 반드시 산골에서 생장하여 삼에 대해 잘 아는 자들을 강릉은 5명, 양양은 8명, 삼척은 10명, 평해는 4명, 울진은 3명씩 나누어 정해 보내는데, 이들은 모두 풍파에 익숙하지 않다고 핑계를 대고 간간히 빠지려는 자가 많다. 그러므로 채삼군을 가려 뽑는 담당관이 중간에서 조종하며 뇌물을 요구하고 있다."

라고 했다. 이 내용으로 보면, 수토군의 역할 중 채삼은 중요한 임무 중 하나였고, 그 부담을 집물이나 격군의 차출과 마찬가지로 삼척을 포함한 인근 다섯 고을에서 충당했다. 이를 피하려고 뇌물이 오고 가는 등 민폐가 심했던 모양이다.

하루 낮 하루 밤이면 갈 수 있다

울릉도 항해에 관해 1694년 8월, 장한상의 선발대로 울릉도를 다녀온 군관 최세철과 1694년 9월 수토사 장한상은 다음과 같이 기록했다.

최세철 『울릉도』

제가 분부대로 지난 달 16일에 배에 올랐는데 두 척에 사공을 갖추어 태우고 바람을 기다리다가, 18일에는 본진 앞 바다로 80리쯤 나아가 장오리진 어귀에서 하루를 머물렀습니다. 그런 뒤 20일 유시쯤 다행히 순풍을 만나 두 척의 배에 돛을 동시에 달고 바다로 나아가 밤새 배를 몰았더니 다음날 해가 뜨기 전에 하나의 섬 모양이 구름 사이로 완연히 보이는 것이었습니다.

해가 뜬 뒤엔 물안개가 아득하여 섬의 형체를 볼 수 없었는데, 동쪽 방향으로 항해하다가 유시쯤 큰 파도가 배를 흔들어대는 바람에 거의 10여 리를 나아가지 못하였습니다. 이는 아마 수지(水旨 : 물마루)가 있어서 그런가 보다 생각하였습니다. 술시쯤에 또다시 허공을 때리는 사나운 파도를 만났는데 이것도 물마루의 한줄기였습니다.

또 하루를 보내고 22일 묘시쯤에 하나의 커다란 산이 눈앞에 보였는데 경각이면 도달할 수 있을 것으로 생각하였습니다. 그러나 풍랑이 너무 거세 돛대가 아무 소용이 없어 출입과 진퇴를 반복하는 사이에 자연히 지체되었습니다.

미시쯤에 겨우 그 섬의 북쪽 해안에 도달할 수 있었습니다. 지세가 몹시 험해 정박할 곳을 찾기가 매우 어려웠으므로 바람이 약한 곳으로 나아가 잠시 동안 하선하였는데, 산의 바위가 우뚝 솟아 있고 아름드리나무들이 빽빽이 우거져 있어 위로는 하늘을 볼 수 없고 아래로는 발을 붙일 수가 없었습니다.

장한상 『울릉도사적』

첨사는 별견역관 안신휘와 함께 원역 여러 사람 및 사공 모두 150명을 거느리고, 배의 크기에 따라 기선과 복선, 각 1척, 급수선 4척에 나누어 타고서 같은 날 사시쯤 서풍을 타고 바다로 나갔습니다. 술시쯤 큰바다 한복판에 이르렀는데, 파도의 기세가 험한 곳이 5리쯤 두어 군데 있었습니다. 이는 필시 물마루이니, 배들이 물결에 휩쓸려 일시에 흩어져 향방을 알 수가 없었습니다.

같은 달 20일 자시쯤 점차로 깊은 바다로 들어가는데, 검은 구름이 북쪽에서부터 하늘을 가리우고 번개가 번쩍이며 그 섬광이 파도 속까지 뚫고 들어가더니, 갑자기 광풍이 일면서 뒤이어 소나기가 쏟아지기 시작하였습니다. 성난 파도가 공중으로 솟구치자 타고 있던 배가 떴다 가라앉았다 하며 위험을 형상할 수 없을 정도였습니다. 배에 탄 사람들이 어쩔 줄 모르며 정신을 잃고 쓰러질 즈음 기선의 키마저 부러져 배를 제어할 가망이 더욱 없었습니다. 간신히 노목을 선미와 좌우에 똑바로 꽂아 그 힘에 의지하여 버텨보려 했지만 금세라도 전복될 것 같았습니다. 비바람이 점차 잦아들고 동이 터왔지만 섬은 북쪽에 있는데 물살은 동쪽으로 흐르고 있기에, 배 안에 있는 사람들이 이로 인해 정신을 차리고 있는 힘껏 저어 이리저리 흔들리면서 섬을 향해 갔습니다. 사시쯤 어렵사리 섬의 남쪽 해안에 당도해 바위 모서리에 밧줄을 묶었습니다.

위의 사료에 의하면 군관 최세철은 8월 20일 유시(오후 5~7시)에 삼척 장오리진에서 출항하여 이튿날 새벽녘에 울릉도를 보았다. 그러나 풍랑이 거세 울릉도에 도착한 것은 그 이튿날인 22일 미시(오후 1시~3시)였으므로 거의 44시간 항해 끝에 북쪽 해안에 도착하였다. 한편 장한상은 9월 19일 사시(오전 9시~11시)에 역시 장오리진에서 출항하여 이튿날인 9월 20일 사시에 섬의 남쪽 해안에 당도하였으므로 만 24시간 만에 도착하였다.

물론 최세철 일행과 장한상 일행의 도착지는 북쪽과 남쪽으로 차이가 있고, 울릉도 근해의 바다 조건에 차이는 있지만 같은『울릉도』의 기록에 「…이미 갔다 온 사람들의 말을 들으니, 여름마다 바람이 순조로울 때 갔다 오는데 하루 낮, 하루 밤이면 도달할 수 있다고 하니, 지리지와『여지승람』에 '순풍이 불면 이틀 만에 도달할 수 있다'는 말이 참으로 근거가 있습니다. … 이렇듯 해가 짧은 시기에는 결코 낮 동안에는 도달할 수가 없는데 밤에도 배를 몰다가 …도착할 곳을 지나치기라도 하면 표류하게 될까 염려스럽습니다」라는 기록을 참조하면 하루 낮 하루 밤은 대략 하루를 의미하는 것이므로 장한상의 기록은 아주 정확하다고 볼 수 있다.

울릉도 지형과 아름드리 나무숲
최세철과 장한상은 울릉도에 도착한 후, 지형에 대해 다음과 같이 기록했다.

최세철『울릉도』
지세가 몹시 험해 정박할 곳을 찾기가 매우 어려웠으므로 바람이 약한 곳으로 나아가 잠시 동안 하선하였는데, 산의 바위가 우뚝 솟아 있고 아름드리 나무들이 빽빽이 우거져 있어 위로는 하늘을 볼 수 없고 아래로는 발을 붙일 수가 없었습니다. 정박한 뒤에는 바람이 순조롭지 않아 항해하기가 어려웠습니다. 섬의 동북쪽에 작은 길이 있는데, 표석을 세워놓은 곳이 아홉 군데 있었고 서로의 거리가 100여 보쯤 되었습니다....

7~8일을 체류하는 동안에 섬을 돌면서 두루 살펴보니, 100여 리의 땅에 불과한데, 그 사이에 걸어 다닐 수 있는 평탄한 땅이 있긴 하지만 큰 나무가 삼대처럼 빽빽이 하늘을 찌르고 있어 끝내 발을 디딜 수가 없었습니다. 더러 몸을 숨겨 들어갈 만한 몇 마장의 땅도 있긴 하지만, 몇몇 인부들이 의구심을 품고 감히 들어가지 못해 결국 산을 오르지 못하고 말았습니다.

장한상 『울릉도사적』

섬의 사방을 배를 타고 돌면서 살펴보니, 깎아지른 절벽이 공중에 우뚝하고 바위들이 층층이 벽처럼 쌓여 있는데, 간혹 돌 틈이 있기라도 하면 거기서 새나오는 물이 물줄기를 이루어 큰 가뭄에도 마르지 않을 듯하였고, 그 사이사이 작은 물줄기나 마른 계곡은 이루 다 기록할 수 없을 정도입니다. 섬 주위를 이틀 만에 다 돌아보니, 그 거리는 150~160리에 불과하고, 남쪽 해안에는 황죽밭이 세 군데 있고, 동쪽, 서쪽, 북쪽 세 곳에도 황죽밭이 11군데 있었습니다. 그리고 동쪽으로 5리쯤 되는 곳에 작은 섬이 하나 있는데 그다지 높고 크지는 않으나 해장죽이 한쪽에 무더기로 자라고 있었습니다.…

섬 안에는 산봉우리가 첩첩이 잇는데 산 중턱 이상은 다 돌산이고 그 아래쪽은 흙산입니다. 산세가 매우 험하고 골짜기가 깊으며, 하늘에 닿아 해를 가릴 정도의 아름드리 수목이 부지기수입니다. 몇 년째 비워둔 땅에 인적이 닿지 않아 칡덩굴이 엉켜 있어 헤집고 올라가기 어려우니, 결국 인력으로 뚫고 지나갈 수 있는 길이 아닙니다.

봉에서 서쪽으로 바닷가까지는 30여 리, 동쪽으로는 20여 리, 남쪽으로 근 40여 리, 북쪽으로는 30여 리이니, 섬을 빙 돌아 왕래하면서 사방을 바라보며 원근을 헤아려보니 이와 같았습니다.

두 기록을 비교하면 『울릉도』에서는 "산의 바위가 우뚝 솟아 있고, 아름드리나무가 빽빽이 우거져 있고, 섬 주위는 100여 리이며, 산 위에 몇 마장의 평지도 있으나 두려워서 올라가보지 못했다"고 기록되어 있다. 『울릉도사적』에서는 "깎아지른 절벽과 바위들이 층층이 벽처럼 쌓여 있고, 돌 틈에서 물이 나와 계곡을 이루고 있으며, 물이 풍부하다"고 했다. "섬 주위를 도는데 이틀이 걸리며 둘레가 150~160리이며, 황죽과 해장죽이 많다고 했다. 그리고 섬 안의 산봉우리는 산중턱 이상은 돌산이고 그 아래는 흙산이고 인적이 닿지 않는 곳이어서 인력으로 뚫고 지나갈 수 없다"고 했다. 그리고 섬의 크기는 중봉을 기준으로 할 때 동서 50여리, 남북 70여리로 기술했다. 울릉군청 자료에서 현재 둘레가 64km인 것을 비교하면 『울릉도사적』의 150~160리는 정확한 수치임을 확인할 수 있다.

집터와 돌무덤을 살펴보다

울릉도에 사람이 살았던 흔적에 관해서,

최세철 『울릉도』

다음날(23일) 바람이 약해진 뒤에 남쪽 해안으로 돌아서 정박하였습니다. (원문 누락) 대나무밭 세 곳이 있었는데, 대나무를 베어 취한 흔적이 제법 있었고, 또한 몇 개의 (원문 누락) 벤 것과 내버린 것들이 있었습니다. 그 중에 10여 개를 배에 실었습니다. (원문 누락) 또한 큰 가마솥 2개와 밥 짓는 솥 2개가 있었는데 모양새가 우리나라에서 만든 것이 아니며, 배를 끄는 도르래 같은 기구도 있었는데 (원문 누락) 우리나라 사람이 쓰던 것이 아닙니다.

라고 되어 있어, 인적은 확인하였지만 우리나라 사람의 흔적은 아닌 것으로 기술하였다. 이에 반해 『울릉도사적』에는 아주 구체적인 서술이 있다.

장한상 『울릉도사적』

서쪽의 큰 골짜기에는 사람이 살던 터가 세 군데 있고, 북쪽의 긴 골짜기에도 사람이 살던 터가 두 군데 있으며, 동남쪽의 긴 골짜기에도 사람이 살던 터가 두 군데 있고, 서남쪽의 큰 골짜기에도 사람이 살던 터가 일곱 군데, 돌무덤이 19개가 있습니다…

섬 가운데에는 산봉우리들이 삐죽삐죽 서있고 골짜기와 구렁이 구불구불 감아 돌고 있어 넓게 탁 트인 곳이 없기는 하지만 그나마 개간을 할 수는 있습니다. 낮은 산의 평평한 곳에는 더러 사람이 살았던 집터와 돌무덤이 있습니다. 무덤가의 나무들은 아름드리나 되고 무너진 담장에는 돌이 쌓여 있을 뿐이니 어느 시대에 거주한 것인지 알 수 없고, 낙엽이 흙이 돼버렸을 정도이니 인적이 끊어진 지 몇 백 년인지도 알 수 없습니다.

라고 기록되어 있다. 『울릉도』에서는 최세철의 항해 자체가 수토를 위한 사전조사였기 때문에 더 이상 적극적인 조사를 하지 않았던 것으로 보이며, 『울릉도사적』에서는 최세철의 사전조사를 바탕으로 보다 구체적으로 집터와 돌무덤까지를 조사한 것으로 추정된다. 돌무덤에 대한 언급은 현재 울릉군 남서고분군이나 북면 현포리의 고분군을 가리키는 것으로 보인다.

수토 기간과 항해의 어려움

최세철의 울릉도 사전조사는 8월 20일 삼척에서 출항하여 9월 1일에 돌아왔으므로 총 10일이 걸렸다. 10일 중 왕복에 7일이 걸렸다고 했으니 울릉도에는 3일 머무른 셈이 된다. 그리고 장한상은 9월 19일에 출항하여 10월 6일에 돌아왔으므로 항해에 총 16일 동안 울릉도에 머문 셈이 된다. 이들은 울릉도 조사만이 어려웠던 것이 아니라 귀항 길도 매우 힘들었다.

최세철 『울릉도』

30일 축시에 마침 동풍을 만나 다시 배를 띄워 하루 종일 무사히 항해하였습니다. 술시쯤에 잠깐 번개가 치더니 광풍이 비를 몰고 와 갑자기 파도가 거세졌으므로 배 한가운데서 돛대가 꺾여버렸고 후면의 판목은 부서져 나갔습니다. 배가 전복될 우환이 코앞에 닥쳤으므로 배안의 사람들이 필시 죽게 될 것으로 여겼었는데, 마침 숙마로 만든 큰 동아줄과 철정을 미리 준비했기 때문에 동아줄로 묶기도 하고 쇠못으로 고정시키기도 하여 간신히 위험한 상황을 벗어날 수 있었습니다. 그런데 이른바 '광풍'이라는 것은 본디 동풍이기 때문에 배가 나는 듯이 나아갈 수 있었습니다.

9월 초 1일 술시쯤에 다행히 돌아와 정박하였습니다. 왕복 거리를 합산하면 주야로 모두 7일이 걸렸는데 바다 가운데에는 배를 댈 만한 한 점의 작은 섬도 없었고, 이 밖에는 달리 고할 만한 일이 없습니다.

장한상 『울릉도사적』

이달 초 4일 미시쯤에 동풍이 이는 듯 하였습니다. 그러므로 배를 출발하여 서변의 동구에 이르니 비가 부슬부슬 내리고 날도 어둑해졌습니다. 그러나 10월 동풍은 실로 얻기 쉽지 않은 바람이므로 이어 바다로 나아가 6척의 배가 일제히 출발하였습니다. 자시 이전에는 횃불을 들어 서로 신호로 삼고 따라가다가 축시 이후에는 큰 배 1척과 작은 배 2척은 앞쪽에 있고 나머지 3척은 뒤처졌는데, 일출 후에도 가는 방향을 알지 못하였으나 동풍은 그치지 않았습니다.

초 5일 해시 끝 무렵에 곧바로 삼척포구에 도착하였고 뒤처졌던 작은 배 2척도 장오리의 대풍처로 돌아왔으며…

라고 기록하여, 돌아올 때는『울릉도』에는 8월 30일 축시(오전 1~3시)에 울릉도에서 출항하여 동풍을 만나 9월 1일 술시(오후 7~9시)에 도착하였으므로 18시간이 걸렸다.『울릉도사적』에는 10월 4일 미시(오후 1~3시)에 출항하여, 5일 해시(오후 9~11시)에 삼척에 도착하였으므로 32시간 정도 걸렸다. 울릉도에 갈 때보다는 시간이 적게 걸렸으나 고생은 더 심했던 것 같다. 그래서 장한상은『울릉도사적』에서,

겨울철 바람이 높이 이는 날, 험한 바다를 건너 150인이 목숨을 보전할 수 있었던 것은 모두 나라의 음덕이므로 왕복하는 동안의 어렵고 괴로운 정상은 한두 가지가 아닐 뿐이지만 감히 세세히 진달하지 않겠습니다.
안신휘는 본래 늙어 기력이 약한 사람으로 소갈병을 겪은 뒤끝에 창병이 온 몸에 퍼졌는데, 배에 오른 후 20여 일 동안 습종이 두 다리 사이에 번갈아 생겨나 길에 오르기 어려운 형편입니다. 그러나 복명에는 기한이 있는지라 힘써 수레에 태워 조금씩 나아가라는 뜻으로 분부하여 보냈습니다.

라고 끝맺는다. 일행의 어려움은 물론 배에 익숙하지 않았던 역관 안신휘가 고생했던 모습을 생생하게 기록하고 있다. 뿐만 아니라 장한상 자신도 몹시 고생하였다고 수토의 괴로움을 기술하면서 다음과 같이 수토 결과를 치보했다.

가지어를 잡아 가죽을 취했는데 그 가죽 대·중·소 3령과 5척 쯤 되는 황죽

4개, 자단향 2토막을 본도의 감영에 감봉하여 올려 보내 비국에 전달할 수 있도록 하였으며, 수토사의 생목 좌척 1편과 본도의 도형 1본 및 『여지승람』 1권은 모두 군관으로 하여금 가져가 올려 보내도록 하였습니다.

첨사도 3일 밤낮을 시달린 나머지 정신이 혼매하여 수습할 수 없을 뿐만 아니라 도형 1본을 그려 내려 하였으나 이곳에는 화사(畵師)가 전혀 없습니다. 그러므로 부득이 일행 중 한 사람이 초본에 의거하여 여러 날을 그렸으나 끝내 이처럼 지체되고 말았으니, 황공함을 금할 길 없습니다.

즉 울릉도 산물인 가지어와 황죽, 자단향, 강원도 도형, 『여지승람』과 수토 기록을 비변사에 보고했다. 그리고 울릉도 도형을 그리려 했지만 화원이 없어서 강원도 도형을 대신 올려 보낸 것 같다.

수토사의 출항지는 삼척, 울진, 평해

수토사의 출항지는 삼척부의 장오리, 울진현의 죽변진과 울진포, 그리고 평해군의 구산포 등이었다. 1694년 최초의 수토사였던 삼척 영장 장한상은 삼척부의 남면 장오리진 대풍소에서 출발했는데 현재의 삼척시 장호리에 있는 장호항이다. 또 1699년 월송 만호 전회일이 울릉도를 수토하고 돌아온 곳이 대풍소인데, 현재 대풍헌이 있는 울진군 기성면 구산리의 구산포이다. 이곳은 월송포진에 근접한 지역으로 출발지도 이 구산항이었을 것이며, 1786년 월송 만호 김창윤이 평해 구미진에서 출항한 것도 구산포를 말하는 것이다. 그리고 수토사는 아니었지만 1882년 울릉도 검찰사 이규원도 구산포에서 출항하였다.

한편 울진현 죽변진에서도 출발했던 것이 확인된다. 1702년 삼척 영장 이준명이 죽변진에서 출항하고, 1787년 삼척 영장이 수토할 때도 죽변진에서 출항하고 있다. 죽변진은 현재의 울진군 죽변면 죽변리의 죽변항으로 삼척시와 가까운 곳이다. 물론 삼척포영이 있었던 삼척포도 그 출발지가 되었을 것이다. 삼척포는 지금의 삼척시 삼척항(정라항)이다.

구산포 대풍헌에서 순풍을 기다리다

1714년 『숙종실록』에 의하면, 영동 지역에서는 울진이 울릉도와 가장 가까운 곳이고, 또 이 지역의 뱃길이 가장 안전하고 순탄한 것을 알고 있었다.

> 강원도 어사 조석명이 영동 지방의 해방(海防)의 허술한 상황을 논하였는데, "포구 사람들의 말을 상세히 듣건대, '평해·울진은 울릉도와 거리가 가장 가까와서 뱃길에 조금도 장애가 없고, 울릉도 동쪽에는 섬이 서로 잇달아 왜경(倭境)에 접해 있다'고 하였습니다. 무자년(1708)과 임진년(1712)에 모양이 다른 배가 고성과 간성 지경에 표류해 왔으니 왜선(倭船)의 왕래가 빈번함을 알 수 있습니다. 조정에서는 비록 바다로 떨어져 있어 걱정할 것이 없다고 하지만, 후일의 변란이 반드시 영남에서 말미암지 않고 영동으로 말미암을지 어떻게 알겠습니까? 방어의 대책을 조금도 늦출 수 없습니다" 하니, 묘당에서 그 말에 따라 강원도에 군보(軍保)를 단속할 것을 청하였다.

동해안의 이러한 조건들에 의해 월송 만호는 처음부터 구산포에서 출항했다. 반면 삼척 영장은 초기에는 삼척에서 출항하다가 18세기 들어서 남쪽인 울진 죽변진으로 내려오며, 19세기에는 이보다 더 남쪽인 평해 구산포에서 출발했다. 이렇게 삼척 영장과 월송 만호가 모두 구산포에 와서 순풍을 기다리며 대풍헌에 머물렀다가 울릉도로 출발하게 된 것은 수토 초기에는 단순히 두 포진이 있는 가까운 항구에서 출발하다가 동해 항로에 대한 지식이 축적되자, 울진 지역이 거리상으로 울릉도와 가장 가깝고 또 구산포에서 출항하는 것이 해로상 가장 안전하고 순탄하다는 것을 터득했기 때문이다.

또한 수토사가 돌아올 때 처음 출항했던 포구로 꼭 다시 돌아온 것은 아니었다. 1786년 수토사 월송 만호 김창윤의 경우, 평해 구미진에서 출발하였지만 귀항한 포구는 삼척 원덕면 장오리였다. 1859년 삼척 첨사 강재의의 경우도 돌아온 포구는 망상면 어내진이었다. 이처럼 수토사가 처음 출발한 포구로 돌아오지 못한 것은 당시 발달하지 못한 항해술과 일정하지 않은 풍향 등의 요인 때문이었을 것이다. 실제로 영동 바닷가 주민들이 수토사 출항 직후부터 후망(候望) 수직군을 조직하고 바닷가에 장막을 치고 망을 보았던 것도 아마 수토사가 돌아와 도착하는 포구가 유동적이었기 때문이었다. 그렇지만 단순히 가까운 거리나 기상 상태만으로 출항지가 변경되었을까? 수토사의 출항지와 귀항지가 변경되었던 이유와 시기에 대해서도 더 면밀히 검토되어야 한다.

4~5월에 출항하다

수토사 출항 시기와 수토 기간에 관해서 보면, 1694년 삼척 첨사 장한상 일행이 출항한 날짜는 9월 19일이었다. 그러나 이후 수토를 위한 출항은 대부분 바람이 순조로운 시기인 4~5월에 이루어졌다. 실제로 출발 시기를 보면 1735년, 1751년, 1786년, 1794년, 1829년, 1843년, 1845년, 1859년에는 4월에 출항하였고, 1819년은 윤4월에 출항하였다. 1702년, 1711년, 1772년은 5월에 출발하였다. 그런데 1699년 월송 만호 전회일의 출발일은 6월 4일이었다. 아마 순풍을 기다리다가 6월로 넘어가게 되었던 것 같다. 그러나 수토사가 울릉도 인삼 채취의 임무를 띠고 파견되던 시기에는 6~7월에 출항하기도 했다. 출발이 평상시보다 늦추어진 것은 인삼 채취 시기에 맞추기 위해서였다. 1795년과 1797년의 수토가 이 경우에 해당한다.

이처럼 조선 후기 울릉도 수토를 위한 출항은 특별한 경우를 제외하면 대부분 4~5월에 이루어졌지만 그렇다고 출항일이 특정한 날짜에 고정되어 있었던 것은 아니었다. 이는 포구에서 여러 날 순풍이 불기를 기다려야 했기 때문이었다. 1735년 1월에 우의정 김흥경은 여러 날 순풍을 기다려야 한다고 하였다. 실제로 1786년 월송 만호 김창윤은 4월 19일부터 평해 구미진에서 순풍이 불기를 기다렸다가 8일 후인 4월 27일에야 비로소 출발하였다. 이를 보면 울릉도 수토를 위한 출항 일자는 순풍 여부에 크게 좌우되어 유동적이었음을 알 수 있다.

울릉도 수토 기간

수토사의 울릉도 수토에는 과연 며칠이 걸렸을까. 1694년 1차 수토사였던 삼척 첨사 장한상은 9월 19일에 출항하여 다음 날인 9월 20일 울릉도에 도착하였다. 그 후 10월 3일까지 13일간 머물면서 섬을 순찰한 후 10월 6일에 삼척으로 돌아왔다. 울릉도 수토에 17일이 걸린 셈이다. 또 1699년 월송 만호 전회일은 6월 4일에 출항하였다가 6월 21일 항구로 귀항하여 17일이 소요되었고, 1702년 삼척 첨사 이준명은 단지 이틀 낮밤만에 갔다가 돌아왔으며, 1751년 삼척 첨사 심의희는 8일간 울릉도에 머물다가 돌아왔다.

또 1786년 월송 만호 김창윤은 4월 27일에 출항하여 다음 날인 4월 28일에 울릉도에 도착하였다. 그 후 6일간 머물면서 섬을 수색한 후 5월 4일 귀환 길에 올라 5월 5일 육지에 도착하였다. 울릉도 수토에 8일이 소요된 셈이다. 또 1794년에 파견된 월송만호 한창국은 4월 21일에 출발하여 다음 날인 4월 22일에 울릉도에 도착하였다. 그 후 8일 동안 머물면서 임무를 수행하다가 4월 30일에 귀환 길에 올라 다음 날인 5월 1일에 육지에 도착하였다. 총 10일이 걸린 것이다. 또 1859년 삼척 첨사 강재의는 4월 9일 출발하였다가 4월 25일에 육지로 돌아와 16일이 소요되었다. 이처럼 울릉도 수토에는 짧게는 2일, 길게는 17일이 걸렸다. 이를 표로 정리하면 다음과 같다.

연도	수토사	육지출항	울릉도 도착	울릉도 출항	육지귀항	총기간
1694년	장한상	9.19	9.20	10.3	10.6	17일
1669년	전회일	6. 4			6.21	17일
1702년	이준명					2일
1751년	심의회					8일
1786년	김창윤	4.27	4.28	5. 4	5. 5	8일
1794년	한창국	4.21	4.22	4.30	5. 1	10일
1859년	강재의	4. 9			4.25	16일

이 기록 가운데 2일이 걸린 이준명은 '울릉도 도형, 자단향 청죽, 석간주, 어피' 등의 특산물을 가지고 돌아왔기 때문에 수토 사실이 인정은 되나 수토 기간이 이틀 낮밤이라는 것은 납득하기 어렵다. 이 점에 대해서는 아무런 언급이 없다. 어쨌든 수토사들마다 소요 기간이 일정치 않았던 것은 울릉도 수토에는 정해진 기간이 없었음을 의미한다. 이는 수토 기간이나 범위 등을 상황에 따라 자의적으로 결정했기 때문이 아닐까?

왜인의 흔적을 찾아내다, 어느 지역을 수토했나?

장한상의 『울릉도사적』에 수록된 지명은 중봉 외에는 1곳도 기록되지 않아 수토 경로를 구체적으로 파악할 수 없다. 장한상은 섬 주위를 2일 만에 둘러본 후 둘레를 150~160리로 추정했다. "동쪽으로 5리쯤 되는 곳에 작은 섬이 하나 있는데, 그리 높고 크지는 않으나 해장죽(海長竹)이 한쪽에 무더기로 자란다"는 기록은 지금의 죽도를 말하는 것 같다. 또한 "서쪽에 대관령의 구불구불한 모습이 보이며, 동쪽을 바라보니 바다 가운데 섬이

김창윤 수토(1786년 4월 29일 ~ 5월 4일)

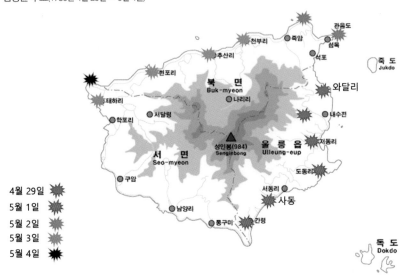

4월 29일 ✸
5월 1일 ✸
5월 2일 ✸
5월 3일 ✸
5월 4일 ✸

날짜	경로상의 지명
4월 29일	상봉(성인봉) – 저전동(저동) – 대추암(저동 내륙) – 소추암(저동내륙) – 석초(저동내륙) – 저전 – 가지도구미(와달리 일대)
5월 1일	왜선창(도동) – 장작지(사동) – 천마구미(간령부근)
5월 2일	후죽암(일선암·신선암) – 방패도(관음도)
5월 3일	현작지(북면 현포리) – 추산(북면 추산) – 죽암(천부리 죽암) – 공암–황토구미(태하)
5월 4일	향목정 – 대풍소

하나 있는데, 아득히 동남방에 위치하며, 섬의 크기는 울릉도의 3분의 1에 못 미치고 거리는 300여리에 지나지 않는다"고 기술했다. 현재의 독도를 지칭한 것으로 추정된다. 이 외에 울릉도의 특산물, 집터의 흔적을 언급하면서 사람이 살았던 것에 대해 기술하였고, 왜인들이 가마와 솥 등을 걸어 놓았던 흔적과 동남쪽 해안가에 대나무를 많이 베어 놓았음을 기술하면

한창국 수토(1794년 4월 22일 ~ 26일)

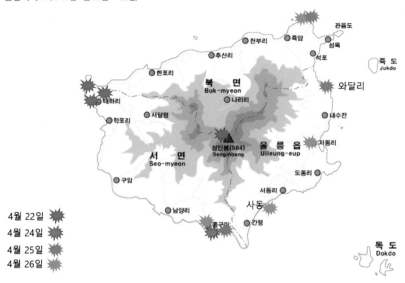

날짜	경로상의 지명
4월 22일	황토구미진(서면 태하) − 중봉(성인봉) − 황토구미굴(태하) − 평풍석 − 향목정
4월 23일	일정없음
4월 24일	통구미진(서면 통구미)
4월 25일	장작지포(사동) − 저전동(저동) − 방패도(관음도) − 죽도 − 옹도(북저바위)
4월 26일	가지도(와달리부근) − 구미진(죽암) − 죽암(북면 딴바위) − 후포암(일선암 · 산선암) − 공암 − 추산 − 통구미

서 왜인의 왕래를 지적하였다.

　1786년 김창윤의 수토기에 의하면, 4월 28일 도착 후 "4척의 배가 모이니 기쁨과 슬픔이 번갈아 극에 달하여 각자 위험하거나 두려웠던 상황을 진술"하였다는 것으로 보아 항로가 매우 험난하였음을 알 수 있다. 상봉을 보았다는 내용이 있으나 도착 장소는 기록이 없다.

이튿날인 4월 29일에 저전동에 도착하여 산제를 지낸 후 중봉이 3개의 봉우리로 되어 있음을 확인하였다. 삼봉에 대한 기록은 『울릉도사적』과 일치한다. 이후 대추암·소추암·석초·저전 일대를 수토하고, 구미에서 가지어 2마리를 포획하였다. 사료에는 나타나지 않으나 숙박은 저전동에서 한 것으로 추정된다.

5월 1일에 왜강창 동구에서 중봉까지 수토한 후 장작지·천마구미에서 대나무밭을 확인하고 2박하였다. 3일째인 5월 2일에 일어나보니 바다 가운데 바위가 우뚝 서있어서 이를 후죽암이라 하였으며, 동쪽에 있는 방패도를 보았다. 4일째인 5월 3일에 현작지, 추산, 죽암, 공암, 황토구미 일대를 수토하였으며, 황토구미에서는 논농사가 가능하다는 것과 예전의 수토사들이 새겨놓은 석각을 확인하였다. 5일째인 5월 4일에는 향목정과 대풍소를 거쳐 일대를 수토하였다. 그날 신시에 출발하여 이튿날인 5월 5일에 삼척 원덕면 장오리에 도착하였다.

1794년 한창국의 수토기에 의하면, 4월 21일 미시(오후 1~3시)에 강원도 평해에서 출발하여 이튿날 22일 새벽인 인시에 황토구미진에 도착했다. 잠시 휴식을 취한 후 중봉으로 향하는 골짜기를 수토하고 60여 마지기의 땅이 있음을 확인하였다. 좌측에 있는 황토구미굴을 확인하고 병풍석, 향목정 일대를 답사하였다. 23일에는 일정이 없다. 24일에 배로 통구미진으로 이동하여 내륙을 수토하면서 지형이 험한 곳임을 확인하였다. 저녁에 이곳에서 숙박하였으며 25일에는 장작지포로 이동하여 대밭을 확인하고 일부를 베어냈다. 이어 저전동으로 이동하여 내륙을 수토하면서 평지가 적지 않음을 확인하였다. 이후 해안의 방패도, 죽도, 옹도 일대를 답사하였으나 "지형이 매우 험준하여 올라가 보지는 못하였다"고 기록했다.

4월 26일에는 저전동에서 숙박하고 가지도로 이동하여 가지어를 포획하였다. 이후 구미진으로 옮겨 계곡으로 들어가 옛 인가가 있음을 확인하였다. 이어 죽암·후포암·공암·추산을 둘러보고 통구미로 가서 바다에 고사를 지내는 등 출항 준비를 하였다. 바람이 자기를 기다려 4월 30일에 출발하여 5월 8일 본진(강원도 평해)에 도착하였다.

현존하는 수토기는 그 수가 많지 않으나 위의 수토기를 살펴보면 시대가 흘러갈수록 울릉도에 대한 지리정보가 다양해지고 정확해짐을 알 수 있다. 이러한 경향은 수토 기록은 아니지만 1882년 울릉도 검찰사 이규원의 기록에서는 아주 상세하게 나타난다. 뿐만 아니라 기존의 수토 기록과는 다르게 본토 주민들이 들어와 살고 있는 것을 서술했으며, 취락의 규모와 지명들을 상세히 적었다. 1882년 울릉도에 거주하고 있는 조선인은 140명에 달하고 있으며, 일본인도 도방청 포구에 78명이 들어와 거주하고 있는 것으로 기록하였다.

해신제를 지내다

한편 수토사들은 출항 때부터 귀항 때까지 각종 제사를 지냈다. 산제(山祭)와 해제(海祭), 선제(船祭) 등을 지냈고 또 항해 중에 악풍이 불거나 고래와 악어를 만나면 용식(龍食)을 바다에 흩뿌리며 기도하였다. 이러한 각종 제사에는 많은 곡물이 들어갔다. 아마 안전한 항해와 원활한 임무 수행을 바라는 간절한 마음에서 여러 제사를 지냈을 것이다. 실제로 수토사들이 지낸 제사의 예를 보면 1786년 월송 만호 김창윤은 울릉도에 도착한 다음 날 섬을 살펴보기에 앞서 저전동에서 산제를 지냈고, 울릉도를 떠나기 바로 전에는 해신에게 제사를 지냈다. 또 1794년 월송 만호 한창국은 항해 중에 갑자기 북풍이 불고 안개가 사방에 자욱한 가운데 소나기가 내리며 천둥번개가 쳐 4척의 배가 뿔뿔이 흩어져 어디로 갔는지 알 수 없는 상황에 처했다. 그러자 그는 군복을 차려입고 바다에 기도를 올리고는 해신을 위해 많은 식량을 바다에 뿌렸다. 또 울릉도에 도착한 후 나흘째 되는 날에도 산과 바다에 기도를 올리고 제사를 지냈다.

수토와 관련된 제례행사는 기록에 의해 알려져 있을 뿐 구체적인 내용에 대해서는 전혀 연구된 바가 없다. 앞으로 각종 산제와 해제, 선제 등의 제례행위를 지역 주민의 민속, 신앙, 종교행사와 연관지어 연구해야 할 필요성이 제기된다.

주민들이 수토 비용과 수토선을 마련하다

수토사가 출항했던 삼척과 울진 지역의 주민의 역할에 대해서는 배재홍과 심현용의 연구가 있다. 배재홍의 논문에 의하면, 지역민은 우선 울릉도 수토에 필요한 양식, 즉 수토료 80여 석을 부담하여야 했다. 이 수토료는 강원도 내에서도 영동 바닷가에 위치한 삼척·울진·평해 등의 고을에서 부담하였던 것으로 보인다. 그러나 어느 고을에서 얼마의 수토료를 부담하였고 또 각 고을에서는 할당된 수토료를 어떻게 주민에게 부과하여 징수하였는지는 구체적으로 알 수 없다. 다만 삼척의 경우 대미와 소미 두 종류의 곡물을 부담하였고, 대미의 양은 약 16석이었다. 이 16석을 주민의 소유 토지 면적을 기준으로 징수하였다는 것을 알 수 있다. 그러나 대미 16석은 1825년에 삼척 부사 민사관이 영문과 상의하여 울진과 평해로 이전하였다.

특히 배재홍은 2007년 삼척 지방에 세거하던 강릉 김씨 감찰공과 한길댁 구성원들이 일상생활에서 보고 들은 사항이나 체험한 일을 책력의 여백과 이면에 간략하게 비망록 식으로 서술한 『한길댁 생활일기』를 발굴하여 삼척부의 토지 1결당 수토료 납부 현황을 추정했다. 그의 연구에 의하면, 수토료는 수토가 실시되는 해 봄 2~3월에 주민에게 부과하여 징수하였고, 주민은 벼·조를 찧어서 쌀·좁쌀 상태로 납부했다. 그리고 토지 1결 당 납부량은 시기에 따라 약간의 차이는 있지만 대체로 대미는 약 2되, 소미는 3~4되 정도였다. 결국 조선 후기 울릉도 수토료는 일종의 부가세로 징수했던 것을 알 수 있다.

둘째, 강원도 영동 바닷가 주민들은 수토사 일행이 사용할 수토선 마련에 일정한 부담을 하였다. 1694년, 삼척 첨사 장한상 일행이 사용한 수토선은 새로 건조하였다. 그러나 이때 차사원이 배 건조에 사용할 잡물을 너무 지나치게 민간에 나누어 부담시켜 문제가 되었다. 비록 장한상은 울릉도를 수토한 공로로 인하여 용서를 받았지만 차사원은 파직되었다. 이처럼 새로운 수토선 건조에 커다란 폐해가 발생하자 앞에서 살펴본 것처럼 이후의 수토선은 경상도 각 포의 병·전선을 빌려 사용하기로 하였다. 하지만 경상도에서는 배 운항에 필요한 기계 등을 완전하게 갖추어 빌려주지 않았다.

1786년 9월에 우의정 윤시동은 영동에는 수토선으로 사용할 적합한 배가 없어서 항상 영남에서 빌려 사용하는데, 밧줄은 썩고 노는 부러져 열 중에 하나도 온전한 것이 없으므로 기계는 삼척 해민의 것을 가져다 사용한다고 하였다. 이를 보면 삼척 바닷가 어민들은 울릉도 수토사 일행이 사용할 수토선에 필요한 기계 등을 징발 당하였음을 알 수 있다.

셋째, 수토사 일행이 울릉도로의 출항을 위해 포구에서 여러 날 순풍을 기다리는 동안에 들어가는 접대비 등을 포구 인근 동리에서 부담했다. 심현용은 19세기 중·후반의 「완문」, 「수토절목」 등 고문서와 「구산동중수기」, 「평해군수 심능무·이윤흡 영세불망지판」, 「월송영장장원인영세불망지판」, 「평해군수이용익영세불망지판」, 「월송영장황공영세불망지판」, 「전임 손주형·손종간·손수백 영세불망지판」 「도감 박억이영세불망지판」, 「구산동사기」 등 현판 내용을 분석하여 구산동을 포함한 대풍헌 주변 9개 마을, 즉 울진 지역민의 부담과 역할을 기술했다.

이 자료들의 내용을 보면, 수토사가 유숙하는 기간이 길어지면 주민이 접대하는 비용이 양일에 100금이나 소요될 때도 있어 이러한 폐단을 해결하기 위해 주민들이 평해 관아에 진정하는 일도 있었다. 이에 1871년 7월 구산동에서는 자체적으로 재원 120냥을 마련하여 지방관과 상의하여 9개 동의 동세에 따라 분배하고 원금은 보존하고 그 이자로 비용을 충당하기로 하였다. 당시 이자는 1냥에 3분이었다. 그러나 그 후 10여 년이 지나자 이 방식 또한 한계를 드러내 수토사 일행의 접대 등을 위한 비용 조달은 여전히 9개 동의 커다란 폐해였다. 따라서 돈을 거둘 때 원망하고 미워함이 끊어지지 않았으며 모두 지탱하기 어렵다고 하였다. 이에 1883년 10월, 9개 동이 회의를 열어 다른 지방의 예에 따라 생선·소금·미역 등을 실은 상선이 포구에 들어와 물건을 내릴 때 세금을 받기로 하였다. 이 돈을 수토사 접대 등에 들어가는 비용에 쓰기로 하고 관아에 소장을 올렸다. 지방관은 9개 동민의 수세 의견을 받아들여 그 내용을 절목으로 작성하여 주고 준행하도록 하였다.

절목 내용을 보면 소금은 매석 당 5푼, 명태는 매태 당 1전씩 수세하기로 하였다. 아울러 배 주인으로부터도 세전을 받기로 하여 미역배 주인은 2냥, 소금배 주인과 어선 주인은 5전씩 받기로 하였다. 그리고 받은 세전은 구산동에서 맡아 관리하여 수토사가 구산진에서 순풍을 기다리는 동안에 들어가는 비용을 전담하도록 하였다. 아울러 나머지 8개 동에는 징수하지 못하도록 하였다. 대신 구산동에는 소소한 연호 부역을 제감시켜 주었다. 이처럼 수토사가 포구에서 순풍을 기다리는 동안에 들어가는 적지 않은 비용의 마련은 포구 인근 주민들에게는 커다란 부담이었다.

한편 주민의 어려움을 파악한 평해 군수 심능무, 이용익, 이윤흡과 월송 영장 장원익, 황공 등은 수토 비용에 보태도록 돈과 경작지를 지급하여 폐단을 줄이는 등 백성들을 돌보았으며, 월송 영장 장원익은 술로서 주민을 위로하기도 했다. 이렇게 울릉도 수토는 군관민의 협조와 부담으로 이루어졌으며, 200년간 수토가 유지될 수 있도록 하는 큰 힘이 되었다. 이 부분에 대한 연구도 보다 면밀하게 이루어져야 할 것이다.

넷째, 채삼군의 선발과 운용을 둘러싸고 폐해가 발생하였다. 앞에서 살펴본 바와 같이 조선 후기에 울릉도 수토사가 채삼군을 대동하고 간 해는 정조 19년(1795)과 정조 21년(1797) 단 두 차례뿐이었다. 채삼군은 총 30명으로 영동 바닷가 군현에 나누어 선발하였는데 강릉 5명, 양양 8명, 삼척 10명, 평해 4명, 울진 3명이었다.

채삼군은 반드시 산골짜기에서 생활하여 삼에 대해 잘 알고 있는 자를 선발하였다. 그러나 채삼군으로 뽑힌 자들은 모두 바람과 파도에 익숙하지 않다는 것을 핑계 삼아 피하려 하였다. 이에 선발을 맡은 관리들이 이점을 이용하여 뇌물을 요구하기도 하였다. 또 채삼군으로 선발된 자들도 포구에서 순풍을 기다리는 동안 비용을 민간에서 거두어들였는데, 채삼군 한 사람의 소득이 많으면 4~5냥에 이르고 적어도 2~3냥에 이르렀다. 이처럼 비록 단 두 차례 실시되었음에도 채삼군 선발과 운용에는 적지 않은 폐해가 뒤따랐다.

다섯째, 수토 실시 동안 바닷가에 위치한 동리에서는 막을 짓고 귀환을 기다려야 했다. 삼척의 경우 수토사가 울릉도에 갔다가 돌아올 때까지 자연부락 단위로 '수토후망수직군'을 조직해 바닷가에 결막하고 망을 보았다. 아마 수토선이 언제 어디로 돌아올지 알 수 없고 또 항해 중에 난파당해 표류할 수도 있었기 때문이었을 것이다. 이처럼 울릉도 수토가 대부분 4~5월 농번기에 이루어졌음을 감안하면 여러 날 후망 수직한다는 것은 주민들에게 큰 부담이 되었을 것이다.

동남쪽에 멀리 섬 하나가 보인다

장한상의 울릉도 수토기에는 울릉도에서 동해안의 대관령과 독도를 보았다는 기록이 있다.

비 개이고 구름 걷힌 날, 산에 들어가 중봉에 올라보니 남쪽과 북쪽의 두 봉우리가 우뚝하게 마주하고 있었으니, 이것이 이른바 삼봉입니다. 서쪽으로는 구불구불한 대관령의 모습이 보이고, 동쪽으로 바다를 바라보니 동남쪽에 섬 하나가 희미하게 있는데 크기는 울릉도의 3분의 1이 안 되고, 거리는 300여 리에 지나지 않았습니다. 그리고 남쪽과 북쪽에는 망망대해가 펼쳐져 물빛과 하늘빛이 같았습니다.…

섬의 산봉우리에 올라 저 나라 강역을 자세히 살펴보니, 아득할 뿐 눈에 들어오는 섬이 없어 그 거리가 얼마나 되는지 모르겠는데 울릉도의 지리적 형세는 아마도 저 나라와 우리나라 사이에 있는 듯합니다.

안용복은 울릉도의 중봉에서 동해안의 대관령이 보인다고 했고, 동남쪽으로 섬 하나(독도)를 보았고, 남쪽과 북쪽에는 망망대해가 펼쳐져 있으며, 일본 강역에는 섬이 없다고 했다. 이러한 기록은 울릉도와 독도가 우리 강역에 있으며, 일본의 강역에는 아무것도 보이지 않는다는 의미로 독도를 분명히 조선 강역으로 인식했다는 의미이다.

왜인들의 솥이 걸려 있었다

장한상의 울릉도 수토는 기본적으로 안용복이 울릉도에 어업 활동을 위해 갔다가 오키섬에 피랍되고 대마도를 경유하여 귀환한 직후에 섬의 형편을 살피기 위해 파견했던 것이다. 그래서 만약의 경우를 대비하여 왜어 역관 안신휘를 대동하여 울릉도 수토를 시행했다. 『울릉도』와 『울릉도 사적』에는 왜인 관련 기술이 구체적으로 여러 군데 언급되어 있다. 예를 들면,

최세환『울릉도』

모시풀과 미나리가 습한 저지대에 빽빽이 자라고 있다고 하니, 과거에 사람들이 거주하던 터라는 것을 알 수 있습니다. 여기저기 걸려 있는 솥은 아마도 왜인들이 가지어를 잡아와 삶아서 기름을 내다가 버리고 간 물건인 듯합니다. 또한 그것들이 녹이 슬고 이끼가 끼어 표면이 떨어져나갈 정도로 부식되었다고 하니 근년에 걸어 둔 것이 아닌 듯하며, 이로써 그들이 늘 오갔던 게 아니라는 것을 알 수 있습니다.

동남쪽 동구, 배가 정박한 곳에서부터 대밭에 이르는 길에는 큰 나무 껍질에 칼로 글자를 새겨놓은 흔적이 있습니다. 왕병위(往兵衛), 우사랑(又四郞), 미길(彌吉) 등 세 사람의 이름을 일본 글씨로 새겨놓았는데, 성과 본관이 없는 걸로 보아 일본인 가운데 신분이 낮은 자가 새겨놓은 것인 듯합니다. 또한 새겨진 흔적들이 완전히 아물어 자연스레 만들어진 듯한 모습이니 그 세월이 오래됨을 상상해 볼 수 있습니다. 그리고 부서지거나 온전한 솥단

지들에는 녹이 슬고 이끼가 끼었으니, 근래에 설치한 것은 아닌 듯합니다.

장한상『울릉도사적』

배를 댈 곳으로는, 동쪽과 남쪽 사이 동구에 겨우 4, 5척 정도 댈 수는 있지만, 동남풍이 불면 그곳도 배를 간수해 둘 만한 곳은 못 됩니다. 이곳에 솥 3개와 부(釜) 2개가 있는데, 부 2개와 정 1개는 파손되었으며, 부와 정의 모양이 우리나라 양식이 아니었습니다. 정에는 발도 없고 뚜껑도 없으며 그 크기는 쌀 2말을 지을 수 있을 정도이고, 부는 너비와 지름이 한 자 남짓이며 깊이는 두 자 정도로 물 5~6통을 담을 수 있는 정도입니다. 서쪽 큰 골짜기는 계곡물이 내를 이루었고 연변이 트여 있기로는 이곳이 제일입니다. 하지만 배를 대는 곳은 아닙니다. 또 쌀 한 말을 지을 수 있을 정도의 솥이 하나가 있었는데, 이 역시 저들의 물건입니다. 북쪽 포구에 있는 도르래도 우리나라 사람이 만든 것이 아닙니다.

사방의 포구에는 표류해 온 파선된 배의 판목 조각이 도처에 있는데 어떤 것에는 쇠로 된 못[鐵釘]이, 어떤 것에는 나무로 된 못[木釘]이 박혀 있고 더러는 썩은 것도 있었으며, 동남쪽 해안에 제일 많이 떠다녔습니다. 대밭 중에서는 동남쪽 산기슭의 세 곳이 가장 넓은데 어디든 겉보리 30여 석(石)을 뿌릴 정도는 되었습니다. 그리고 그중 두 곳에 베어놓은 대나무가 상당히 많았는데, 한 옆으로 베어둔 대나무가 무려 수천 간(竿)이나 되며 그중에는 오래 말린 것도 있고 간혹 덜 마른 것도 있었습니다. 동남쪽 산기슭에서 골짜기를 따라 남쪽으로 가서 대밭에 이르기까지 15리 쯤 되는 작은 길이 나

있는데, 이는 필시 대나무를 가지러 왕래하던 길일 것입니다.

이같이 『울릉도』에는 왜인들이 가지어를 잡아 기름을 삶던 솥이 있었으며, 심지어는 큰 나무 껍질에 일본인들의 이름이 새겨져 있어 일본인들이 왕래하고 있음을 기술했다. 『울릉도사적』에는 가마와 솥 등이 동쪽과 남쪽, 서쪽 등 여러 곳에서 발견되는데 모두 왜인들이 쓰던 물건이며, 북쪽 포구에서 발견된 도르래는 우리나라 사람이 만든 것이 아니라고 했다. 또 사방의 포구에는 표류해 온 배들의 판목 조각이 떠다녔는데 특히 동남쪽 해안가에 많았고, 두어 곳에 베어 놓은 대나무가 상당히 많았는데, 한 옆으로 쌓아놓은 대나무가 수천 간이나 되었으며 대나무를 가지러 다닌 길이 나 있다고도 했다.

7. 조선시대 각종 지리지의 울릉도와 독도

『고려사』「지리지」(1451)

울릉도와 독도에 관해 구체적으로 기술한 최초의 지리지는 『고려사』「지리지」이다. 1451년에 편찬된 『고려사』「지리지」에는 다음과 같은 기록이 있다.

울진현, 울릉도가 있다. 현의 정동 바다 가운데 있다. 신라 때는 우산국이라 했고, 무릉 또는 우릉이라고 했다. 지방은 100리이다. … 혹자는 말하기를 우산과 무릉은 본래 두 섬으로 서로 멀지 않아 바람이 불고 날씨가 좋으면 바라볼 수 있다.

이 기록은 울릉도가 신라 때의 우산국인데, 고려시대에는 무릉 또는 우릉이라 했으며, 무릉과 우산(于山)의 두 개 섬으로 되어 있음을 밝힌 최초의 기록이다. 고려시대 우산국에 관한 기록은 건국 직후인 930년부터 15개가 나온다. 우산국이 울릉도와 독도의 두 개 섬으로 되어 있다고 분명히 명시한 것은 이 기록이 처음이고, 여기서 우산은 독도를 말한다. 혹 우산을 현재 동쪽 2km 정도 떨어져 있는 죽도를 지칭하기도 하지만 죽도는 거리가 가까워 바람이나 날씨에 관계없이 늘 보이는 섬이다.

『세종실록』「지리지」(1454)

『고려사』「지리지」가 편찬된 지 3년 후인 1454년에 『세종실록』「지리지」가 편찬되었다. 『고려사』「지리지」와는 편찬 간격이 3년밖에 되지 않지만 이 시기에는 '무릉등처안무사'나 '순심경차관' 등에 의해 울릉도에 대한 인식이 명확하게 나타난다. 『세종실록』「지리지」에는 다음과 같은 기록이 있다.

「우산과 무릉 두 섬이 현의 정동쪽 바다 가운데 있다. 서로 멀지 않아 날씨가 좋으면 바라볼 수 있다. 신라 때 우산국이라 칭했다. 일설에 울릉도라고도 한다. 땅이 사방 백리라고 한다.」

즉 우산도와 무릉도의 두 섬이 동해 가운데 있다는 것과 신라 때부터 우산국이라 칭했다는 기술이 명확하게 나타나지만『고려사』「지리지」와 는 표현에 차이가 있다.『고려사』「지리지」의 표현보다는 훨씬 구체적으 로 우산국을 명시했으며, 우산과 무릉, 즉 독도와 울릉도를 포함시켰다. 이 기록은 세종 초부터의 울릉도에 대한 '거민쇄출'과 '무릉등처안무사' 나 '무릉도순심경차관' 파견 결과에 의해 당시 사람들이 우산국(울릉도와 독도)을 조선의 영토로 확실하게 인식하고 있었다는 것을 말해 준다. '우산 무릉등처'와 '무릉도' 등 구체적인 지명이 사용되었다는 점도 영토와 경 계 인식을 분명히 해주는 사례로 꼽을 수 있다.

『신증동국여지승람』(1530)

1530년에『신증동국여지승람』이 편찬되었다. 1481년에 편찬한『동국 여지승람』을 수정 보완하여 편찬하였다.『신증동국여지승람』에는,

우산도·울릉도, 무릉이라고도 하고 우릉이라고도 한다. 두 섬이 현의 정동 쪽 바다 가운데 있다. 세 봉우리가 곧게 솟아 하늘에 닿았으며 남쪽 봉우리 가 약간 낮다. 날씨가 청명하면 봉우리의 수목과 산 밑의 모래톱을 역력히 볼 수 있으며 순풍이면 이틀에 갈 수 있다. 일설에는 우산과 울릉이 원래 한 섬으로 땅이 사방 백리라고 한다.

라고 기술되어 있다. 그런데 여기서는 『고려사』「지리지」나 『세종실록』「지리지」와는 달리 우산과 울릉을 한 섬으로 기술했다. 그리고 일설에 의하면 누군가로부터 들은 것으로 표현했다. 그렇다면 그 이전의 인식이 왜 이렇게 된 것일까.

앞서 서술한 것처럼, 조선왕조에서는 1438년 이후 울릉도 거민들을 처벌하면서 울릉도 거주가 불가능하게 되었고 자연스레 울릉도에 대한 관리가 소홀해진다. 그리고 울릉도보다는 요도와 삼봉도에 대한 관심으로 바뀌어 갔다. 따라서 이 시기가 되면 울릉도와 독도에 대한 기술도 직접적인 경험보다는 간접 경험에 의존할 수밖에 없었던 것으로 판단된다.

예를 들어 『신증동국여지승람』에 "날씨가 청명하면 봉우리의 수목과 산 밑의 모래톱을 역력히 볼 수 있으며 순풍이면 이틀에 갈 수 있다"는 기술은 울릉도에 관한 기술인데, 앞의 『고려사』「지리지」나 『세종실록』「지리지」의 "날씨가 좋으면 바라볼 수 있다"는 기술을 섞어서 서술했을 가능성이 높다. 이 점에 대해서는 17세기 말, 울릉도 귀속 문제를 둘러싸고 조일 간에 분쟁이 일어났을 때 조선에서 『동국여지승람』을 인용하여 '본토에서 울릉도가 보인다는 것'을 주장했고, 일본은 이것을 받아들였다. 즉 『숙종실록』에는,

우리나라 강원도의 울진현에 속한 울릉도라는 섬이 있는데, 본현의 동해 가운데에 있고, 파도가 험악하여 뱃길이 편하지 못하다. 몇해 전에 백성을 옮겨 땅을 비워놓고, 수시로 관리를 보내어 수검하도록 했다. 이 섬의 산봉

우리와 수목을 내륙에서도 역력히 바라볼 수 있다. 무릇 산천의 굴곡과 지형의 넓고 좁음, 주민의 유지와 출토되는 토산물이 모두 우리나라 『여지승람』이란 서적에 실려 있어, 역대에 전해 내려오는 사적이 분명하다.

라고 기술되어 있다. 울릉도가 조선 영토라는 인식을 분명히 한 대목이며, 쌍방이 모두 인정한 부분이다. 따라서 『신증동국여지승람』의 1도설은 울릉도와 독도에 대한 당시 분위기를 전해주는 사실적인 기술이다. 이러한 증거는 '요도'와 '삼봉도'에 관심이 집중되어 있었다는 사실을 통해서도 반증된다.

조정에서는 요도나 삼봉도를 수색하는 동안에도 울릉도 등지에 여러 차례 관리를 파견했다. 이것은 울릉도와 요도, 삼봉도를 다르게 인식했다는 증거이다. 사료에 나오는 것처럼 요도나 울릉도를 보았다면, 그것은 울릉도나 독도였을 것이다. 그러나 조선 조정에서는 울릉도·독도 외의 섬을 생각했기 때문에 찾을 수 없었던 것이다. 결론적으로 동해에 울릉도와 독도 외의 섬은 없다. 그러나 조선에서는 새로운 섬이 있다면 그곳을 조선 영토로 생각하고 찾아 나섰던 것이다. 15세기 조선의 동해 내지는 동해상의 영토 인식의 한 단면을 보여준다.

『강계고』(1756)와 『동국문헌비고』(1770)

조선 후기에도 여러 지리지가 편찬되었다. 울릉도와 독도의 위치에 관해서는 『강계고』와 『동국문헌비고』의 기록을 통해 우산국이 독도라는 사

실을 분명히 알 수 있다. 즉 1756년에 편찬된 『강계고』에는,

> 내가 생각건대, 『여지지』에 이르기를, '일설에는 우산과 울릉이 본래 한 섬이라고 하나, 여러 도지를 상고하면 두 섬이다. 하나는 왜가 말하는 송도인데, 대개 두 섬은 모두 다 우산국이다

라고 되어 있고, 1770년에 편찬된 『동국문헌비고』에는,

> 울릉과 우산은 다 우산국인데, 우산은 왜가 이르는 이른바 송도이다

라는 기록이 있는데 두 기록은 모두 『여지지』를 인용했다. 이 내용을 통해 종래 우산과 울릉이 한 섬이라고 하는 '1도설'이 완전히 부정되고 두 섬이라는 견해로 정리되었다. 『여지지』는 1656년 유형원이 편찬한 지리지로 『동국여지지』를 말하는데 『강계고』와 『동국문헌비고』에서는 '1도설'이 완전히 부정되고, 우산도도 독도라고 확실히 인식되어졌다. 『강계고』와 『동국문헌비고』에서는 기존의 인식을 언급하면서 그것이 잘못되었음을 지적하고 있는데 그 이유는 말할 것도 없이 1696년 안용복의 도일과 울릉도쟁계 사건의 결과로 인한 인식의 변화 때문이라고 볼 수 있다.

8. 하치에몽 사건과 『태정관 지령문』

하치에몽, 울릉도에서 벌목하다

1836년, 일본에서는 하마다번(시마네현 소재)과 오사카 지역 거주자들이 울릉도에 도해하여 초목을 벌목하고, 이국인에게 일본의 '도검류(刀劍類)'를 판매한 사실이 발각되었다. '100問 100答'의 덴포다케시마일건(天保竹島一件)이다. 주모자들은 '조선 울릉도 도해' 죄목으로 대거 처벌되었다. 체포된 자들은 하치에몽을 포함하여 오키·오사카 등의 주민 등 5명인데 "이와미 하마다(石見浜田)에서 조선 땅 안의 죽도에 도항하여 교역을 했다"는 진술이 나왔다. 이들은 에도로 보내져 재판을 받았다.

하치에몽이 처음 어떤 계기로 언제 울릉도에 도해하게 되었는지는 명확하지 않다. 에도시대 후기 일본에서는 기타마에후네[北前船]라고 하는 혼슈 동해안의 항로를 따라 북으로 마쓰마에(松前) 지역으로 도항하는 항로가 있었다. 울릉도가 이 항로 부근에 근접해 있어서 마쓰마에로 도항할 때마다 울릉도를 볼 수 있었다. 그때 일본에서는 울릉도를 죽도라 했는데, 사람이 살지 않는 빈섬(空島)이며 초목과 어류가 풍부하다고 진술한 것으로 보아 그 이전에도 왕래가 있었던 듯하다.

하치에몽의 공술서에 의하면 처음 그가 죽도 도해 허가를 요청했을 때 도해 목적이 적힌 '내존서(內存書)'를 제출하였다. 내용은 "죽도 외에 송도(松嶋)라는 작은 섬도 있는데 두 섬 모두 빈섬으로 보인다. 그대로 두는 것은 아쉽기 짝이 없다. 초목을 벌채하고 어업을 하면 사적인 이익이 될 뿐 아니라 막대한 국익이 될 것으로 예상된다"고 적었다. 번주 야스토는 "죽도의 건은 중대하니 잘 조사해야 한다. 또한 허가 없이 도항하여 이국품(異國品) 하나라도 오사카 동쪽으로 유통되면 큰일이 날 것이므로 이를 명심하라"고 했다.

하치에몽은 일단 번주의 의사가 확인되자 본격적인 도항 준비에 착수했다. 오사카 지역을 중심으로 자금 출자자를 끌어들이고, 선박(神東丸)을 준비하고, 선원들을 확보한 후 1833년 4월에 울릉도로 도항하기로 했다. 그러나 선원들이 술을 마시고 번주의 산에서 나무 5~6그루를 벌목한 사실이 발각되었고, 하치에몽은 선두(船頭)라는 이유로 '하마다령 입진(入津) 금지 및 거주금지'에 처해져 도항이 무산되었다.

그 후 울릉도 도항계획을 다시 세워 1836년 6월 하마다를 출항한 일행은 오키 섬을 거쳐 7월 울릉도에 도착했다. 도중에 독도(松嶋)를 목격했지만 수목이 없어 상륙하지 않았다. 선원들은 제각기 울릉도의 산물을 채획하여 8월 하마다에 귀항했다. 그 후 번주에게 재차 도항 허가를 요청한 후 그 회답을 기다리는 사이 체포되었다.

하치에몽 사형에 처하다

막부의 판결문에 명시된 그의 죄상은 다음과 같았다.

"이국인과 만나 통교하지는 않았고 초근(草根) 등을 갖고 돌아온 정도이기는 하지만 다른 나라의 속도(屬島)에 도해한 것은 국체에 대해 불미스러운 행위이므로 사죄(死罪)에 처한다."

즉 판결문에는 외국인과의 밀무역 행위는 전혀 없었던 것으로 되어 있고, '이국도해금령'을 어긴 점만이 죄목으로 거론되었다. 가신의 판결문에는 "하마다번 가신 마쓰다이라 와타루는 쓰시마번의 가신 스기무라 타지마(杉村但馬)에게 서신을 보내 죽도(울릉도)의 소속을 조회했고, 조선국 소속이라는 문서를 받았지만 이를 간과했다"는 구절이 나온다. 이것은 쓰시마번의 가신이 보내준 문건을 통해 죽도가 조선 영토라는 사실을 확인했으나 하치에몽이 이를 무시하고 죽도에 도해하는 행위를 주도한 사실을 가리킨다. 쓰시마번의 스기무라 타지마도 "번주 소씨(宗氏)에게 보고하지 않은 채 마쓰다이라에게 죽도에 관한 기록의 발췌본을 건네주었다"는 이유로 가신직에서 파면되었다.

1836년 12월이 되자, 하치에몽 사건 관련자 각각에 대한 평정소의 판결이 내려졌다. 막부의 최종 판결은 자살한 가신 오카다 타노모의 수하 하시모토산베와 하치에몽 두 사람은 사죄(死罪), 가로 마쓰다이라 와타루는 자가격리, 그 외 인물들은 각각 영뢰(永牢 : 종신 감옥형), 중추방, 경추방 등의 판결을 받았다.

'죽도도해금지어촉'을 공포하다

1836년 6월, 하치에몽의 죽도 도해 사건에 관한 판결을 종결지은 막부는 뒤이어 법령을 공포하였다. 막부는 조사 과정에서 거듭 "죽도는 겐로쿠(元祿) 시대 이래 막부가 도해 정지를 명한 곳이므로 죽도 도해는 이국도해의 금지에 위배된다"는 입장을 취하였다. '겐로쿠 시대 이래 막부가

죽도도해금지어촉

천보팔유(天保八酉) 2월 오후레(御觸)

이번에 마쓰다이라 스오노카미(松平周防守)의 전영지 이와미노쿠니 하마다 마쓰바라우라(石州浜田松原浦)에 거주하는 하치에몽이 죽도(울릉도)에 도해한 사건을 조사하여 하치에몽과 그 외 관련자들을 엄벌에 처하였다. 울릉도는 먼 옛날 호키노쿠니(伯州) 요나고(米子) 사람들이 도해하여 어로활동을 했으나 겐로쿠 시대에 조선국에 건네준 이래 도해정지를 명한 곳이었다. 무릇 이국도해는 엄중하게 금지된 사항이므로 향후 죽도도 마찬가지라는 점을 명심하여 도해해서는 안 된다. 물론 일본 각지를 항해하는 회선(廻船)은 해상에서 이국선과 만나지 않도록 항로 등에 주의할 것을 이전에 공지한 대로 지켜야 하며, 가능한 먼바다 지역을 항해하지 않도록 해야 한다.

위의 내용을 막부령은 대관(代官)이, 사령(私領)은 영주가 항구와 마을에 빠짐없이 공지하고, 후레가키(觸書)의 내용을 목판에 기재하여 고사쓰바(高札場)에 게시하여야 한다.

2월 위와 같이 공지함

* 고사쓰바 : 각종 법령 또는 범죄자의 죄목을 판에 써서 사람들의 눈에 잘 띄도록 세워놓은 것.

죽도도해정지를 명하였다'는 것은 울릉도쟁계 후에 막부가 내린 '죽도도해금지령'을 말한다. 그리고 이듬해인 1837년, 막부는 국내에 '죽도도해금지어촉(竹島渡海禁止御觸)'을 공포함으로써 재차 '일본인의 죽도 도해 금지' 의사를 분명히 했다.

죽도도해금지어촉은 1837년 2월 막부가 오메쓰케(大目付) 앞으로 하달했고, 전국의 막부령과 다이묘령(大名領)에 오후레(御觸)로 알리도록 조처되었다. '후레'는 전근대 일본에서 지배자가 일반인에게 법령의 내용을 알리는 방식이자 일종의 법률로 '오후레'라고도 한다.

한편 하치에몽이 심문을 받을 때 그린 지도 「다케시마방각도(竹島方角圖)」에는 울릉도와 독도가 같은 붉은색으로 칠해져 있고, 오키섬이나 일본 본토는 노란색으로 칠해져 있다.

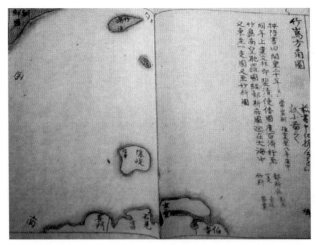

다케시마 방각도

'다케시마 외 1도를 어떻게 할까요?'

1876년 메이지정부는 일본 전역의 지적을 편찬하는 작업을 하면서 시마네현에 다케시마(울릉도)에 대한 기록과 지도 등을 제출하도록 요구했다. 이에 시마네현은 「기죽도약도(磯竹島略圖)」를 첨부하여, 지적도에 '다케시마 외 1도(독도)'를 일본 영토로 등재해도 좋을지를 문의하였다. 「기죽도약도」에는 울릉도에서 1도까지의 거리가 40리로 되어 있어 두 섬이 울릉도와 독도임을 알 수 있다.

'다케시마 외 1도는 본방과 관계가 없다'

이에 태정관은 『태정관지령문』을 통해 "다케시마와 그 섬 밖에 있는 한 섬은 원록 5년(1692) 조선인들이 그 섬으로 들어간 이후 본방(일본)과 관계가 없다. 다케시마와 그밖에 있는 한 섬에 관한 건은 본방과 관계가 없음을 명시할 것"이라는 지령을 각 부처에 하달했다.

여기서 지령문이 말하는 '원록 5년 조선인들이 그 섬으로 들어간 이후'라는 내용은 1692년 이후 안용복이 울릉도와 독도에 들어간 일을 말한다. 안용복의 피랍은 1693년 3월이지만, 안용복은 그 전해인 1692년 봄에도 울릉도에 가서 어로를 했다. 일본 또한 안용복 사건을 계기로 울릉도와 그 섬 밖에 있는 한 섬을 일본 영토 외의 섬, 바로 조선 영토로 인정한 것이다. '울릉도 밖에 있는 한 섬'이 송도, 즉 독도라는 사실은 『태정관지령문』에 첨부된 지도 「기죽도약도」에 잘 표시되어 있다.

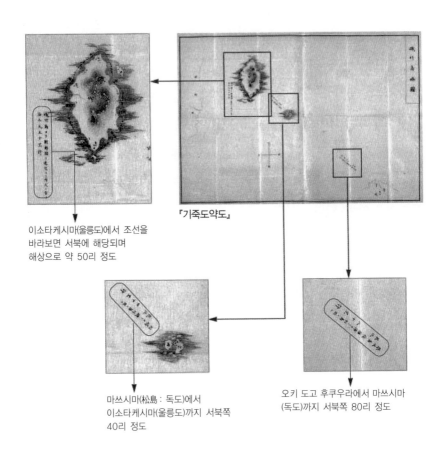

『기죽도약도』

이소타케시마(울릉도)에서 조선을
바라보면 서북에 해당되며
해상으로 약 50리 정도

마쓰시마(松島 : 독도)에서
이소타케시마(울릉도)까지 서북쪽
40리 정도

오키 도고 후쿠우라에서 마쓰시마
(독도)까지 서북쪽 80리 정도

3월 29일

일본 해내의 다케시마(죽도) 외 1도를 판도외로 정한다

내무성 조회

다케시마(울릉도) 소활의 건에 대해 시마
현으로부터 별지로 조회가 있어 조사한 바,
해당 섬의 건은 겐로쿠 5년(1692) 조선인
이 입도한 이래 별지 서류에 진술한 대로
겐로쿠 9년(1696) 정월 조선측과 의견을
교환하기 위해 역관에게 서장을 보내 해당
국을 왕래하여 본방(일본)의 회답 및 구상
서 등에 있듯이 겐로쿠 12년(1699)에 서로
왕복이 끝나 본방과의 관계가 없는 것으로
결론이 났다고 들었습니다. 하지만 판도의
취함과 버림은 중대한 일이므로 별지 서류
를 첨부해 확인하기 위해 이것을 여쭈어 봅
니다.

3월 17일 내무성

조회의 취지인 다케시마 외 일도(독도)의 건은 본방(일본)과 관계가 없는 것
으로 명심해야 한다.

3월 29일

『태정관 지령문』(번역문)

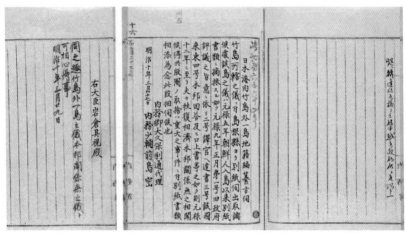

「태정관 지령문」

9. 검찰사 이규원, 성인봉에 오르다

울릉도 이주를 시작하다

1694년 이후 울릉도 수토제가 실시되었음에도 울릉도와 독도에는 조선인과 일본인이 계속 왕래했다. 그러던 중 1881년 5월, 강원감사 임원수가 장계하여,

울릉도 수토사의 보고를 인용하여 '어떤 사람이 나무를 찍어 해안에 쌓고 있었는데, 머리를 깎고 검은 옷을 입은 사람 7명이 그 곁에 앉아 있기에 글을 써서 물어보니 대답하기를, (자신들은) 일본 사람인데 나무를 찍어 원산과 부산으로 보내려 한다.… 이 섬은 망망한 바다 가운데 있으니 그대로

텅비워 두는 것은 대단히 소홀한 조치이니, 그 형세가 요해지로 삼을 만한 곳은 아닌지, 방수를 빈틈없이 해야 하는 곳은 아닌지 종합적으로 두루 살펴서 처리할 것.

을 건의했다. 그리고 "부호군 이규원에게 울릉도 검찰사의 벼슬을 내려 그로 하여금 가까운 시일에 빨리 가서 철저히 헤아려 보고 의견을 정리해 복계"하도록 건의했다. 고종은 이 건의를 받아들여 이규원을 울릉도 검찰사로 임명하고 다음과 같이 지시했다.

울릉도에는 근래에 다른 나라 사람들이 아무 때나 왕래하면서 제멋대로 편리를 도모하는 폐단이 있다고 한다. 그리고 송죽도(松竹島)와 우산도(芋山島)는 울릉도의 곁에 있는데 서로 떨어져 있는 거리가 얼마나 되는지 또 무슨 물건이 나는지 자세히 알 수 없다. 이번에 그대가 가게 된 것은 특별히 임명한 것이니, 반드시 지도와 함께 별단에 자세히 보고하라.

고 하였다. 이규원은 1882년 4월 29일, 102명으로 구성된 조사단을 꾸려 구성포에서 출항했다. 12일 동안 조사한 이규원은 조선인 140명, 일본인 78명이 울릉도에 살고 있다고 보고하면서 『울릉도검찰일기』와 울릉도 지도인 「울릉도내도」와 「울릉도외도」를 제출했다.

이규원의 보고를 받은 고종은 김옥균을 '동남제도개척사'에 임명하여 울릉도와 주변의 여러 섬을 개척하는 임무를 부여했고, 1883년부터는 주

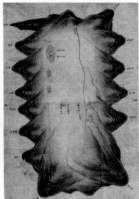

「울릉도 검찰일기」와 「울릉도내도」, 「울릉도외도」

민들이 정식으로 이주하기 시작했다. 두 번에 걸쳐 들어간 이주민은 16가구, 54명이었다. 이들은 생활에 필요한 물자와 식량, 소 두 마리와 무기 등을 가지고 들어갔다. 1403년 울릉도에 대한 '거민쇄환정책' 이후 무려 480년 만에 주민의 거주가 허용된 것이다.

대한제국 칙령 제41호

이후 울릉도 개척민이 점차 늘어나고 일본인도 늘어나자 이들을 관리해야 하는 문제가 발생했다. 정부는 울릉도에 도감(島監)을 두어 관리했으나 역부족이었고, 특히 일본이 1895년 청나라와의 전쟁에서 승리한 이후로는 더 많은 일본인이 들어와 많은 폐단이 생겨났다.

이에 대한제국 정부는 일본 정부에 요구하여 공동조사단을 구성하고 울릉도의 현황을 조사했다. 1906년 6월, 양국 공동조사단은 울릉도 현지

실태를 조사하였는데, 대한제국에서는 내부 조사관 우용정과 일본에서는 부영사 아카쓰카 쇼스케 그리고 입회인 자격으로 부산 해관 감리서 직원 라포테(E. Laporte, 영국)가 참가했다. 우용정은 조사 후 일본인의 조속한 철수와 선박 구입, 그리고 울릉도의 관제 개편을 상부에 제안하였다.

그러자 정부는 우용정의 보고서를 토대로 '대한제국 칙령 제41호'(1900년 10월 25일)를 제정하며 공포했다. 칙령 제41호는 '울릉도를 울도로 개칭하고 도감을 군수로 개정하는 건'이었다. 내용을 보면, 제1조는 '울릉도를 울도로 개칭하여 강원도에 부속하고, 도감을 군수로 개정하여 군제 중에 편입하고, 군등은 5등으로 한다.' 제2조는 '군청의 위치는 대하동으로 정하고, 구역은 울릉도 섬 전체와 죽도, 석도를 관할한다'로 규정했다. 여기서 죽도는 울릉도 동쪽 2km 지점에 있는 댓섬이고, 석도는 독도를 가리킨다. 이 칙령은 1900년 10월 27일 「관보」(제1716호)에 실렸다.

칙령 41호에 의해 울릉도와 독도는 강원도의 27번째 군으로 승격되었

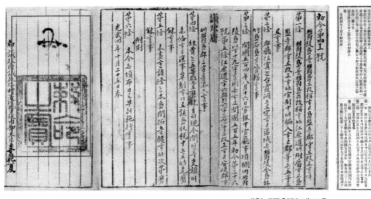

대한제국칙령 제41호

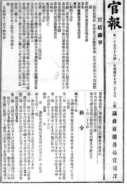

관보

고, 대한제국의 지방관제로 정식 편입되었다. 이어 울도군을 남면과 북면으로 나눈 다음, 독도는 울도군 남면에 부속시켰다. 울도군의 초대 군수로는 현임 도감 배계주를 임명하였다.

대한제국 칙령 제41호는 울릉도와 독도가 대한제국 영토라는 사실을 근대 국제법 체계에 따라 선언한 매우 중요한 칙령이자 제도 개혁이었다. 물론 일본은 이때에 어떠한 반대 의견이나 다른 의견이 없었다.

독도는 돌섬·독섬이다

그런데 이 시기가 되면 독도의 명칭에 변화가 생긴다. 그것은 조선에서는 1403년 이후 '거민쇄출정책'에 의해 울릉도에 거주가 불가능해지면서 시간이 흘러감에 따라 점차 기억에서 사라졌고 요도나 삼봉도를 찾는 소동까지 벌어졌다. 조선 후기에 들어서는 더욱더 그러했다. 이러한 현상은 일본에서도 안용복 사건 이후 '울릉도도해금지령'에 의해 울릉도와 독도 명칭에 혼란이 생긴 것과 마찬가지다.

기록에 의하면 1883년 말, 초기 입도민은 약 120명이었으며 대부분 전라도 거문도 사람들이었다. 이들이 울릉도에 들어간 이유는 정확히 알 수 없지만 거문도 사람들은 원목을 벌목하여 배를 만드는 일을 했다. 초기 거주민들이 이주할 때 독도의 명칭은 그냥 돌섬이라고 불렀다. 이미 우산도의 명칭이 잊혀진 지 오래되어 막연히 '돌섬'이라고 불렸던 모양이다. 전라도 방언에 돌을 독이라고 하고, 이 방언이 적용되어 '독섬'이라 하다가 이것이 한자로 석(石)이 되고 시간이 흐르면서 '독(獨)도'가 되었다는 것이

국어학자 방종현의 주장(「경성대학 예과신문」 제13호, 1947년)이고 이것이 한국학계의 일반적인 견해이다. 일본에서는 이것을 증명하라고 억지를 부리지만 한국의 방언문화의 자연스런 현상이다. 따라서 돌섬 → 독섬 → 석도 → 독도가 모두 독도의 명칭으로 사용되었다고 볼 수밖에 없다. 이것을 굳이 입증하라는 것이 일본의 주장이다.

독도의 여러 명칭

- **우산도** : 역사에 기록된 독도의 최초 명칭은 '우산도'이다. 『태종실록』에 처음 나온다. 『세종실록』에는, 울릉도는 우릉도 또는 무릉도라고 했으며, 독도는 우산도라고 했다. 자산도(子山島), 천산도(千山島), 방산도(方山島), 간산도(干山島) 등으로도 표기하는데 이는 '于(우)' 자를 비슷한 다른 한자로 잘못 써서 빚어진 현상이다. 독도의 옛 이름 우산도는 원래 순수한 우리말 우르뫼·우르매·우르마에서 유래되었다 한다. 이를 한자로 표기한 것이 우산(于山)이다. 우르뫼의 우르는 '어르신' '왕'의 뜻이고 뫼는 '산'이나 '능'을 뜻한다.
- **삼봉도** : 조선 성종(1469~1494) 때 삼봉도라는 섬이 따로 있다고 했으나 조정에서 조사한 결과 이 섬은 울릉도나 독도를 가리키는 경우가 있었다. 세 개의 봉우리가 보인다고 해서 삼봉도라 불렀다.
- **가지도** : 조선 정조(1776~1800) 때 독도에 강치가 많이 산다고 해서 가지도(可支島)라 불렀다. 그러나 삼봉도나 가지도는 공식 명칭은 아니고 별칭

일 뿐이며 공식 기록에는 여전히 우산도라 했다.

- **돌섬, 독섬** : 1883년부터 울릉도에 공식적으로 입도가 허용되면서 전라도, 경상도 주민이 대거 이주했는데, 이들은 돌로 된 섬이라 해서 돌섬 또는 돌의 사투리인 독섬이라 불렀다.
- **석도, 독도** : 석도는 돌섬을 한자로 표기한 것으로 돌 석(石)이다. 석도는 1900년 '대한제국칙령 제41호'에서 공식적으로 사용되었고, 1904년경부터 현재의 명칭인 독도(獨島)를 쓰기 시작했다.

서양에서는 리앙쿠르 락스

서양인의 울릉도 발견은 1787년 동해를 탐험하던 프랑스 탐험가 다줄레(Dagelet)에 의해서였고, 그의 이름을 따서 '다줄레섬'으로 알려지기 시작했다. 그로부터 2년 뒤인 1789년에 영국의 아르고노트(Argonaute) 호가 영국 선박으로는 처음으로 울릉도를 발견하여 섬을 측량하였다. 그러나 무엇이 잘못되었는지 울릉도의 위치를 북서쪽으로 잘못 기재하였다. 그 결과 당시 유럽인이 작성한 지도에는 두 개의 울릉도를 그리고 다줄레섬과 아르고노트섬으로 명명했다. '다케시마도해금지령'에 의해 울릉도와 독도에 대한 인식이 없었던 일본인들은 아르고노트섬을 울릉도, 다줄레섬을 독도로 인식했다.

한편 서양지도에 독도가 등장하는 것은 1849년, 프랑스의 포경선 리앙쿠르호가 독도를 처음 발견한 후에 배의 이름을 붙여 보고한 때부터이다.

프랑스 「태평양전도」(1851)

그 결과 프랑스 해군이 제작한 「태평양전도」(1851년)에 독도가 '리앙쿠르
암(Liancourt Rocks)'으로 기재된 것을 계기로 국제사회에 알려졌다. 그러나
이때만 해도 가공의 섬으로 아르고노트(독도)와 다줄레(울릉도)가 함께 그려
졌다.

그 후 1854년 러시아 함선 올리부차가 독도를 발견하여 서도를 올리부
차(Olivutsa), 동도를 메넬라이(Menelai)로 명명했고, 1857년 러시아 해군의
「조선동해안도」에도 그대로 기재되었다. 1855년에는 영국함 호넷(Hornet)
호가 독도를 발견하고 영국 해군성이 발간한 해도에 호넷섬(Hornet Is.)으로
기재했다. 동해에 울릉도와 독도 두 개의 섬이 제대로 그려진 것은 1856
년 페리 제독에 의해서였다.

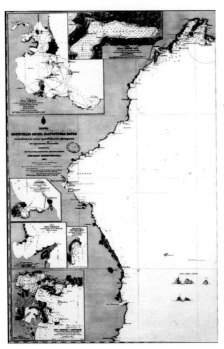

러시아해군전도, 「조선동해안도」

러시아함대가 그린 독도

미국 페리함대의 지도(1856)

독도에 대한 일본의 호칭

울릉도와 독도가 일본 기록에 처음 등장하는 것은 1618년, 돗토리번의 요나고 주민인 오야(大谷), 무라카와(川上) 양가에 발급했다고 하는 이른바 '죽도도해면허'이다. 여기서 죽도(다케시마)는 울릉도를 가리킨다. '울릉도 쟁계' 때의 사료인 『독도고증』, 『통항일람』 등에도 죽도는 다케시마, 송도는 독도로 불렸다. 그리고 이러한 명칭은 조선 사료에도 그대로 불려지고 있다.

그러나 1696년 일본인의 '죽도도해금지'와 1836년 '하치에몽' 사건에 의해 도해 금지가 더욱 강화되자 일본인들도 울릉도와 독도에 대한 인식이 소멸되어 갔는지, 19세기 중반 서양 함대들의 동해 탐험에 의해 서양식 명칭이 붙여진 후 그려진 지도를 보면 다케시마, 마쓰시마의 명칭은 사라지고 서양의 명칭을 그대로 쓰고 있다.

예를 들어, 1867년 「대일본연해약도(大日本沿海略圖)」에는 다케시마(아르고 노트섬), 마쓰시마(다줄레섬), 호넷락스(독도) 등 3개의 섬이 그려져 있고, 1868년 「대일본사신전도(大日本四神全道)」도 울릉도를 다케시마, 독도를 마쓰시마와 리앙쿠르 락스 등 2개의 섬으로 그렸다. 이러한 상황에서 1877년 『태정관문서』에서도 다케시마(또는 이소 다케시마) 외 1도로 지칭할 수밖에 없었던 것이다.

일본에서는 이러한 혼란스런 상황을 확실히 하기 위해 1880년에 군함 아마기(天城)호를 울릉도로 파견했다. 아마기호가 울릉도를 측량한 이후 일본에서는 공식 지도나 공문에서 '마쓰시마'로 정착되었다. 그래서 원래 '마쓰시마'였던 독도의 명칭이 없어졌다. 그리고 독도는 프랑스 이름인 '리앙쿠르 락스'에서 파생된 '리앙코르토 열암'이나 그것을 줄인 '랸코도'로 부르기 시작했다.

그리고 '다케시마'는 울릉도 동쪽 2km 지점에 있는 죽도라는 보고가 올라옴에 따라 울릉도 북서쪽에 있다고 믿었던 다케시마(아르고노트섬)는 지도에서 없어졌다. 이렇게 해서 혼란스럽던 섬들의 명칭이 일단락되었다. 하지만 민간에서는 여전히 울릉도를 다케시마, 독도를 마쓰시마로 불렀던 전통이 그대로 계승된 지도와 문서 등이 많이 남아있다. 독도가 다케시마로 공식화되는 것은 1905년 시마네현의 다케시마 강제 편입 때부터이다.

10. 일본의 강치잡이와 시마네현의 불법 편입

강치잡이와 나카이 요자부로

독도는 강치의 집단 서식지였다. 강치는 가죽과 식량, 등불용 기름 등으로 쓸 수 있어 큰 수익을 냈다. 독도에서 강치잡이를 독점하고 싶어 하던 나카이 요자부로(中井養三郎)는 3명의 다른 어업가와 함께 합자회사를 설립하여 강치를 마음대로 포획하고자 했다.

나카이 요자부로는 일본 정부에 독도 이용 독점권을 요청할 계획으로 그 절차를 일본 관료들과 의논했다. 그 과정에서 독도의 전략적 위치에 주목한 해군성 관리는 나카이에게 "독도는 주인 없는 땅이며 거리도 일본

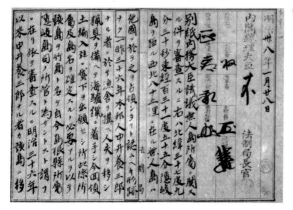

각의 문서와 시마네현보

본토에서 더 가깝다"고 하면서 1904년 9월 29일 내무성·외무성·농상무성 3대신 앞으로 「량코도 영토편입 및 대하원」을 제출하게 했다. 이때 일본 내무성은 "시국이 시국이니만큼(러일전쟁 중) 한국령으로 보이는 일개 불모의 암초를 취할 경우 주변의 여러 나라로부터 일본이 한국을 병합하려는 의심만 살뿐으로 이익이 매우 적은 것에 반해 결코 쉬운 일이 아니다"라고 하며 청원을 거절했다.

독도를 독점하고 싶었던 나카이는 내무성에서 거절당하자 이번에는 외무성의 야마자 엔지로[山座円次郎]를 찾아갔다. 그러자 야마자는 전혀 다르게 받아들였다. "시국이 시국인 만큼 영토 편입은 필요한 일이다. 게다가 망루를 건축해서 무선이나 해저전선을 설치하면 적함(러시아)을 감시하기에 좋지 않겠는가" 하며 신속하게 외무성에 청원서를 제출하도록 했다. 그리고는 내무성이 염려했던 점을 고려하여 대한제국이나 서양 열강이 모르게 비밀리에 진행했다.

1905년 1월 28일, 일본 내각회의에서는 독도를 무주지로 규정하고 이제까지 울릉도를 가리키는 다케시마를 독도에 붙여 시마네현 오키섬에 편입하기로 결정했다. 영토 취득 사실은 원래 국가 관보에 실어야 하는 사항임에도 시마네현의 현보에 '시마네현 고시 제40호'로 게재하여 일본인들조차 그 사실을 잘 몰랐다.

편입 후인 1905년 6월, 일본은 대한제국과 울릉도, 독도와 오키섬을 잇는 해저케이블을 각각 설치했다. 그러나 이때는 이미 러일전쟁이 끝난 후여서 별로 사용치 않았다. 일본 정부는 이러한 행위를 대한제국에게는 아무런 문의나 사후 통보도 하지 않았다. 결국 대한제국의 영토를 주인 몰래 훔친 것이나 다름없다. 신석호 교수는 1948년『사해(史海)』창간호에서, 시마네현의 편입조치는 '강도행위가 아니면 사기행위'라고 질타했다.

불법 편입으로 독도를 훔치다

일본의 독도 편입은 국제법상 무효이다. 왜냐하면 1905년 독도는 무주지가 아니었기 때문이다. 일본은 영토 편입의 근거를 1905년 당시 독도가 주인 없는 섬이고 자국 어민이 이 섬에서 어업에 종사하고 있었으므로 독도에 대한 이름과 소속을 확정할 필요가 있어 국제법에 따라 편입한 것이라는 이른바 '무주지 선점론'을 주장했다.

그러나 대한제국은 이미 오래전부터 독도를 자국 영토로 인지해 왔으며 1900년 대한제국 칙령 제41호를 통해 법적으로 재확인한 바 있다. 일본의 '무주지 선점론'은 일본이 17세기부터 독도를 실효적으로 지배해 온 고유 영토였다고 하는 이른바 '고유영토론'과도 모순된다.

자국의 고유 영토를 무엇하러 다시 자국 영토에 편입한다는 말인가, 일본은 1905년 시마네현의 영토 편입에 대해 근대 국제법 질서에서 역사적 권원을 재확인한 것이라고 주장한다. 그렇다면 다른 섬들에 대해서도 이러한 조치를 취했어야 하지만 그렇게 하지 않았다. 유독 독도에 대해서만 이 주장을 하고 있다. 정말 궤변이 아닐 수 없다.

일본의 독도 편입은 절차상으로도 문제가 있다. 일본은 미국 등 서구 국가에 대해서는 사전 통고나 협의 등의 절차를 밟았으나 한국에 대해서는 아무런 협의나 통고 없이 일방적으로 독도 편입을 강행했기 때문이다. 서구 열강의 눈치를 보던 일본은 미국과는 '카스라-테프트 조약'을 맺어 일본이 미국의 필리핀 지배를 인정하는 대신 일본의 한국 지배를 승인했다. 그리고 제2차 영일동맹을 맺어 영국의 승인도 받았다. 결국 러시아의 남하를 견제하기 위해 대한제국이 희생양이 된 것이다. 그리고 이어 일본의 한반도 강제 점령으로 이어졌다. 이러한 관점에서 일본의 독도 편입은 한반도 침략의 시작이었다.

독도는 일본이 자국 도서로 편입한 대부분의 섬들과는 달리 한국과 일본 사이에 위치하며 울릉도의 부속 섬이다. 그리고 울릉도는 이미 17세기에 양국 간 논쟁의 대상이 되었던 섬이다. 그런데도 일본은 울릉도 영유권을 다툴 때 함께 거론한 바 있는 독도를 아무런 사전 협의나 사후 통고도 없이 몰래 훔쳐갔다.

을사늑약이 체결되다

1905년 5월, 러시아 발틱 함대는 독도 근해의 마지막 전투에서 일본에게 패했다. 이 해전을 통해 일본인들은 '다케시마'라는 섬의 이름을 처음 알게 되었다. 이미 3개월 전에 시마네현에 편입되었지만 그 사실을 일본인들은 모르고 있었기 때문이다. 러일전쟁이 끝난 후 양국은 미국의 중재로 '포츠머스 강화조약'을 맺었다. 강화조약의 내용은 "제2조 ①러시아는 일본이 한국에 대해 탁월한 이익을 가지는 것을 인정한다, ②러시아는 일본 정부가 한국에 어떤 지도, 보호 등의 조치를 취해도 그것에 간섭하지 않는다"는 것이었다.

일본은 포츠머스조약이 의회에서 승인되자마자 한국에 '을사늑약'을 강요했다. 1905년 11월 을사늑약이 체결되자 일본은 통감부를 설치했고, 이토 히로부미[伊藤博文]가 부임했다. 대한제국은 이제 외교권이 완전히 박탈된 채 일본의 간접 지배를 받게 되었다.

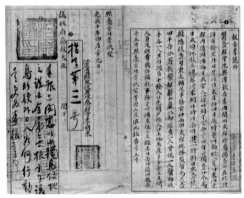

지령3호와 이명래 보고서

1906년 3월, 처음으로 오키섬의 관리 45명이 독도를 시찰했다. 그리고 울릉도 군수 심흥택에게 독도가 다케시마라는 이름으로 일본 영토가 되었다고 알렸다. 놀란 심흥택은 3월 29일 강원도 관찰사 서리 춘천 군수 이명래에게 이 사실을 보고하였다.

이명래는 다시 참정대신 박제순에게 보고했고, 박제순은 '지령 제3호' (1906년 5월 20일)로 "독도가 일본 영토가 되었다는 사실은 전혀 근거가 없는 것이니 섬의 형편과 일본인의 행동을 잘 살펴 보고하라"고 지령하였다.

⟨지령 제3호⟩

울도 군수 심흥택 보고서, 들기로는 본 군 소속 독도가 외양(外洋) 백여 리 밖에 있는데, 이달 초 4일 9시경에 윤선(輪船) 1척이 군내 도동포에 와서 정박하였고, 일본 관원 일행이 관사에 왔는데, 그들이 말하기를 독도가 이번에 일본의 영지가 되었기에 시찰차 나온 것이다 하는 바, 그 일행은 일본 시마네현 오키도사 히가시 분스케[東文輔]와 사무관 진자이 요시타로[神西由太郎], 세무감독국장 요시다헤고[吉田平吾], (경찰)분서장 가게야먀 이와하치로[影山巖八郎]와 순사 1명, (의회)의원 1명, 의사, 기술자 각 1명, 그 외 수행 인원 10여 명이고, 먼저 가구, 인구, 토지와 생산의 많고 적음을 물어보고, 다음으로 인원과 경비 등 제반 사무를 조사하여 갔으므로, 이에 보고하오니 살펴주시기를 엎드려 바라옵니다.

광무 10년(1906), 4월 29일

강원도관찰사 서리 춘천군수 이명래

참정대신 지령 3호

올라온 보고서는 다 읽었고, 독도 영지 운운하는 설은 전혀 근거가 없으니, 섬의 형편과 일본인의 동향을 다시 조사해 보고하라.

대한제국의 주요 신문인 『대한매일신보』와 『황성신문』에서도 일제의 독도 침탈 소식을 보도하면서 항의의 뜻을 강하게 드러냈다.

〈대한매일신보〉

무변불유(無變不有 : 변이 생겼다)

울도군수 심흥택 씨가 "일본 관원 일행이 본군에 와서 본군에 소재하는 독도가 일본의 속지라고 하며 땅의 크기와 호구·경지수를 기록하여 갔다"고 내부에 보고하였다. 그런데 내부에서 지령하기를 "유람차 와서 땅의 크기와 호구를 기록해 가는 것이 혹 이상한 일은 아닐지 모르지만, 독도가 일본 속지라 칭하여 운운하는 것은 전혀 이치에 닿지 않는 말이니 지금 보고받은 바가 아연실색할 일이다"라고 하였다.

〈황성신문〉

〈울졸보고내부〉(鬱倅報告內部)

울도군수 심흥택 씨가 내부(內部)에 "본군 소속 독도가 외양(外洋) 1백여 리 밖에 있는데 이번 달 4일에 일본 관원 일행이 관사로 와서 말하길 독도가 지금은 일본 영지이므로 시찰차 왔다고 하였는데, 그 일행은 일본 시마네

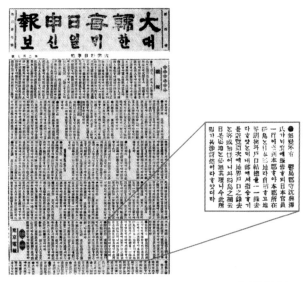

『대한매일신보』

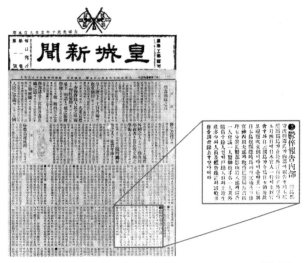

『황성신문』

현 오키도사 히가시 분스케 및 사무관 진자이 요시타로와 세무감독 국장 요시다 헤고 분서장, 경부 가게야마 이와하치로와 순사 1명, 회의 1명, 의사 및 기수 각 1명 그 외 수행원 10여 명이었는데 가호수, 총인구, 토지생산량과 인원 및 소요경비와 제반 사무에 대해 조사·기록하여 갔다"고 보고하였다고 한다.

그러나 이미 을사늑약에 의해 외교권이 박탈당한 대한제국에서는 일본에 항의한다는 외교적 행위가 불가능했다. 대한제국 정부가 통감부에 조회했다는 설도 있지만, 그렇다 하더라도 별 의미가 없었을 것이다. 이렇게 소리 소문 없이 독도는 일본에 강탈되었고, 이후 1910년에는 대한제국 영토 전체가 일제 식민지가 되어버린 채 36년이 흘러갔다.

제3장 국제법이 밝힌다

1. 연합국 최고사령관 지령 스캐핀 제677호

일본은 탐욕으로 빼앗은 일체의 지역에서 물러나야 한다

제2차 세계대전이 막바지에 접어들면서 미국·영국·중국의 수뇌는 1943년 11월 22~26일까지 이집트 카이로에서 회담을 가졌다. 이 회담에서 전후 일본의 영토 처리에 관한 연합국의 기본 방침과 한국의 독립 문제가 언급되었다.

3개국 수뇌가 서명한 카이로선언은 일본이 "폭력 및 탐욕으로 빼앗은 일체의 지역으로부터 물러나야 한다"라고 하였고, 또한 "한국민이 노예 상태임에 유의하여 한국을 자유롭고 독립된 국가로 할 결의를 다진다"라고 했다. 이어 1945년 7월 26일 발표된 포츠담선언에는 제8항 "카이로 선언의 조항은 이행되어야 하며, 또한 일본의 주권은 혼슈, 홋카이도, 규슈 및 시코쿠와 연합국이 결정하는 작은 섬들에 국한될 것이다"라고 명시했다. 일본은 8월 9일 포츠담선언을 수락했고, 8월 15일 연합국에 항복했으며, 9월 2일 항복문서에 서명했다. 이로써 일본의 패망은 공식화 되었고, 한국은 36년의 일본 제국주의에서 해방되어 광복을 맞았다. 그렇다면 1905년 2월, 시마네현에 강제 편입된 독도는 어떻게 되었을까?

당시 대한민국 정부의 공식 입장은 "카이로선언에 따라 독도는 대한민국의 영유권에 속하게 되었다"는 것이다. 그렇다면 연합국도 과연 이에 동의했는가?

스캐핀 제677호와 스캐핀 제1033호

1945년 9월 2일, 일본이 항복문서에 조인하면서 도쿄에는 패전국 일본을 통치 관리하는 군정기관으로서 연합국최고사령부(GHQ : Generral Headquarters Supreme Commander for the Allied Powers)가 설치되었다. GHQ는 몇 달의 조사 끝에 1946년 1월 29일, 흔히 'SCAPIN 제677'로 불리는 '연합국최고사령부 지령 제677호'를 발표했다. 이 문서의 지령 3조에 '일본의 정의(the definition of Japan)'의 내용은 다음과 같다.

이 지령에 의해 "일본은 4개의 본도(홋카이도, 혼슈, 규슈, 시코구)와 약 100개의 더 작은 인접한 섬들을 포함한다"고 정의했다. 여기에 포함되는 것은 쓰시마 및 북위 30도 이북의 류큐(남서)제도이다. 그리고 여기서 제외되는 섬이 ①울릉도, 리앙쿠르 락스(Liancourt Rocks, ehreh), 제주도 ②북위 30도 이남의 류큐제도… ③쿠릴열도… 등이다. 이것은 울릉도, 독도, 제주도가 한국의 영토이므로 반환되어야 한다는 의미를 뜻한다. 이어서 이것을 구체적으로 지도로 명시했다.

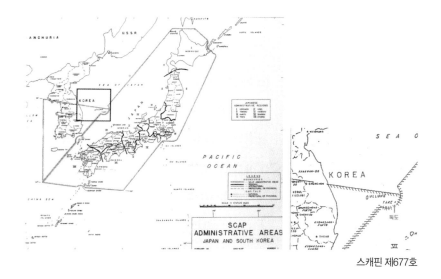

이 지령의 부속지도에는 한국과 일본의 행정관할 구역이 표시되어 있다. 동해상의 직선 경계선에 반원 형태 속에 울릉도는 ULLUNG으로, 독도는 TAKE로 그려 넣어 울릉도와 독도가 모두 한국의 행정관할 구역(영토)임을 확실히 명시했다.

그러나 일본은 SCAPIN 제677호가 '독도가 한국 영토라고 명시한 문서'가 아니라는 것이다. 그 이유는 이 문서의 제6조에 단서조항, 즉 "이 지령의 어떠한 조항도 포츠담선언 제8조의 조항, '작은 섬'들의 최종 결정에 관한 연합국의 정책을 나타내는 것이라고 해석해서는 안 된다"는 것에 해당된다는 주장이다. 일본은 이 조항은 임시 조치일 뿐이라는 것이다. 물론 이 단서조항은 수정 가능성이 충분히 있다. 그래서 지령의 제5조에는 "이 조항에 포함된 일본의 정의(제3조)는 그에 관한 특정한 지령이 없는 한 본

연합국최고사령부에서 발하는 다른 모든 지령, 각서, 명령에 적용된다"는 조항이 있다. 그러나 GHQ가 1952년 4월, 해체될 때까지 이 지령을 수정한 적이 없다. 그렇다면 이 지령은 그대로 법적 효력이 유효한 것이다. 독도와 관련된 국제법상 합법적인 자료다.

스캐핀 지령으로 독도와 관련된 것이 또 하나 있다. 1946년 6월 22일 발령된 'SCAPIN 제1033호'이다. 이 지령 3조에서 '일본인의 어업 및 포경업의 허가구역'을 설정했다. 일명 '맥아더 라인'이라고도 한다.

> "일본인의 선박 및 승무원은 금후 북위 37도 15분, 동경 131도 55분에 있는 리앙쿠르 암의 12해리 이내에 접근하지 못하며, 또한 같은 섬에 어떠한 접근도 하지 못한다."

이것은 독도가 일본이 아니라 한국의 미군정 관할 구역이라는 의미다. 그리고 미군정이 해제되고, 1948년 8월 15일 대한민국 정부 수립과 함께 이렇게 설정된 미군정 영역이 그대로 계승되었음은 당연하다. 실제로 한국은 1948년 8월 15일, 정부 수립과 함께 독도에 '경상북도 울릉군 남면 도동 1번지' 주소를 부여하고 주권을 행사했다. 이에 대해 연합국과 일본 모두 아무런 이의를 제기하지 않았다.

2. 샌프란시스코 강화조약

패전국 일본은 6년여에 걸친 연합국의 점령 통치를 겪은 후, 1951년 9월 8일 샌프란시스코 강화조약(San Francisco Peace Treaty)에 의해 새로운 독립국가가 되었다. 연합국을 실질적으로 이끈 미국과 영국에 의해 1946년 초부터 강화조약 초안이 만들어지기 시작하여 1951년 8월 최종 초안이 완성되기까지 20여 차례 회의를 하였다.

처음에 만들어진 연합국 초안은 전후 미·영·중·소의 4대국 협조를 전제로 하였다. 그러나 점차 미국과 소련이 이념적으로 대립하고 중국이 공산화되면서 미국과 영국은 일본을 자유 진영으로 끌어들여 동아시아에서 공산주의 방파제로 삼으려는 전략을 취하게 되었다. 이 과정에서 강화조약안(案)은 일본에 대해 엄격하고 징벌적인 내용에서 관대하고 편의적인 내용으로 점차 변화되어갔다.

처음에는 독도를 넣다

독도의 귀속 문제에 대해 1947년 3월 19일자 강화조약 초안부터 1949년 11월 2일자의 5차 안까지는 독도가 한국 영토로서 명기되어 있었다. 그러나 12월 8일자 6차 안에는 일본 영토로 명기되었다가 1950년 8월 7일자 7차 안부터는 아예 독도를 빼버렸다. 중간에 미국 전문가들이 "독도는 한국 영토가 맞다"는 의견을 제시하여 1951년 7월 13일, 미 국무성 정보조사국 지리담당관 새뮤엘 보거스(Samuel W. Boggs)는 강화조약을 준비하던 극동아시아과 로버트 피어리(Robert A.Fearey)에게 "독도는 한국 영토이므로 영토분쟁을 방지하기 위해 강화조약 본문에 독도 명칭을 넣어야 한다"고 제언했다. 그러나 미국은 결국 독도 명칭을 누락시켰다.

그 결과 1951년 8월 16일 확정된 강화조약 본문 제2조 a항은 "일본은 한국의 독립을 승인하고, 제주도, 거문도 및 울릉도를 포함한 한국에 대한 모든 권리, 권원, 그리고 청구권을 포기한다"라고 규정하였다. 그리고 9월 8일 샌프란시스코 강화조약은 조인되었다.

그렇다면 그 과정에서 한국 정부는 무얼 했나? 1951년 7월 19일, 한국 정부는 주미 한국대사 양유찬을 통해 샌프란시스코 대일 강화조약에서 독도 등에 대한 한국의 영유권을 명기해 달라고 국무성에 요청했다. 한국이 원한 것은 "일본은 한국과 제주도, 거문도, 울릉도, 독도, 그리고 파랑도를 포함해 일본이 한국을 합병하기 전 한국의 일부였던 도서에 대한 모든 권리, 권원, 그리고 청구권을 1945년 8월 9일 자로 포기했다는 것에 동의한다"는 내용이었다.

이에 국무성은 당황했다. 제주도, 거문도, 울릉도가 어딘지는 알고 있지만 독도와 파랑도(이어도)는 몰랐기 때문이다. 독도라는 지명은 처음 들었고, 마라도 남쪽 수중섬인 파랑도에 대해서는 아무런 정보가 없었기 때문이다. 그래서 국무성에서는 주미 한국대사관에 독도와 파랑도를 문의했는데, 한심하게도 "독도는 울릉도 혹은 다케시마에 가까이 있는 섬이고, 파랑도도 아마 그럴 것이다"라고 대답했다. 참으로 한심한 일이지만 당시의 실상이었다.

– 1951년 6월 14일, 영미 합동초안 작성

일본은 한국의 독립을 승인하고, 제주도, 거문도, 울릉도를 포함한, 한국에 대한 모든 권리, 권원, 그리고 청구권을 포기한다.

– 7월 19일, 양유찬 주미 한국대사 수정 요구

일본은, 한국과 제주도, 거문도, 울릉도, 독도, 그리고 파랑도를 포함한 일본의 한국에 대한 합병 이전, 한국의 일부였던 도서들에 대한 모든 권리, 권원, 그리고 청구권을 1945년 8월 9일자로 포기했다는 것에 동의한다.

– 양유찬 대사와 델러스 고문 회담에서

델러스는 "1905년 이전에 이 섬들이 한국 영토였다는 것이 확실하다면 일본이 포기해야 할 한국 영토 조항에 이들의 명칭을 표기하는 것은 큰 문제가 아니다"라고 말한 뒤 "독도와 파랑도는 어디 있는가?"라고 물었다. 한국의 일등 서기관은 "아마도 울릉도 가까이에 있다고 생각한다"라고 답변했다.

– 8월 3일, 한국 대사관 답변

그 뒤 미 국무성은 다시 주미 한국 대사관에 독도와 파랑도에 대해 문의했다. 주미 한국 대사관은 "독도는 울릉도, 혹은 다케시마 가까이 있는 섬이라고 생각한다. 파랑도도 아마 그럴 것이다"라고 대답했다(1951년 8월 3일자 미 국무성 메모)

– 8월 7일, 국무장관이 델러스에게 보낸 서한

지리학자뿐만 아니라 한국 대사관에서도 아직 독도와 파랑도의 위치를 확인시켜주지 못하고 있다. 그러므로 바로 미 국무성이 이들 섬들에 대한 정보를 듣지 못한다면 우리는 이들 섬에 대한 한국 주권을 확실히 해달라는 한국의 요구를 고려하기 어렵다.

– 8월 10일, 국무성 '딘 러스크' 차관보가 주미 한국대사관에 보낸 서한

독도 또는 다케시마 내지 리앙쿠르 락스로 알려진 섬에 관해서는, 통상 무인(無人)인 이 바위섬은 우리들의 정보에 의하면 조선의 일부로 취급된 적이 결코 없으며, 1905년경부터 일본의 시마네현 오키섬 지청의 관할 하에 있다. 이 섬은 일찍이 조선에 의해 영유권 주장이 이루어졌다고 볼 수는 없다.

그러므로 독도를 한국 영토 조항에 넣어달라는 한국 정부의 요구를 수용할 수 없다는 것이 미국 정부의 결론이었다.

결국은 독도를 빼버리다

한편, 이 시기의 일본은 제1차에서 제5차까지 독도를 한국 영토로 기록한 것을 알고서 미국인 고문 윌리엄 시볼트(William Joseph Sebald)를 내세워 본격적인 로비전을 벌였다. 그 결과 제6차에서는 독도를 한국 영토에서 빼내 일본 영토에 포함시켰다. 그러나 이후 영국·호주·뉴질랜드 등의 항의를 받아 제7차부터 아예 독도라는 명칭이 빠지게 되었다.

이렇게 두 나라가 치열하게 자국 영토에 넣으려 했지만 결국은 한국과 일본의 요청은 모두 받아들여지지 않았다. "강화조약 최종안에 독도가 한국 땅이라는 사실을 넣어달라"고 했던 한국도 뜻을 이루지 못했고, "독도가 일본 땅이라는 사실을 넣어야 한다"고 했던 일본과 시볼트 역시 실패했다. 결국 독도 문제에 대해 샌프란시스코 강화조약에서 미국은 어느 편도 들지 않았고, 그 결과 아무것도 결정하지 못한 채 향후 독도를 둘러싼 한일 분쟁의 씨를 뿌린 셈이 되었다.

이에 대해 일본은 샌프란시스코 강화조약으로 일본이 한국의 독립을 승인했으나 합병 이전의 일본 영토를 한국에 양도한다는 내용은 조약에 없으며, 제2조 (a)항에 독도가 빠져 있다는 점을 들어 일본 영토라고 주장하고 있다.

반면 한국은 제2조 (a)항에 일본에서 분리되는 모든 섬들을 열거한 것이 아님은 한국의 섬이 제주도, 거문도, 울릉도뿐만이 아니라는 사실에 비추어 보아도 명백하다고 반박한다. 또한 독도를 일본 영토라고 한다면 한국의 제주도와 거문도, 울릉도 외의 모든 섬에 대해서도 영유권을 주장할 것인가를 물으며 반박하고 있다.

그러나 2009년 1월, 일본에서 공개한 당시 법령을 보면 일본은 이 시기에 독도를 "일본의 부속도서에서 제외했다"는 사실이 밝혀졌다. 즉 1951년 2월 13일 공포된 '대장성령 4호'와 1951년 6월 6일 공포된 '총리부령 24호' 등 2개 법령에서는 독도를 일본 영토에서 제외했다. '총리부령 24호'는 조선총독부의 소유재산을 정리하는 과정에서 '과거 식민지였던 섬'

『대일강화조약 해설서』의 지도(마이니치신문)

과 '현재 일본의 섬'을 구분하는 내용이다. 제외하는 섬에서 울릉도, 독도, 제주도를 명기했다. 이러한 법령이 존재하고 있음에도 일본은 지금도 독도를 여전히 일본의 고유 영토라고 주장한다.

한편 샌프란시스코 강화조약이 체결된 후 「마이니치신문」이 펴낸 『대일강화조약 해설서』에 나오는 「일본영역도」에서도 역시 '다케시마(독도)'를 한국 영역으로 표시했다. 일본 영역에서 독도가 제외됐다는 사실이 상식이라는 방증이라 볼 수 있다.

3. 평화선을 긋다

주일미군이 독도를 폭격하다

대한민국 정부가 수립될 즈음인 1948년 6월 8일 일본 오키나와에 기지를 둔 미 공군기가 독도를 폭격하여 주변에서 조업하던 울릉도 어민 중 다수의 사상자가 발생했다. 독도에서 미역을 채취하던 사람들은 주로 울릉도와 강원도에서 온 어민들이었다. 사망자는 대략 16명이었고, 20여 척의 크고 작은 선박이 침몰하거나 파손되었다. 이 사건에 대해 미국 극동항공대 사령부는 '우발적 사건'이라면서 독도에 대한 폭격 연습을 일체 중지하겠다고 발표했다.

그러나 1951년 7월 6일, 독도가 연합국최고사령관 지령 제2160호에 의해 폭격 연습지로 재지정되었다. 그러던 중 1952년 한국산악회가 조직한 울릉도·독도 학술조사단이 파견된 9월 15일 오전 11시경 독도 서도에서 전복을 따던 해녀와 선원 등 23명이 4개의 폭탄을 투척한 비행기의 공습을 받았고, 9월 22일에도 미군 항공기의 폭격 연습이 있었다.

독도가 주일미군의 폭격 연습지가 된 배경은 1952년 5월 23일, 일본 중의원 외무위원회에서 시마네현 출신 야마모토 도시나가[山本利壽] 의원 질의에 이시하라 간이치로(石原幹市口) 외무차관이 응답한 내용을 통해 확인할 수 있다. 즉 독도를 일본 땅으로 삼으려는 음모가 내재되었다.

이후 한국 정부는 독도 폭격 사건이 재발하지 않도록 주한 미국 대사관에 항의했다. 1952년 12월 4일, 독도가 일본 영토가 아니라 한국 영토임을

야마모토 의원 : "이번 일본주둔군의 연습지 지정에 있어서 독도 주변이 연습지로 지정되면 그 (독도) 영토권을 일본의 것으로 확인받기 쉽다는 생각에서 오히려 외무성이 연습지 지정을 바라고 있는지 그 점에 대해 말씀해 주시기 바랍니다."
이시하라 차관 : "대체로 그런 발상에서 다양하게 추진하고 있는 것 같습니다."

중의원 외무위원회 기록

확인한 미국 대사관은 독도를 폭격 연습 기지로 사용하지 않겠다고 회신해 왔다. 그리고 1953년 1월 20일에는 '폭격 연습지 사용 중지와 관련된 지시'를 내렸다는 유엔군 사령관의 보고가 있었다.

1952년 이승만 라인 선언

한편 1951년 9월 8일, 샌프란시스코 조약이 조인되자 한국전쟁 중이던 한국 정부는 1952년 1월 18일 '인접 해양에 대한 주권에 관한 선언'을 국무원 고시 제14호로 선포하였다. 이 고시는 1929년 일본이 제정한 '트롤 어업 금지구역'을 기준으로 한반도 연안에 설정한 것으로 일명 '이승만 라인' 또는 '평화선'이라 한다.

광복 직후 연합군사령부에서는 일본인의 어업에 관해 1946년 6월 22일 공포한 'SCAPIN 제1033호'가 있다. 이 지령 3조에서 '일본인의 어업 및 포경업의 허가구역'을 설정했다. 일명 '맥아더 라인'이라고 하는 해양경계선이다. 그러나 일본인들은 샌프란시스코 강화조약이 발효되기 전부터

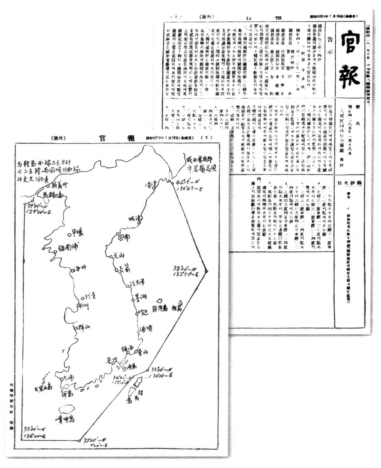

'이승만 라인'의 관보 내용과 지도

맥아더라인을 침범하여 불법 어업을 일삼았다. 이러한 상황에서 1952년
4월 28일부터 샌프란시스코 강화조약이 발효되면 맥아더 라인은 자동적
으로 폐지되어 일본 어선이 더욱더 몰려들 것이 빤한 상황이었고, 한국 입

장에서는 대책을 세우지 않을 수 없었다. 따라서 이승만라인의 설정은 한국의 어업권 보호를 위한 정당한 행위였다.

평화선은 한국이 독도 근해의 어족 자원을 보호하고 영해와 대륙붕에 대한 주권을 행사할 목적으로 설정한 것이다. 평화선 선포 이후 우리 정부는 평화선을 침범하는 일본 선박을 나포하라는 명령을 내렸고, 독도를 포함한 평화선 안이 한국 관할임을 대내외적으로 분명히 했다. 평화선이 선포된 후 일본은 처음에는 강하게 반대했지만 일본 어선에 대한 나포와 억류가 이어지자 점차 태도를 바꾸며 일부분 평화선을 인정하기 시작했다.

1955년 7월 22일, 일본 참의원 예산위원회에서 평화선 문제를 논의했다. 의원들이 평화선의 부당함을 지적하자 시게마쓰 외상은 평화선은 어디까지나 외교적 교섭으로 해결하는 것이 정부 방침이라고 하면서, 평화선을 명백한 불법이라고 규정하지는 않았다. 일본은 평화선을 그대로 인정하지는 못하지만 한국이 주장하는 내용을 되도록 수용하겠다는 방향으로 움직였다. 이를 증명하는 것이 1957년 5월, 일본 수산청이 작성한 비밀문서인 「한일어업교섭요강(안)」의 '기본적 태도'에 관한 부분이다.

어업 능력이 열등한 한국에 대해 실질적으로 불평등을 바로 잡을 뿐만 아니라 한국 어업의 장래 발전성도 고려한다. 현재의 소위 이(李) 라인을 그대로 인정하지는 못하지만, 이(李)라인 설정으로 한국이 의도하는 문제점을 되도록 양국 간의 실질적인 조정 조치에 의해 해결하기로 한다.

한일어업 교섭 요강(안)

이처럼 일본은 평화선 문제에 대해 실질적인 조정으로 해결하겠다는 입장을 보였다. 사실상 한국의 '해양주권선언'을 일부 인정한 셈이다.

평화선이 선포된 이후에도 영유권 논쟁은 계속되었다. 일본 정부는 1953년 6월 27일 등 3차례에 걸쳐 순시선에 관리와 민간인을 태우고 독도에 상륙하여 한국이 세운 영토표석과 '조난 어민 위령비'를 파괴한 후 일본 영토표시 말뚝을 박고 돌아갔다. 이러한 돌발행동에 대해 한국 정부와 민간이 함께 나서 단호히 대응해 나갔다. 특히 울릉도 주민 홍순칠 등 40여 명이 '독도의용수비대'를 조직하고 무기를 사들여 독도 수호활동에 앞장섰다. 정부는 평화선을 침입한 일본 어선들에게는 벌금을 부과했고,

위반하면 나포하여 재판에 회부하는 등 단호히 대처했다.

1965년 6월에 한일어업협정이 체결될 때까지 평화선 침범으로 인해 나포된 일본 어선은 모두 326척, 억류된 선원은 3,094명이었다. 평화선이 폐지된 것은 1965년 '한일어업협정'을 통해서였다. 그런데 30년 후인 1994년 유엔에서 국제해양법이 발효되자 일본은 이를 근거로 평화선이 불법이었다고 새삼 억지 주장을 펴고 있다. 일본의 논리대로라면 평화선이 선포된 1952년 당시는 해양법도 없었던 시절의 '해양주권선언'일 뿐이다.

4. 한일어업협정

1965년의 국교 재개

1945년 일제의 강점에서 광복된 후 3년의 미 군정기를 거쳐 1948년 대한민국 정부가 수립되었지만 이후 1965년 한일기본조약에 의해 국교 재개가 이루어질 때까지 일본과의 외교관계는 단절되어 있었다. 그러나 이 기간에도 한국은 한일회담을 통해 문화재 반환, 어업, 재일 한국인의 법적 지위, 샌프란시스코 강화조약에 따른 대일 청구권 문제 등을 해결하기 위해 교섭을 지속하였다. 특히 독도 문제는 1952년 1월 18일 이승만 대통령이 선포한 '평화선'에 대하여 일본 정부가 항의하면서 회담의 고비마다 교섭의 진전에 큰 장애가 되었다.

한일회담은 1951년 10월 20일부터 1965년 6월 22일 '한일기본조약(한일

협정)'이 맺어질 때까지 14년간 7차례에 걸쳐 한일 간의 국교 정상화를 목
표로 한 회담이었다. 첫 회담은 샌프란시스코 강화조약이 조인된 지 한 달
후인 1951년 10월 20일, 한국의 주미 대사 양유찬과 일본의 마쓰모토 슌
이치 대표의 예비회담으로 시작되었다. 그리고 1952년 2월 25일 제1차 본
회담이 열렸는데 평화선 선언 한 달쯤 후이다. 원래 이 회담은 샌프란시
스코 강화조약이 발효되는 1952년 4월을 목표로 했지만 처음부터 평화선
문제를 포함해 독도 문제 등 다수의 문제들로 인해 결국 14년에 걸친 장
기 교섭이 되고 말았다.

한일협정 최종 문서와 독도 문제

한일협정 최종 문서에 독도 문제는 어떤 식으로 기재되었을까? 내용의
핵심은 한일기본조약이 체결된 후에 한일 간의 분쟁이 일어날 경우를 대
비해 해결 방법을 합의한 '교환공문의정서'이다. 이 의정서에는 조약을 체
결한 후에 양국 간에 분쟁이 발생하면 두 가지 방식으로 해결하도록 했
다. 일단은 양국 간의 외교루트를 통해 의논해서 해결하고, 외교루트로 해
결이 어려우면 조정으로 해결한다는 것이다. 즉 "양국 정부는 별도의 합
의가 있는 경우를 제외하고 양국 간의 분쟁은 우선 외교상의 경로를 통해
해결할 것으로 하고, 이것으로 해결하지 못한 경우에는 양국 정부가 합의
하는 절차에 따라 조정에 의해 해결을 도모하기로 한다"고 규정했다.

이때 '조정'이란 제3국을 중재자로 내세워 문제를 해결하는 것이며 국
제사법재판소를 통한 해결은 포함되어 있지 않다. 이 조정안이 결정되기

까지 양국은 국제사법재판소 회부 건을 놓고 여러 차례 논의했지만 한국의 강한 거부 끝에 일본은 국제사법재판소를 제외한 제안을 제시했다. 그것이 '제3국에 의한 조정'이었으며, 그 문항에도 독도는 들어가 있지 않다. 따라서 독도 문제를 국제사법재판소에서 해결하자는 일본 요구는 한일기본조약이 체결됨에 따라 사실상 소멸했다. 실제로 일본은 1954년 한번 제안했던 이래 1965년 한일기본조약이 체결된 이후는 독도 문제를 국제사법재판소에 회부하자는 제안을 한국에 정식으로 한 적이 없다. 그런 제안 자체가 한일기본조약 위반 소지가 있기 때문이다.

한일 어업협정과 독도영유권

한일 기본조약 중 '한일 어업협정'의 주요 내용은 한일 양국이 각각 자국 연안으로부터 12해리 어업전관수역(Exclusive Fishery Zone)을 설정하고, 전관수역을 벗어나서는 기국주의가 적용되는 공동 규제 수역으로 하여 한국 어선은 한국이, 일본 어선은 일본이 단속 및 재판 관할권을 행사하도록 한 것이다. 한일 어업협정은 5년마다 자동 갱신하고 종료 선언일로부터 1년 후 종료하도록 되어 있다.

물론 어업협정이 영토에 대한 조약은 아니다. 그러나 12해리 어업전관수역은 영해를 의미하는 것이고, 어업전관수역을 침범하는 것은 영해를 침범하는 것과 같다. 그런 의미에서 독도 인근에 대한 어업협정의 적용은 영토협정과 동일한 의미를 지닌다.

그런데 1994년 '유엔해양법 협약'이 발효됨에 따라 과거 영해와 공해로

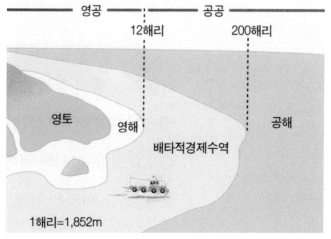

유엔 해양협약 개념도

구분되던 바다는 영해(12해리), 접속수역(24해리), 배타적 경제수역(EEZ, 200해리), 대륙붕(200~350해리), 공해로 구분되었다. 그에 따라 한일 양국은 1998년 11월 28일 '신한일어업협정(新韓日漁業協定)'을 체결했다.

한국 정부는 신한일어업협정을 통해 1996년 한일 양국이 EEZ를 선포한 결과 발생한 중간 수역에 대해 EEZ 경계 획정 이전 단계의 잠정 조치임을 분명히 했다. 그리고 한국은 1997년 배타적 경제수역의 기점을 '울릉도'로 지정했던 것을 폐기하고 2006년 6월 12일 '독도'를 기점으로 삼았다. 그리하여 독도에 대한 영토 주권 행사가 유엔해양법 협약에서도 합법적인 것으로 되었고, 신한일어업협정으로 한국은 상당 면적의 EEZ를 한국 관할 하에 두게 되었다.

1965년 한일어업협정 때는 한국이 독도와 주변 12해리까지 영토와 영

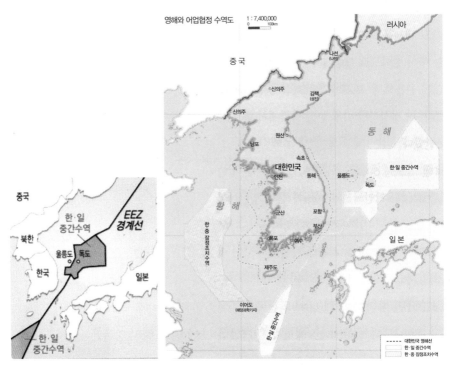

영해와 어업협정 수역도

신한일어업협정과 공동어로구역

해로 관리했고 그 바깥은 공해였다. 그리고 1998년 신한일어업협정으로 독도 주변이 공동관리수역(중간수역)이 되었지만 독도와 그 주변 12해리까지는 한국의 영토와 영해로 관리하고 있다. 이러한 면에서 한국의 독도 영유권은 신한일어업협정 체결 뒤에도 변함이 없다. 이것은 협정을 조인할 때 일본 역시 독도를 한국 영토로 인정했다는 증거이기도 하다.

결국 일본은 한일기본조약을 체결하면서 사실상 독도를 포기한 것이다. 그래서 일본은 한일기본조약을 체결한 뒤 그때까지 매년 한국에 보내던 항의서, 즉 "한국이 불법적으로 점거하고 있다"는 내용의 항의서를 5년 동안이나 보내지 않았고, 한국이 독도 주권을 강화하는 발언을 해도 어떤 항의를 하지 않았다.

그런데 1970년 이후 여당의 일부 국회의원들과 극우세력들의 책동에 의해 다시 독도 논쟁이 가열되었다. 2010년 이후 일본 교과서에 국제사법재판소 회부 제안이 기술되면서 한국 사람들 상당수가 일본이 국제사법재판소에 가자는 것으로 염려한다. 그러나 국제사법재판소는 분쟁 상대국이 동의하지 않으면 일방적으로 회부될 수 없다. 일부에서는 독도가 한국 땅인 것이 확실한데 왜 국제사법재판소 회부를 회피하느냐고 의아해한다. 만약 한국이 회부를 동의한다면 독도를 분쟁지역으로 인정한다는 것이고, 그렇다면 독도가 한국의 고유 영토가 아닐 수도 있다는 것을 스스로 인정하는 꼴이 된다. 일본에 휘말리는 그런 바보 같은 짓을 할 아무런 이유가 없다는 것을 명심해야 한다.

제4장 현재가 말해준다

1. 독도경비대가 지키고 있다

독도의용수비대

1945년 8월, 태평양전쟁에서 패배한 일본은 연합국의 관리 하에 놓이게 되었다. 연합국총사령부(GHQ)에서는 일본이 울릉도·독도에 대한 정치적·행정적 권력 행사를 중지하도록 규정한 SCAPIN 제677호를 하달했다. 그 후 1951년 6월, 미국 샌프란시스코에서 '대일강화조약'을 맺었는데, 조약문 제2조에 "일본은 한국의 독립을 승인하고 제주도, 거문도, 울릉도를 포함하는 한국에 대한 모든 권리 및 청구권을 포기한다"고 기술하여 조약 초안에 들어있던 독도를 뺌으로써 독도에 대한 애매한 해석을 가능하게 했다. 그러자 한국 정부는 그 이듬해 대일강화조약이 발효되기 전인 1952년 1월, 독도를 한국의 주권 영역에 포함하는 '인접해양에 관한 주권선언' (평화선 선언)을 반포함으로써 한국의 영토임을 분명히 했다.

평화선 선포 이후에도 일본 어민들은 이를 무시하고 울릉도와 독도 근해에 나타나 어업행위를 자행했다. 그러자 이러한 일본인의 불법적 행위

독도 경비 초사 및 표식제막기념(1954. 8. 28)

에 대해 홍순칠을 비롯한 울릉 군민들은 1953년 4월 20일에 '독도의용수비대'를 결성하여 독도 수호에 앞장섰다. 독도의용수비대는 한국 국민이 자발적으로 나서 독도를 수호한 좋은 선례를 남겼으며, 이들의 수호활동은 독도의 영유권을 재확인하는데 결정적인 역할을 했다고 평가할 수 있다. 독도의용수비대의 편제는 각각 15명으로 구성된 전투대 2조, 울릉도 보급 연락요원 3명, 예비대 5명, 보급선 선원 5명 등 모두 45명이었다.

이 가운데 3명을 빼고는 모두 한국전쟁에 참전했던 군인 출신이었으며, 대장은 홍순칠이 맡았다. 홍순칠과 독도의용수비대는 곧바로 독도에서 경비를 시작하였다. 1953년 6월, 독도로 접근하는 일본 수산고등학교 실습선을 귀향하도록 조치하였으며, 7월 23일에는 독도 해상에 나타난 일본

'韓國領'과 독도의용수비대

해상보안청 순시선을 발견하고 총격전을 벌여 격퇴하였다. 1953년 7월부터는 국회에서 울릉경찰서 소속 경찰관을 경비대로 독도에 파견하여 상주하도록 하였으나 인원은 5명뿐이었다. 독도경비대에서는 1953년 8월 5일, 동도 바위벽에 독도가 대한민국 영토임을 밝히는 '韓國領(한국령)'을 새겨 넣었다.

1954년 11월 21일에는 1천 톤급 일본 해상보안청 소속 순시함 3척이 비행기 1대와 함께 독도를 공격하는 사건이 벌어졌다. 독도의용수비대의 항전으로 일본 함정들은 피해를 입고 사상자가 발생하였다. 일본 정부는 한국 정부에 항의각서를 제출하고 독도우표가 첨부된 우편물을 한국으로 반송시켰으며, 이후 일본 해상보안청의 함정이 매달 정기적으로 독도 근해를 순시하였다 .

일본 순시선이 정기적으로 독도 근해에 나타나자 수비대는 포대를 구축하고 가짜 나무 대포를 만들어 위장을 했다. 포구의 직경이 20cm 정도인 나무 대포는 포신을 자유롭게 돌릴 수 있었고, 에나멜로 칠을 하여 멀리서 보면 실제 대포와 다름이 없었다. 일본 신문에서는 이를 두고 '독도에 거포 설치'라고 보도했다. 나무 대포를 설치한 후에도 일본 함정이 계속 나타났으나 그전처럼 근접하지는 않았으며 먼 곳에서만 배회하였다.

1956년 12월 30일 홍순칠과 마지막까지 남은 독도의용수비대 32명은 무기와 독도 수비 임무를 '독도경비대'인 경찰에 인계하고 3년 8개월 만에 울릉도로 귀환했다. 이후에도 홍순칠은 독도의용수비대 동지회 회장으로 활동하면서 푸른 독도 가꾸기 운동을 펼치는 등 독도 사랑을 몸소 실천하며 독도를 지켜왔다.

현재 독도에는 독도경비대 경찰관 40여 명과 등대관리원 3명이 육상 경비를 전담하고, 해상에는 해경 경비구난함 삼봉호와 독도경비전담함이 배치되어 독도를 수호하고 있다

2. 대한민국 국민이 살고 있다

국가의 3대 요소는 영토, 국민, 주권이다. 물론 주민이 살지 않는 무인

도도 국가의 영토가 될 수 있다. 그러나 국가 사이에 영토분쟁이 발생했을 때, 주민이 살면서 국가에 대한 권리와 의무를 수행했다면 국제적으로 온전한 영토로 인정받을 수 있다. 그만큼 섬에 주민이 산다는 것은 매우 중요하다.

현재 독도에는 독도 경비대 40여 명과 등대관리원(항로표지원), 울릉군 독도관리사무소 공무원 등 50여 명이 살고 있다. 그러나 그들은 독도에 사는 온전한 주민이라고 하기에는 한계가 있다. 다행히 독도에는 김성도·김신열 부부가 삶을 영유하면서 국민의 권리와 의무를 행하고 있기 때문에 이들은 순수한 의미에서의 독도 주민이다. 이들이 독도에서 삶의 터전을 꾸리게 된 것은 독도 최초 주민인 최종덕과 인연을 갖고 있기 때문이다.

독도의 최초 주민은 최종덕(1925~1987)이다. 1964년 독도에 처음 들어온 이후 1살짜리 딸 최경숙과 함께 3인 가족이 상주하면서 어로활동을 하였고, 1981년에는 독도에 주민등록을 옮겨 법적으로 독도의 최초 주민이 되었다. 1965년 독도어장 채취권을 취득한 후 약 22년 동안 미역, 전복, 소라 등을 채취하였고, 양식업을 하기 위해 해안에 3채의 집을 짓고 생활하였다. 그리고 동력선 1척, 무동력선 2척을 소유하고, 선원 1명과 해녀 1명을 고용하였다. 제주해녀 김정순, 고순자 등을 직접 고용하여 독도 해안의 미역과 패류를 채취했으며, 한여름 파도가 거친 2~3개월을 제외하고는 연중 작업을 했다.

그러던 중, 1987년 9월 태풍 다이애나가 독도를 덮쳤을 때 주거공간과 선착장이 파괴되었다. 최종덕은 복구 자재를 구입하기 위해 육지로 나갔

최초의 독도 주민 최종덕씨

다가 울릉도로 돌아가던 중 포항 버스터미널에서 뇌출혈로 세상을 떠났다. 그는 생전에 서도에 묘소도 만들어 놓았지만 그곳에 잠들지 못하였다.

그 뒤 최종덕의 사위 조준기가 1987년 7월 8일 같은 주소에 전입하여 거주하다가 1991년 2월 9일 울릉읍 독도리 20번지(구 도동리 산 63)로 옮겼으나 1994년 3월 31일 전출하였다. 1991년 11월 17일 이후부터는 김성도, 김신열 부부 1가구 2명이 울릉읍 독도리 20-2번지(구 도동리 산 63) 독도주민 숙소에서 어로활동에 종사하며 거주하고 있다. 2008년 4월부터 독도관리 사무소 직원 2명이 교대로 상주하며 입도객들의 안전지도 및 주민생활을 지원하고 있다. 2018년 10월 21일 김성도 씨가 별세한 후 현재는 부인 김신열 씨가 혼자 살고 있다.

독도의 주민숙소

　2020년 6월 현재, 독도에 주민등록이 되어 있는 사람은 김신열을 비롯하여 숙소를 가지고 생활하는 10여 명이다. 그리고 본적을 독도로 두고 있는 사람은 3,567명이며, 독도명예주민증을 소지한 사람은 6만여 명에 이른다. 이를 보더라도 독도가 한국 영토이며, 주권과 국민이 존재하는 사실을 입증한다. 또한 매년 독도를 방문하는 관광객이 늘어나 2019년에만 25만 6천 명에 달했다. 우리 영토에 우리가 가는 것이다.

　구호와 주장으로만 독도를 일본 땅이라고 억지를 부리는 일본과는 차원이 다르다. 이 현실을 일본은 인정해야 하며, 일본 국민들도 이제는 더 이상 일부 정치가의 억지 선동에 흔들리지 말아야 한다. 괜한 억지로 한일 관계를 불편하게 만들어서는 안 된다.

제5편

독도 가는 길

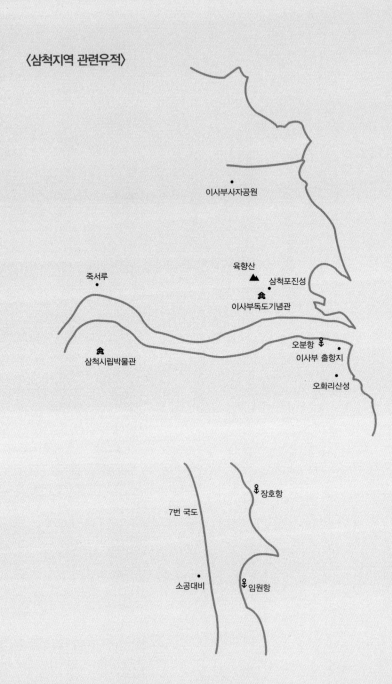

〈삼척지역 관련유적〉

이사부사자공원

죽서루

육향산
삼척포진성
이사부독도기념관

삼척시립박물관

오분항
이사부 출항지

오화리산성

7번 국도

장호항

소공대비

임원항

제1장 이사부 출항지, 삼척

1. 삼척시립박물관, 이사부 국가표준영정

(삼척시 엑스포로 54. 삼척시립박물관)

삼척시립박물관

삼척시립박물관은 오십천을 사이에 두고 죽서루와 마주보는 곳에 자리 잡고 있다. 1994년 8월 건립 기본계획을 수립한 이래 82억 원을 들여 8,192㎡ 부지에 연면적 2,580㎡, 전시면적 1,382㎡의 규모에 지하 1층 지상 2층 건물로 2000년 3월 개관되었다. 삼척을 비롯한 강원 남부 지역의

이사부 국가표준영정과 권오창 화백

문화유적, 민속문화자료, 다양한 향토유물이 전시되어 지역사 및 민속문화 연구와 교육의 장으로 활용되고 있다. 지상 1층에 선사·역사실, 민속예능실, 기획전시실이 있으며, 2층에 생업·생활실이 있다. 1층에는 이사부에 관한 유물이 전시되고 있다.

이사부는 505년 실직주(지금의 삼척 일원) 군주로 임명되어 우산국 정벌에 성공함으로써 울릉도·독도를 우리 영토에 복속시켰다. 이 업적과 정신을 기리기 위하여 삼척시와 〈강원도민일보〉는 '이사부 초상화'를 국가표준영정으로 제작하였다. 이사부의 공인 초상화조차 없는 것을 안타깝게 생각하여 2009~2011년 3년차 사업으로 5천만 원을 들여 영정 제작을 추진했다. 2011년 6월 문화관광부에서 국가표준영정 제83호로 지정받아 국가가 공인한 이사부 초상화가 탄생되었으며 원본은 삼척시립박물관에 소장되었다. 이사부 국가표준영정의 탄생으로 독도 수호와 해양 개척 영웅의 실체를 더 가깝게 함으로써 전 국민에게 사랑받는 초상화가 되었다.

이사부 국가표준영정은 전통 인물화 대가인 권오창 화백(동강궁중회화연구소장)이 그렸으며 가로 세로 108cm×190cm로 완성되었다. 이사부는 6세기 신라시대 왕족 출신 진골 귀족으로 진취적인 기상을 나타내는 장군의 모습과 명재상으로서 지성과 덕성을 갖춘 30~40대로 상정하여 왼쪽 얼굴 7분면의 전신 입상으로 완성되었다. 철저한 고증을 거쳐 완성되었는데 용모는 경주 김씨 종중 후손의 골상을 바탕으로 문무를 겸비한 진골 귀족 모습으로 그렸다. 복식은 6세기 군주 신분으로서 삼환두대도(三環頭大刀)를 든 종장판(縱長板) 투구와 찰갑의 걸쳐엮기 기법의 갑주를 입었다.

2. 삼척 오분항과 출항기념비, 이사부 우산국 복속 출항지
(삼척시 오분동 231-3 일원)

512년 이사부가 이끄는 전선이 우산국(울릉도 독도)을 복속시키기 위해 출항한 항구이다. 오분항은 강원도 삼척 중심가를 흐르는 오십천이 바다와 만나는 하구 지점에 자리한다. 눈앞으로 동해가 시원하게 펼쳐지면서 남쪽에 인접하여 요새와 같은 산이 버티고 있다. 항구로 들어가는 입구에는 편편한 들이 펼쳐져 있다. 오분항에는 6m 높이의 '이사부 우산국 복속

이사부 우산국 복속 출항지

출항지' 기념비가 당당하게 서있어 찾는 이들을 반긴다. 나무 마루와 의자가 갖춰져 있고 멀리 삼척항등대가 보여 동해를 조망하기에 안성맞춤이다.

출항지 삼척 오분항 일대는 삼척항(정라항) 건설과 인위적인 하천 물길 변경으로 현재와 같은 모습으로 바뀌었으나 1910년대만 하더라도 전연 풍경이 달랐다. 오십천 하구 양안에 해식애가 발달하고 남북 방향으로 대규모 사취(砂嘴 : 바다 쪽으로 돌출하고, 한쪽 끝은 육지에 붙어 있는 좁은 해안지형)가 발달하였다. 사취의 영향으로 남남서─북북동 방향으로 강물이 흘러 동해에 유입하여 침입자를 효과적으로 방어하기 유리한 지형을 가진 천혜의 항구였다.

2010년 공주대학교 지리학과 장동호 교수팀은 울릉도와 가까운 육지

삼척 오화리산성과 오분항 입구

지역 중 강릉, 동해, 삼척, 울진 4개 시군 항구, 진, 포구, 어촌에 대한 현장 조사와 문헌조사를 실시했다. GIS 기법을 이용하여 출항 후보지를 분석한 결과에서 이사부의 우산국 복속 출항지로 오분항이 가장 유력한 것으로 결론 내렸다. 이사부가 우산국을 복속시킨 512년 해수면을 복원한 결과 현재의 해수면보다 약 1.1m 높은 것으로 분석되었다. 이를 토대로 GIS 기법으로 울릉도와 동해안 간 최단거리 및 같은 위도 상 최단거리 분석, 버퍼링 분석, 중첩분석, 지형경사 분석을 실시하였다. 이어 육안으로 울릉도 관측이 산술적으로 가능한 3차원 정보 분석으로 가시권 분석을 실시한 결과 삼척시 정라 오분진, 삼척 월천진, 울진군 망양진 등 3개의 진과 포구가 유력한 것으로 압축되었다.

이사부가 우산국을 복속한 시점인 6월은 현재의 8월 기후 환경과 비슷하였다. 무동력 시대 항해 방법으로 이용된 노 젓기와 해류, 바람 이용을 분석할 때 해류 흐름 측면에서 삼척 오분항에서의 출항이 동한해류나 북한해류를 거치지 않고 곧바로 울릉도로 향하는 해류를 탈 수 있었으므로 가장 적은 노동력으로 울릉도까지 항해가 가능한 곳이라고 밝혔다. 역사적 측면에서 접근한 유재춘 강원대 사학과 교수는 신라가 북상 중에 있었기에 남쪽에 배후지로 오화리 산성을 끼고 있는 오분항을 지목하였다.

특히 오분항은 4개 시군의 다른 진, 포구에 비해 수심이 깊고 만입지가 넓어 대규모 선단 정박에 유리하고 피항 및 방어에 유리한 지형적 요건을 갖추고 있었다. 뿐만 아니라 주변에 높은 산지가 발달하여 군선을 만드는 데 필요한 재목 획득이 쉽고, 울릉도 육안 관측에 경사가 완만한 넓은 배후지도 보유하고 있어 출항지로 공론화되는데 지리학적 근거를 제시하고 있다.

고대 이후 중세, 근대에 이르기까지 오분항은 군선 출입 및 군항으로서 입지 조건이 매우 적합하여 조선시대에 울릉도로 가기 위한 출항지를 기록한 각종 문헌에 출발지는 모두 삼척으로 기록되어 있다.

1416년과 1417년 최초 안무사로 울릉도에 파견된 전 만호 김인우는 삼척 사람으로 삼척에 살면서 누구보다 울릉도 사정에 잘 알고 있었기 때문에 뽑힌 것이다. 조선 후기에 울릉도 수토정책이 실시될 때도 삼척 첨사가 수토사로 파견되었는데 최초의 수토사 장한상도 삼척 사람이었다. 이후 울

오화리산성출토 신라토기편

릉도 수토사는 삼척 영장이나 월송포 만호가 전담하게 된다. 수토사들이
순풍을 기다리며 머무른 대풍헌이 소재한 경상북도 울진은 조선시대 때
삼척 관할에 있었던 지역으로 삼척과 울릉도의 깊은 역사성을 입증한다.

오분항 뒤편으로는 오화리 산성터가 있다. 산성 안에서 신라토기가 발
견되고, 남벽에 토루가 있는데 경주 월성 및 양양 후포매 신라산성의 토루
와 비슷하다. 이 일대에서 채록되는 신라계 지명과 유래로 볼 때 오화리산
성이 『삼국사기』의 신라 실직성일 가능성이 높다.

3. 육향산 삼척영장 삼척포진성

  (삼척시 정상동 82-1 육향산 일원)

강원도 삼척 정라동 삼척항 일원은 삼척포진이 자리잡았던 수군(水軍)

유적지다. 삼척포진은 고려시대 1384년(우왕 10)에 설치하고 만호라는 수령을 두어 왜구의 침입을 막은 600여 년의 역사를 지닌 유서 깊은 곳이다. 삼척포진 만호는 수령이 겸하였으나 조선시대 들어 1397년(태조 6) 만호를 첨절제사로 승격시켜 단독 진장을 두었고, 1409년(태종 9) 다시 부사가 겸직하게 되었다가 1466년(세조 12) 다시 분리되어 진장을 두어 관리하였다. 조선 중기 임진왜란과 병자호란을 치르면서 군사제도에 큰 변혁을 가져와 1672년(현종 13)에 삼척포첨절제사는 전문적인 무관으로 '영장'이라 하여 영동 9개 읍의 군사권을 관장하게 하였다. 1673년에는 삼척 영장이 토포사를 겸하여 철원 지역까지 권한이 확대되었다. 1694년(숙종 20)부터 울릉도를 수토하기 위하여 삼척 영장과 월송만호가 매년 교대로 들어갔다. 동해안 해상방위와 치안의 본산인 삼척포진은 1898년(고종 35) 영장 김범구를 마지막으로 폐지되었다.

삼척포(현재의 삼척항)가 언제부터 수군 기항지로 사용되었는지는 알 수 없지만 고려 말 만호겸지군사(萬戶兼知郡事)로 남은(南誾)이 1386년 부임하여 읍성을 축조한 후 본격화되었을 것이다. 삼척포진성(三陟浦 鎭城)은 정상동 육향산 일대에 위치한다. 삼척포성, 삼척포진성이라 불린다. 독립적인 수군 진성의 필요에 따라 1520년(중종 15) 현재의 삼척항(정라항) 연변인 육향산 일대에 둘레 900척, 높이 8척의 석성으로 축조하였다. 수군은 배 위에서 근무하는 것이 원칙이었지만 삼척진에 만호(萬戶)를 배치하면서 토성을 축조한 것은 만호가 단순히 수군만 영솔하는 것이 아니라 수군과 육수군(陸守軍)을 동시에 통솔하였던 것으로 보고 있다. 삼척포진성은 동해안의 대다수 다른 포구가 포구로서 조건이 적합하지 않아 폐지되었던 것과는 달리 자연 입지적 조건이 우수하여 조선 말까지 수군기지로 활용되었다.

삼척포 진영의 성 동문 누각인 진동루(鎭東樓)(또는 안해루, 세병루)는 1511년(중종 6) 부사 이함(李菡)이 창건하였다. 김효원이 삼척 부사로 부임하여 진동루라는 현판을 썼고, 임진왜란 중에는 삼척 부사 안종록이 삼척 근덕면 영은사에 있던 8백근짜리 불종을 진동루에 매달아 위급할 때 종을 쳐 주민을 모아 적을 막아냈다고 전해온다. '안해루'라는 현판은 삼척 부사 이성조가 1711년(숙종 37) 썼으며 1887년(고종 24)에는 이희수가 '진동루' '토포아문'이란 현판을 써서 달았다.

삼척포진의 관아건물은 1898년(고종 35) 화재로 불타 없어졌고, 대한제

육향산 안내도

삼척 영장들의 공덕을 기리는 비석들

국기 군사 개편으로 삼척포진영도 폐지되었다. 1916년 정라항을 새로 축조할 때 이 진성을 헐어 없애고 도로와 주택지로 조성했다.

현재 포진성 터는 옛 모습이 전혀 남아 있지 않으나 육향산에 오르는 산길 오른편 동쪽 산기슭에 삼척 영장(營將)들의 청덕선정비와 영세불망비가 나란히 서 있어 역사를 말해주고 있다. 성곽 남쪽 끝인 육향산 꼭대기에는 1662년 삼척 부사로 와 있던 허목이 쓴 '척주동해비(陟州東海碑)'와 '평수토찬비(平水土贊碑)'가 있고, 1947년 대동청년 단원인 지방 유지들이 건립한 정자 육향정이 있다. 그 정자 북편에 1987년 삼척시에서 건립한 삼척포진성지 기념비가 있다.

고려 말 1384년(우왕 10)에 설치된 삼척포진은 1898년(고종 35) 해체되기

척주 동해비

까지 514년간 강원도와 경북 동해안 등 영동 지역의 수군 중심기지 역할을 했다. 삼척포진을 지휘했던 만호(萬戶), 첨절제사(僉節制使), 토포사(討捕使) 등 삼척 영장은 모두 62명에 달한다.

'영장'이란 진영장을 가리키는데 1627년(인조 5) 각 도의 지방군대를 관할하기 위하여 설치한 진영의 장관으로 일명 '진장'으로도 불린다. 진영장은 정3품 당상직으로 8도에 46인과 강화부 진무영에 5인이 있었다. 강원도에는 3인으로 춘천, 강릉, 삼척에 각 1인이 있었다. 이들은 중앙의 총융청, 수어청, 진무영 등과 각 도 감영 병영에 소속되어 지방군대를 통솔하였다. 진영장의 임기는 2년으로 군사 조련 및 군비 확충에 충실해야 하는 임무가 막중한 만큼 권한도 강하였다. 진영장은 평소 영이 설치된 진관에 머물다가 농한기에 소속 각 읍을 순력하면서 군병 조련이나 무기 또는 복

대한평수토찬비

장을 점검하였다. 진영장 제도는 1894년(고종 31)까지 존속하였는데 삼척포
진은 이때까지 동해안 해상방위사령부 역할을 수행하였다.

　18세기에 발간된 『여지도서(輿地圖書)』의 기록에 의하면 삼척진에는 수
군첨절제사겸토포사가 배치되었으며, 월송포, 울진포, 대포, 고성포가 소
속되어 있었다. 1672년에는 영동 9개 군현의 군사를 통할하는 영장(營將)
을 둠으로써 삼척 지역은 한층 군사적인 중심지가 되었고, 울릉도 수토의
임무도 맡았다.

　육향산 정상 부분에는 척주동해비(陟州東海碑와) 대한평수토찬비(大韓平水
土贊碑)가 서있다. 척주동해비는 높이 175cm, 너비 76cm, 두께 23cm의 대
형 비석으로 '척주'는 삼척의 옛 이름이다. 이 비를 건립한 사람은 조선 현
종 때 삼척 부사 허목이다. 1660년(현종 원년) 허목이 삼척 부사로 부임했을

때 해일 피해가 극심하여 조수(潮水)가 삼척 읍내까지 유입되어 여름철 홍수가 지면 강 하구가 막히고 오십천이 범람하여 농작물은 유실되고 많은 사상자와 이재민을 내는 등 피해가 컸다. 상습적인 피해를 막고자 허목은 1661년 동해 바다를 달래는 축문 성격의 문장 '동해송'을 짓고 이듬해에는 전서체의 대가답게 전서체로 글씨를 써서 비석을 만들어 세웠다. 문장의 위력 때문이었는지 그 뒤로 조수 피해가 없어졌다고 하며 조수를 물리치는 위력을 지닌 신비한 비석이라 하여 일명 퇴조비(退潮碑)라 불린다. 허목의 전서체 작품 중 돋보이는 글씨로 이 비문을 소장하면 재액이 없어진다 하여 집에 소장하거나 몸에 지니고 다녔다.

대한평수토찬비(大韓平水土贊碑)는 높이 145cm, 폭 72cm, 두께 22cm로 역시 허목이 비문을 짓고 글씨를 썼다. 중국 형산신우비(衡山神禹碑) 77자의 비문 탁본을 얻어 그중 48자를 선택하여 글을 짓고, 목판에 새겼다. 삼척부에서 보관해오다 1904년 칙사 강홍대와 삼척 군수 정운석이 왕명에 의하여 석각하고 현 위치에 건립하였다. 비문 목판은 현재 서울대 규장각에 보존되어 있다. 비문을 국역하면 아래와 같다.

집을 떠난 지 오랫동안 임금의 뜻을 받들어서 / 온갖 지혜 다 짜내어 열심히 일하고 규범을 만들었더니 / 땅이 안정되고 물이 고요해져서 / 물에도 땅에도 어수(漁獸)가 제 모습을 나타내니 / 형통하게 되었고 비색함이 없어져 / 밝은 사회 이룩하여 영원토록 잘 살리라.

4. 이사부 독도기념관 (삼척시 정하동 187-5 일원)

이사부 독도 기념관 배치도

2020년 6월 현재, 삼척시에서는 '한국이사부학회'의 건의를 받아들여 2021년 개관을 목표로 '이사부 독도기념관'을 건립 중에 있다. '이사부 독도 기념관'은 독도와 동해에 대한 국민들의 이해를 돕는 교육과 홍보시설로 전 세계인들에게 우리 땅 독도를 알리는 목적으로 건립된다. 4개의 건물로 되어 있으며 라비키움 기능을 목표로 한다. 라비키움(Lachiveum)이란 도서관(Library), 기록관(archives), 박물관(museum)의 합성어이다.

1) 이사부 기념관(박물관)

이사부 기념관은 삼척을 중심으로 활동한 이사부 장군의 스토리텔링을 통해 이사부 장군의 위상을 높이는 공간이다. 먼저 이사부 장군의 스토리텔링이 있는 공간으로 조성한다. 그 다음 삼척이 독도와 동해 수호의 거점 터전이었음을 역사적 사실들을 통해 널리 알린다. 전시 스토리 라인은 첫째 한반도 바다의 수호자들, 둘째 이사부 장군 연대기, 셋째 이사부 장군의 우산국 복속기, 넷째 독도 영토수호 거점 삼척 등으로 동선을 만들 예정이다.

2) 독도체험관 북관(아카이브)

독도체험관 북관은 독도 수호의 역사, 자연, 문화 등 독도를 공감각적으로 체험하며 독도 수호 의지를 함양하는 공간이다. 여기서는 첫째 독도의 역사, 자연, 생태, 문화 등 독도를 공감적으로 체험할 수 있도록 한다. 둘째 독도가 왜 우리 땅인지에 대한 명확한 이유와 일본의 독도 영유권 야욕의 실태에 대해 소개한다. 전시 스토리 라인은 첫째 '독도를 보다'. 즉 독도 모형 체험공간이다. 둘째 '독도를 품다'. 즉 독도 디지털 아카이브이다. 과거 독도의 자료 수집 및 보관과 현재 독도 자료의 지속적인 수집이 가능한 디지털 인프라를 구축한다. 셋째 '독도를 걷다'. 즉 독도를 체험하는 산책로이다.

3) 독도체험관 남관(도서관)

독도체험관 남관은 정보검색(콘텐츠), 시청각 체험, 세미나, 공연 등의 다양한 문화 기능을 갖추었다. 삼척 시민과 관광객이 함께 어우러지는 다목적 문화공간이다. 역사교육 및 세미나, 공연 등 다양한 문화, 예술, 학술 활동이 가능한 다목적 공간이다. 시설 구성에서 첫째는 문화사랑방이다. 즉 독서 및 스터디카페형 공간이다(서적과 학습). 둘째는 문화관람실이다. 즉 지역 주도 문화창작 공간이다(문화와 예술의 창작활동), 셋째는 이사부 독도 정보 자료실이다. 즉 복합문화공연 관람 공간이다(공연, 컨퍼런스, 주민회의). 넷째는 문화창작실이다. 독도 및 이사부 관련 자료실이다(도서관 겸 시청각 자료실).

4) 바위마당(공원)

바위마당은 다양한 문화행사 개최가 가능하고 쉼터, 야외체험 전시가 있는 공간이다. 육항산과 공원, 전시관을 잇는 기념공원의 가교이다. 미디어아트의 구성은 첫째는 삼척포진이다. 고려시대 왜구의 침입을 막기 위해 세워진 삼척포진의 역사적 의의와 역할에 대해 조명한다. 둘째는 육항산이다. 역대 삼척 만호와 수군절제사, 삼척 부사 허목에 대해 소개한다. 셋째는 울릉수토사이다. 수토의 전초기지였던 삼척의 역할과 삼척 출신들이 맡았던 수토사의 역할에 대해 소개한다.

5. 우산국 설화 테마 콘텐츠, 이사부 사자공원
(삼척시 증산동 5)

우산국을 복속시키는데 일등공신 역할을 한 나무사자 이야기를 자세히 전하는 전설을 따라가 보자.

모든 신라 군선의 뱃머리에 만들어 세워진 목사자로부터 일제히 불을 뿜

이사부 사자공원의 야경

게 하고 또 화살을 쏘게 하며 군선을 몰게 하였다. 혼비백산한 것은 우산국의 백성과 군사였다. 듣지도 보지도 못한 짐승이 입에서 불을 뿜고 있지 않는가.

그리고 뱃머리에서 신라 군사가 큰소리로 외치기를 즉시 창과 칼을 거두고 항복하지 않으면 이 짐승을 풀어서 섬사람들을 몰살시키겠다고 위협하였다. 이미 이상한 짐승에 질린 우산국 병사들은 전의를 상실한데다 빗발치는 화살은 우산국 군사를 더 궁지에 몰리게 하였다.

우해왕도 최후를 깨달았다. 사기가 떨어진 군졸을 이끌고 싸운다는 것은 패전을 의미하는 것임을 너무나도 잘 알고 있었다. 드디어 항복을 결심하고 투구를 벗어 이사부의 군문에 항복을 하고 말았다.

- 『울릉군지』

이사부의 나무사자(목우사자) 이야기는 우산국 정복 과정에서 단연 돋보이는 인상적인 소재였기에 『삼국사기』, 『삼국유사』는 물론 조선시대의 각종 저서에서도 핵심적인 소재가 되었다. 신라 향악의 다섯 가지 중 하나인 산예(狻猊)가 이사부의 나무사자에서 시작되었다는 성호 이익의 기록이 남아있다. 또 강릉 대성황당 12신위 중 이사부가 신으로 모셔져 있다. 일제강점기에 아키바 다카시[秋葉隆]는 강릉단오제 관노가면극 중 양반광대춤은 나무사자를 이용한 이사부의 우산국 정벌에서 연원하였다는 기록을 남겼다. 이처럼 이사부의 나무사자 이야기는 문헌기록부터 민속연희, 설화 등 다양한 양식으로 끊임없이 전승되어온 흥미로운 역사적 생명력을 갖고 있다.

우산국 복속 전설에 등장하는 나무사자는 난공불락의 요새를 점령한 '트로이의 목마'처럼 해상왕국 우산국을 몰락시킨 '이사부의 목사자'가 되어 독도 사랑의 상징이 되기에 충분하다. 삼척시에서는 나무사자를 흥미로운 콘텐츠로 개발하여 2008년부터 '독도사랑 이사부 나무사자 깎기대회'를 열었으며 2011년부터는 '독도 사랑 대한민국 이사부 나무사자 공예대전'으로 발전시켜 전국의 명성있는 목조각, 목공예 작가들이 사자를 소재로 한 작품을 지속적으로 창작하여 오고 있다.

나아가 삼척시는 이사부의 나무사자를 테마로 한 가족형 공원을 증산동 참재 해안절경을 굽어볼 수 있는 곳에 2011년 8월 개장하였다. 공원 곳곳에 독도사랑 사자, 이사부와 사자, 낚시하는 사자, 오줌싸개 사자, 용감한 사자, 삼형제 사자 등 다양한 형태의 조형물 100여 점이 배치되어 관람

이사부 사자공원에 전시된 나무사자들

2008년 장려상 수상작

객 눈길을 사로잡아 전국적인 명소로 알려져 발길이 끊이지 않고 있다. 이사부 사자공원은 135억 원을 투입하여 2만9069㎡ 부지에 나무사자 조각품이 야외에 전시되어 있는 것을 비롯하여 전망타워, 천국의 계단, 사계절 썰매장, 야외 공연장, 대나무 산책로 등 편의시설이 갖춰져 있다. 신라 향가 '해가(海歌)'와 '헌화가(獻花歌)'의 전설이 깃든 삼척 시루뫼 마을과 전국적 일출 명소인 동해시 추암 촛대바위 등 해안절경이 한눈에 들어오며 산책로가 만들어져 사계절 찾는 관광명소가 되었다.

사자공원 실내에 들어서면 이사부 국가표준영정이 관람객을 맞는다. 이사부의 해양개척 정신을 배우고 독도 사랑과 수호 의지를 돋을 수 있어 현장 학습 효과도 있다. 석탄 폐석을 활용한 친환경 유리공예품도 감상할 수 있어 특별한 경험을 선사해준다.

황희의 공덕을 기린 소공대

6. 소공대, 울릉도가 보인다 (삼척시 원덕읍 노곡리 산 67)

이사부는 신라가 동해안으로 북상하여 영토를 넓히는데 주요한 군사거점인 실직주(지금의 삼척) 첫 군주로 부임하였다. 신라가 동해 제해권을 장악하는데 가장 시급한 현안인 우산국 복속은 대양을 건너야 하는 부담과 해양 전술에 능하였을 우산국을 공격해야 하기 때문에 성공하기란 쉽지 않았을 것이다. 그러나 다행스러운 것은 실직주 주민들을 통해 우산국에 대한 정보를 듣고 또 소공대에서 직접 육안으로 우산국을 관측할 수 있었던 점이다. 항해술이 현대와 같지 않은 고대에 정복 대상지인 섬을 직접 육안으로 관측한다는 것은 항해와 전략에 커다란 도움이 되었을 뿐 아니라 자신감을 불어넣었을 것이다. 더욱이 해류와 바람을 잘 이용하면 하루 만에

도 도착할 수 있다는 주민들의 이야기도 들었다. 이 같은 역사적 사실을 잘 보여주는 유적이 바로 삼척 원덕읍의 소공대이다.

소공대를 건립하게 된 역사를 거슬러 올라가면 유명한 재상 황희를 만나게 된다. 황희는 1423년(세종 5) 강원도관찰사로 부임하여 관동의 기근을 구제하고 세금을 감면해주는 등 선정을 베풀었다. 임무를 마치고 돌아가자 주민들이 공덕을 잊지 못하여 그가 쉬었던 곳에 돌을 쌓아 대(臺)를 만들고 소공대라 하였다. 주나라 소공(召公)이 섬서 지방에서 베푼 선정과 비견될 수 있다고 하여 소공대로 이름을 붙인 것이다.

지금도 맑은 날에는 소공대에서 육안으로 울릉도를 바라볼 수 있다. 고려, 조선시대를 관통하며 삼척 지역을 찾는 관리나 문인, 선비들은 피안의 이상향 울릉도를 볼 수 있기를 기대하며 소공대에 올라 육안으로 관측하고 일출 경관을 감상하였다. 소공대에서 울릉도를 바라본 감회, 일출과 동해를 조망한 경관과 감흥을 시와 산문으로 남겨 지금도 생생하게 전하고 있다.

현존하는 문헌 중 삼척 지역에서 울릉도를 바라본 경험을 기록한 최초의 글은 고려 때인 1253년(고종 40)에 동안거사 이승휴가 쓴 시 '망무릉도행(望武陵島行)'이다. 이승휴는 몽골군의 침입을 피해 주민들과 함께 피난 간 요전산성에서 파도 속에 출몰하는 산을 보았는데, 마을 어른들이 '무릉도'라 일러주었다 한다. 13세기 중엽 삼척 노인들이 무릉도를 알고 있었음을 보면, 삼척에서는 그 이전부터 울릉도의 존재는 물론 삼척에서 육안으로 충분히 조망할 수 있다는 사실도 잘 알고 있었다. 거슬러 올라가 삼국시대부터 이곳 주민들은 울릉도의 존재와 높은 곳에 오르면 볼 수 있다는 사실을 잘 알고 있어 이미 삶 속에 울릉도는 깊이 자리 잡고 있었다.

조선시대 소공대에서 울릉도를 육안으로 감상하고 시문을 남긴 이들로 성대중·이서구·이단상·이명한·이춘원·이현조·서성·김창흡·이석형·유몽인·이산해 등이 있으며 소공대에서 울릉도를 관측할 수 있음을 간접적으로 전해 듣고 시문을 지은 허목·이정암 등이 있다. 대부분은 울릉도를 영산(靈山)·신산(神山)·봉래산(蓬萊山)·삼도(三島) 등에 비유하여 신선이 사는 선경(仙境)으로 이해하고 있었다. 소공대비는 강원도 문화재자료 107호로 지정 보존되어 있다.

소공대에 올라 지은 시문 몇 편을 소개한다.

무릉도를 바라보다(望武陵島)

이석형(李石亨)

파도 속에 출몰하는 섬 머리카락 같이 희미하니
마치 복숭아나무 숲의 불놀이처럼 보이네.
만약 내 겨드랑이에 날개가 돋는다면
하늘 높이 부는 바람 기다렸다 한번 날아가 볼 텐데.

덕훈(德薰)이 관동지방 관찰사로 나간다는 것을 듣고 소시(小詩) 8장(章)을 지어주고는 옛 교유를 기억하며 떠나보내다.

이정암(李廷馣)

익성공의 발자취 산모퉁이에 남아있고

해뜰 무렵 소공대에서 보는 울릉도

울릉도 우산도는 눈 아래 펼쳐진다네.

동해바다 아침 해 떠오르는 광경 보고자 한다면

자네가 소공대에 꼭 오르길 바라네.

관동백(關東伯) **창주**(滄洲) **김안사**(金按使) **익희**(益熙)**와 이별하다.**

이단상(李端相)

동쪽으로 천리 길 유람 와 돌아갈 줄 모른 채

떠돌며 한가로이 실컷 놀았으니 정말 성대하였도다.

석양에 수레 휘장 걷어 올리자 울릉도가 보여

맑은 가을 하늘 아래 소공대에 절모(節旄) 세웠는데

큰 고래 흰 물줄기 내뿜으니 폭풍이 일어나

세찬 파도 하늘을 뒤집고 땅을 박차며 밀려오네.

밤중에 망양대에 올라 멀리 바라보니

달이 떠오름에 빛 고운 구름 펼쳐지네.

－ 소공대 위에서 울릉도를 바라보고,

망양정(望洋亭) 앞에서 월출(月出)을 구경하였다.

이석형(李石亨 1415~1477)은 저 멀리 울릉도가 파도를 타고 위아래로 일렁거리는 모습이 마치 복숭아나무 숲에서 불놀이하는 것처럼 아스라한 인상을 주어 당장이라도 날개를 달고 훨훨 날아가고 싶은 욕구에 충만해 있다.

이정암(李廷馣 1541~1600)은 울릉도와 독도(우산도)를 모두 소공대에서 육안으로 목격했다면서 동해안의 진정한 일출을 맛보려면 소공대에 올라야 한다며 벅찬 감흥을 쏟아냈다. 소공대에서 울릉도를 목격하는 장면은 해가 뜰 때만 장관이 아니다.

이단상(李端相 1628~1669)은 어느 가을날 석양이 지는 소공대에서 뚜렷하게 울릉도를 보았는데 파도가 얼마나 세찼던지 하늘을 뒤집고 마치 땅으로 밀려들 것 같은 착시에 빠질 정도였다.

삼척 부사를 지낸 허목(許穆 1595~1682)은 〈척주기사〉(陟州記事)에서 소공대에 대해 소개했다. "바다가 맑게 개이면 울릉도의 맑게 갠 산봉우리와 흰 모래를 바라볼 수 있다. 바람이 순조로우면 하루 만에 갈 수 있다고 한다"고 밝히고 있어 삼척 주민들이 울릉도까지 건너다닌 경험이 축적돼 있음을 보여준다.

〈울진지역 관련유적〉

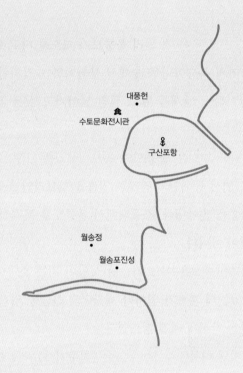

대풍헌

수토문화전시관

구산포항

월송정

월송포진성

제2장 독도지킴이 수토사, 울진

1. 대풍헌, 수토사가 바람을 기다리다
(울진군 기성면 구산리 202)

대풍헌

경상북도 울진 구산항 작은 포구 마을에 대풍헌(待風軒)이란 옛 건축물이 있다. 바람을 기다리는 집이란 뜻이다. 이곳은 조선시대 때 강원도 평해군 근북면 구산동으로 불렸으며 구산포에서 울릉도를 관할하기 위하여 파견된 수토사(搜討使)들이 동해의 순풍을 기다리며 머물렀던 역사적인 장소이다. 지금은 현대식 건물에 둘러싸여 도로에 설치된 표지판이 없으면 찾기 어렵지만 입구에 들어서면 야트막한 산을 배경으로 아늑한 분위기에 고색의 현판이 여럿 걸려있어 유서 깊은 역사를 충분히 느끼게 해준다.

대풍헌은 1851년(철종 2) 중수하였으며 '대풍헌' 현판을 걸었다는 기록이 남아 있다. 구조는 기단 위에 자연석 초석을 놓았고, 그 위에 기둥을 세웠다. 건물은 정면 4칸, 측면 3칸 규모의 일자형 팔작기와집이다. 중앙 2칸은 대청마루이며 좌우 1칸씩은 방으로 구성되어 있다. 모두 17점의 현판과 이 마을 구산리 자치조직인 노반계에서 소장한 〈완문(完文)〉과 〈수토절목(搜討節目)〉 등의 고문서가 대풍헌의 역사성을 고스란히 말해주고 있다. 대풍헌 현판은 건물 이름을 알리는 현판을 비롯해 외부에 2점, 내부에 중수기, 동계완문 등 울릉도 수토와 관련된 내용들이 적혀 있다.

1851년 제작된 현판 〈구산동사중수기(邱山洞舍重修記)〉에 기록된 내용을 한글로 풀이하면 아래와 같다.

동(洞)의 이름을 구산이라 한 것은 진실로 구(丘) 장군의 유적지로 동해바다에 접해있는 지역으로 그리고 노중련(魯仲連)의 도해의 장소이기 때문이다.

대풍헌 앞 구산항 모습

동으로 울릉도와 통하고 남으로 월송포와 가까운데 월송포에 왕명을 받들어 온 장군은 대개 무관으로 포진을 지키는 임무에 임하고 있는 관동의 중요한 군 북쪽 요지 포구나루인 우리 마을의 동사(洞舍)는 세월이 오래되어 지붕이 퇴락하여 비바람에 기둥이 닳고 씻기는 등 모두 새고 있으므로 권성수와 더불어 이경후, 김상욱, 안대철, 안경조 네 사람이 수토(搜討)의 임무를 봉행하던 곳으로 십여 간을 중수하였는데, 이후 세인들이 나와 동지들과 더불어 지금 지붕을 새로 이어 이 동사가 썩지 않도록 하였다. 아! 소동파는 비를 얻고자 그의 정자를 이름하였고, 우칭은 대나무를 대신하여 그 누를 이름한 바 좋은 듯이라. 새로이 '대풍헌'이라 이름하여 현판을 걸었다. 파도소리 집까지 들리고 구름 그림자 마루 난간에 드리우니 천년을 열

둘 다 상태가 다 좋지 않습니다

대풍헌 수토절목

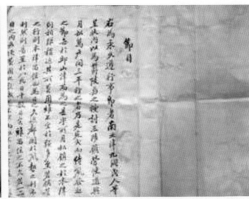

완문(完文)

어갈 터요, 만리 운항의 포구다, 달그림자에 아침 먼동이 트면 나갔다가 저물면 어부노래 부르며 돌아오는 곳, 산과 바다 운치 좋은 이곳 중 제일 승지 정사이다. 옛날 사람들이 물건에 이름 붙일 때 각각 뜻이 있으니 '바람(風)'으로써 건물의 이름을 지은 것이 또한 그런 것이 아닌가. 옛 일을 거슬러 올라 이를 기록하여 보임으로써 잊지 않게 하고자 함이다

현판 중에 〈월송만호 장원익(張源翼) 영세불망지판〉이 있어 울릉도, 독도 순찰을 위해 치러야 했던 관리와 마을 주민들의 어려움을 보여준다. 한글로 풀이한 내용은 아래와 같다.

1865년 병인 영인(營人) 장원익이 수토사로 와서 월송포 방비에 대하여 논의할 때 울도 때와 같이 편안할 수 있겠느냐 하며 다음해 정묘에 이 마을

〈대풍헌 동사중수기〉(상), 〈대풍헌 동계완문〉(중), 〈장원익 영세불망지판〉(하)

에 행차하여 4동민들에게 권유하여 말하기를 역관(국가관리)들이 머물 때 마을에서 잘 접대하도록 하여 달라고 함에 동민들이 말하기를 구진[구산포]의 '대풍소'는 그 옛날부터 일정한 법식은 없으나 해마다 그 부담이 집집마다 배로 증가하여 홀아비와 일반 부녀자들도 배속 병이 심하다 하니 공이 듣고 심히 측은히 생각하여 내가 이에 날마다 대개 나라를 걱정한 연고로 졸속하게 했다고 하였다.

다음해 무진에 공이 20여 차례 마을에 찾아와 술을 주며 여러분과 같이 하지 않으면 술맛을 느끼지 못한다고 하고 제사지낼 때 술을 쓴다면 나도 좋고 동민들도 좋을 것이라 하므로 여럿이 모두 다 장원익을 칭송하였다. 2년 동안 살면서 수십 차례 왔는데 이렇게 계속 마음을 베풀어 주었으나 오랜 세월 지나면서 거의 없어져 쓸 수 없으니 공의 행적을 보충하지 않으면 그와 같은 일을 어찌 생각하며 희미해져 없어질 것이리라. 그러므로 수토소를 보수하여 그 누를 이름하여 '수토보용루(搜討補用樓)'라 하고 또 두터운 덕을 잊지 않게 하고자 방에 새겨 '전 만호 장공 원익 영세불망지판'이라 이른다.

19세기 제작된 〈완문(完文)〉과 〈수토절목(搜討節目)〉은 수토에 따른 경비를 충당하는 상황을 파악할 수 있는 자료이다.

삼척포진영 영장과 월송 만호가 3년에 한 번씩 울릉도를 수토할 때 이곳 구산리에서 출발하는데 바닷바람 사정에 따라 머무는 기간이 달랐으며, 관아에서는 구산리와 주변 8개 마을에 돈을 풀어 생긴 이자로 경비를

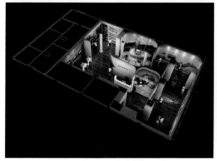

수토문화전시관 내부와 야외 전시물

머련했다. 이밖에 이서구(李瑞求)가 지은 〈구산동사기(邱山洞舍記)〉, 1872년에 방오(方伍)가 지은 기문 등도 수토 역사를 생생하게 전해준다. 대풍헌과 대 풍헌 소장 고문서는 조선이 19세기에도 지속적으로 울릉도·독도를 실질 적으로 관리하여 지배하고 있는 상황을 파악할 수 있는 귀중한 증거물로 역사적 의의가 있다.

대풍헌은 경상북도 기념물로 지정 보존되고 있으며, '울진 대풍헌 소장 문서'가 경상북도 문화재자료 제511호로 지정되어 있다.

울진군에서는 2020년 3월, 대풍헌 옆에 〈수토문화전시관〉과 야외전시관을 새로 건립하여 조선시대 수토문화의 역사적 배경, 과정, 성과 등을 이해하고, 수토사 정신을 계승하며 체험할 수 있도록 했다.

2. 수군 진지, 월송포진성

(울진군 평해읍 월송리 302-5번지 일원)

월송포진은 삼척포진과 함께 조선시대 때 울릉도를 오가며 울릉도·독도 수토정책을 실시한 수군 기지이다. 삼척 영장과 월송 만호는 교대로 울릉도에 수토사로 파견되었다.

월송포진성터, 도로 부분이 발굴한 지점

울진 고지도와 포진 발굴터(좌)　　　　　　　　　우물터와 우물(우)

울진군은 1960년까지 강원도에 속하였으며 조선시대 때는 월송 만호가 삼척영 관할 아래 있었다. 포진은 주로 해안에 설치하여 해적의 침입을 막기 위한 수군 진지(陣地)로 왜구를 해안선에서 막아 피해를 줄이고 백성을 보호하려는 적극적인 방어책에서 마련되었다.

월송포진성은 평해읍에서 국도 7호선을 따라 북쪽으로 2km쯤 떨어진 월송리 달효(達孝)마을 동쪽으로 개설된 좁은 포장도로 안쪽에 있는 월송정마을에 있다. 동쪽 해안까지 불과 500m도 채 떨어지지 않은 가까운 거리이며, 평해읍성과는 남쪽으로 2km 떨어져 있다. 최근까지만 해도 현존 성벽 길이가 불과 30m밖에 되지 않고 대부분 유실된 것으로 알고 있었으나 2011~2012년 (재)삼한문화재연구원이 월송리 303-17번지 일대 1,520㎡에 걸쳐 발굴 조사를 실시한 결과 남쪽 성벽 일대에 새롭게 폭 5.8~6.2m의 68.6m 길이 성벽이 출토되어 문화재청에서 보존 조치가 취해졌다.

발굴 조사에서는 성벽 외에 문루, 우물, 기와무지 등도 고스란히 확인되었다. 성벽의 외벽과 내벽은 석벽으로 그 사이에 모래와 진흙으로 마감한 '판축법'(진흙과 모래로 판자처럼 다져 쌓는 방식)으로 축조되었다. 월송만호진 외벽 바깥으로 흐르는 개천을 '자연 해자(垓字)'로 활용하여 주변 자연을 이용한 생태적 기법으로 축조한 것으로 나타났다. 특히 직경 130~150cm, 깊이 180cm 규모의 원형 우물이 그대로 출토되고 우물물까지 드러나 눈길을 끌었다. 월송만호진 출입문인 '문지(門地)'가 문루 형태로 뚜렷하게 확인되었다.

『신증동국여지승람(新增東國輿地勝覽)』, 『동국여지지(東國輿地志)』, 『여도비지(輿圖備志)』, 『대동지지』, 『관동읍지(關東邑誌)』 등의 문헌에 월송포진에 대한 기록이 남아 있다. 평해는 조선시대에 읍격을 유지하여 오다가 1413년(태종 13) 지방제가 대대적으로 개편되면서 강원도 삼척도호부 관할이 되었다. 1397년(태조 6) 둘레 628척, 높이 6~7척으로 축조되어 1466년 진관체제 확립으로 삼척도호부에서 강릉부 진관으로 이관되었다. 월송포에는 수군만호가 배치되었는데 수군만호 1명과 수군 400명이 주둔했다. 이후 울릉

도를 수토할 때 수토군이 삼척포 진영 영장의 지휘 아래 월송포에서도 출발하였다.

월송포진 책임자인 만호는 고려~조선 시대 무관직(武官職)의 하나로 통솔하여 다스리는 민호(民戶) 수에 따라 만호, 천호(千戶), 백호(百戶) 등으로 불렸으나 점차 민호 수와 관계없이 진장(鎭將)의 품계와 직책 등으로 변하였다. 만호는 고려시대 이래로 외침 방어의 임무를 수행해왔는데 1458년(세조 4)에 영·진 체제가 진관 체제로 바뀌었다. 각 도 연해안의 요해처나 북방 내륙의 제진(諸鎭)에 동첨절제사, 만호, 절제도위 등을 두어 진을 다스리게 하였다. 만호는 무장이 별도로 파견되어 사실상 일선 수군기지의 전담 무장이 되었다. 『경국대전』(經國大典)에 법제화된 만호를 보면 경기도에 수군만호 5인을 비롯하여 충청도 3인, 경상도 19인, 전라도 15인, 황해도

6인, 강원도 4인, 평안도(함경도) 3인이 있었고 평안도에는 병마만호(兵馬萬戶) 4인이 있었다.

월송포진의 옛 모습이 담긴 그림으로는 1738년에 정선이 그린『관동명승첩』중「월송정도」, 김홍도의『해산도첩』, 허필의『관동팔경도병』, 정충엽의「월송정」등이 있다.

간송미술관에 소장된 정선의『관동명승첩』11폭 중 1폭인「월송정」은 가로 57.7cm, 세로 32.2cm로, 빽빽이 들어찬 소나무 숲을 가운데 놓고 울창한 숲의 가지와 잎을 먹구름처럼 칠하는 겸재 특유의 묵송법을 분방하게 구사하여 송림의 정취를 유감없이 드러냈다. 왼쪽에 굴미봉이 돌출해 있고, 아래쪽으로는 석축으로 쌓은 돈대 위에 누각이 있다.「월송정」은 정면 3칸, 측면 2칸의 팔작지붕 기와집이며, 창방과 평방이 보인다. 정자 주변에는 월송만호가 살던 관청과 관사인 듯한 기와집들이 들어서 있으며, 하천이 앞으로 흐른다.

김홍도의『해산도첩』중 한 폭인「월송정」은 소나무 숲과 모래해변이 펼쳐지며, 왼쪽으로는 소나무 숲 사이에 굴미봉으로 여겨지는 바위 봉우리가 솟아 있다. 아래쪽으로는 석축으로 쌓은 돈대 위에 누각이 서 있다. 월송정은 정면 3칸, 측면 2칸의 팔작지붕 기와집으로 건물 양옆으로 성벽이 이어져 있으며, 건물 아래에는 성문이 있어 문루임을 알 수 있다. 허필의『관동팔경도병』중 한 폭인「월송정」은 가로 42.3cm, 세로 85cm의 크기로, 소나무 숲과 모래 해변이 펼쳐져 있으며, 그 왼쪽으로 굴미봉으로 여겨지는 바위가 솟아있고, 석축으로 쌓은 돈대 위와 그 안에 건물들이 들어서 있다. 월송정은 팔작지붕 기와집이며, 건물 아래에는 성문이 있고 양 옆으로 성벽이 이어져 문루임을 알 수 있다.

최근 상세한 발굴 조사 결과와 함께 풍부한 회화, 문헌, 구전자료 등이 있어 독도영유권과 관련된 역사유적지로 월송포진의 옛 모습 재현을 기대할 수 있게 되었다.

〈울릉도지역 관련유적〉

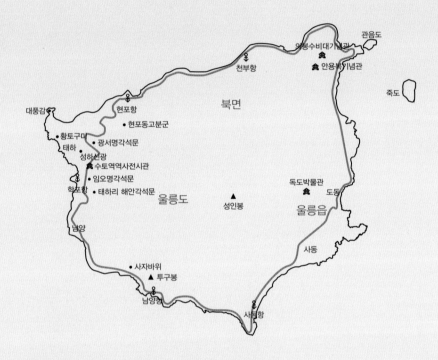

관음도

울릉수비대기념관

안용복기념관

천부항

죽도

북면

대풍감

현포항

현포동고분군

황토구미

광서명각석문

태하

성하신광

수토역역사전시관

임오명각석문

독도박물관

도동

학포항

태하리 해안각석문

울릉도

성인봉

울릉읍

남양

사동

사자바위

투구봉

남양항

사동항

제3장 우산국, 울릉도

1. 독도박물관

(울릉군 울릉읍 약수터길 90-17번지, www.dokdomuseum.go.kr)

독도박물관

독도박물관은 1997년 삼성문화재단이 건물을 짓고, 소장 자료는 서지학자 이종학 초대관장이 울릉군에 기증하여 1997년 8월 개관했다. 우리 고유 영토인 독도 영유권의 이론적 토대를 확고히 하고 독도 및 동해를 둘러싼 관련 자료를 지속적으로 발굴, 수집, 연구하고 전시, 교육, 홍보하는 독도 수호 최일선의 역할을 한다.

박물관은 대지 8,068㎡에 연면적 1,600㎡ 지하 1층 지상 2층이다. 1층에 3개 전시실(상설 1, 2 전시실, 기획전시실)이 있고, 2층에 1개 전시실(상설 3전시실), 자연생태영상실, 독도 전망 로비가 있다. 야외의 독도박물원에는 독도 박물관 표석, 대마도는 본시 우리 땅 표석 등이 자리 잡고 있다.

대마도 표석

대마도 표석은 2002년 8월 박물관 개관 5주년을 기념하여 대마도가 원래 우리나라 땅이었음을 말해주는 역사 기록을 담은 높이 420cm의 4단 석조물이다. 자연석에는 세종실록에서 발췌한 '對馬島本是我國之地(대마도본시아국지지)'와 '대마도는 본시 우리나라 땅' 글자가 새겨져 있다. 이 글자는 월인천강지곡에서 집자했다.

독도 전경

제1전시실

천연보호구역 독도, 구석구석을 살펴본다.

독도는 동도와 서도, 주변의 89개의 부속도서로 이루어져 있다. 독도에는 바다제비, 괭이갈매기 등의 조류가 집단 서식하며, 내륙과는 다른 독특한 식물군들이 분포한다. 또한 화산섬이라는 특성으로 지질학적 가치가 높아 천연보호구역(천연기념물 제 336호)으로 지정되어 관리되고 있다.

오늘날 독도에 대한 관심이 높아지면서 많은 국민들이 방문하고 있지만 독도 보호를 위하여 대부분의 지역이 공개 제한지역으로 지정되어 제대로 살펴보기는 어렵다. 그래서 1 전시실에서는 독도의 주요한 지점을 항공 촬영한 영상과 360VR 영상을 통하여 독도의 풍광을 보여준다.

제2전시실

512년 우산국 영토로 한반도 역사에 편입된 울릉도와 독도는 오늘날까지 우리 역사에서 살아 숨 쉬고 있다. 때로는 외세의 침탈과 일본의 불법적인 영유권 주장으로 위기를 맞기도 했지만 정부와 국민들의 단합된 노

제2전시실

력으로 오늘날 한국의 영토로 자리매김 할 수 있었다.

제2전시실에서는 해상왕국 우산국 역사, 조선의 독도 주민 쇄환정책, 안용복 사건과 울릉도 쟁계, 수토정책의 시행, 울릉도 주민 이주와 울릉도 재개척, 일본 시마네현의 독도 침탈, 광복 이후 미국을 포함한 연합국의 독도 인식, 독도의용수비대 그리고 독도박물관이 소장한 대표적인 유물 (특히 지도)을 검색할 수 있는 독도아카이브가 있다.

제3전시실

'국민들이 지켜가는 섬, 독도'에서는 생활 속에서 만나는 독도가 주제

제3전시실

이다. 정부 및 여러 기관들이 독도에 대한 관심을 유발하기 위하여 또 독
도를 지켜나가기 위하여 개발한 다양한 제품들을 소개하고 있다. '문화예
술의 섬, 독도'에서는 「전국민 독도밟기 운동」의 확산으로 전 국민 누구나
가 다녀갈 수 있는 섬을 소개한다. 이로 인하여 독도는 교육의 장이자 문
화예술의 장으로 탈바꿈하고 있으며, 국민들의 관심으로 탄생한 다양한
예술 작품들을 만나볼 수 있다.

제4전시실

각종 독도 정보를 검색할 수 있는 공간이다. 독도의 형성, 생태계, 지질
환경, 독도의 자원 등 독도와 관련한 다양한 정보를 검색하여 살펴볼 수
있다. 또한 독도의 역사, 생태계, 자원 등을 주제로 한 정보지를 직접 제작
하여 공유할 수 있으며, 시시각각 변화하는 아름다운 독도의 모습을 실시

간 영상으로 만나볼 수 있다.

영상실

독도영유권, 독도의 자연, 일본의 불법적 영유권 주장의 문제점 등 독도와 관련한 다양한 영상을 감상할 수 있다. 특히 대한뉴스로 보는 울릉도와 울릉도를 사랑한 미국인 험프리 렌지가 영상으로 기록한 1960년대 말의 울릉도 주민들의 생활상(Out There A Lone Island)을 주제별로 선택하여 감상할 수 있다.

한편 울릉도 개척민들의 각종 민속 유물을 통해 울릉군의 문화를 보존하고 향토 문화를 이어가기 위하여 고고유물과 금석문, 문헌자료, 민속문화자료 등을 수집하여 1993년 4월 1일 건립된 울릉군향토사료관에는 남서동 고분군과 현포동 고분군에서 출토된 유물과 개척민들의 농업 및 생활상과 개척 역사의 조명, 주택과 의료, 교육 환경, 자연환경과 식생에 맞게 변화된 각종 생활도구 등을 관람하여 역사성과 생활문화를 이해할 수

고분출토유물

있는 자료들이 전시되었다가 현재는 다른 용도로 사용하고 있다. 당시 전시되었던 '박석창 각석문'은 독도박물관과 수토역사기념관에 전시되었다.

2. 안용복기념관

(울릉군 북면 석포길 500, www.dokdomuseum.go.kr/anyongbok)

안용복기념관

울릉도와 독도를 지키고자 고군분투했던 안용복의 위대한 업적을 영구히 기념하고, 그 얼을 숭고한 국토사랑 정신으로 계승·발전시키기 위한

안용복사당(좌상), 조각물(좌하)　　　　　독도조난어민위령비

교육의 장을 마련하기 위해 2013년에 개관한 기념관이다. 27,129㎡의 대지 위에 연면적 1980.42㎡ 크기로 지어졌다. 야외에는 안용복을 기리기 위해 동상과 도일 과정에서 사용한 판옥선 모형이 설치되어 있다. 기념관 우측에 마련된 사당에는 안용복 장군의 위패가 봉안되어 있고, 언제든 참배할 수 있는 공간도 있다.

전시관은 6구역으로 구성하였다. 1구역은 '안용복이 살았던 시대'로 안용복이 활동했던 17세기 당시 울릉도와 독도에 대한 조선과 일본의 인식과 대응을 애니메이션으로 구현한다. 2구역은 '안용복의 도일'로 독도가 조선의 영토임을 확인한 안용복의 2차례에 걸친 도일 과정을 소개하고 있다. 3구역은 '안용복과 울릉도 쟁계'로 안용복의 도일로 촉발된 울릉도 쟁계와 조선의 울릉도·독도 영유권의 확립과정을 살펴볼 수 있다. 4구역은 '안용복의 재평가'로 조선의 영토를 지켜낸 안용복에 대한 새로운 인식을 소개하고 있다. 5구역은 '일본의 불법적인 독도 침탈'로 일본의 독도 불법 침탈의 과정과 그 허구성을 확인할 수 있다. 6구역은 특별전시실과 4D 상영관이다. 1948년 6월, 미군폭격훈련으로 희생된 어민을 기리는 '독도조난어민위령비'를 전시하고 있으며, 영상관에서는 안용복의 독도 수호 활동을 4D 영상으로 체험할 수 있다. 야외에서는 맑은 날이면 독도를 볼 수 있다.

3. 수토역사전시관 (울릉군 서면 태하2길 28)

3층으로 된 전시관 1층은 '기억의 순환'이라는 주제로 33인의 수토사 명단을 제시하였고, 전시관 3층으로 올라가 2층으로 내려와 밖으로 나간 다음 야외에 복원 전시한 수토선을 체험하고, 수토전망대를 둘러본 다음 각석문을 견학하도록 동선을 설계했다.

3층에는 '수토란 무엇인가'라는 질문에 답하는 형식으로 울릉도와 독도를 둘러싸고 벌어진 안용복의 행적과 조선과 일본과의 갈등, 그리고 조선의 수토제도가 발전하는 과정을 전시했다. 이어 주제영상관에서는 울릉도의 탄생과 왜구의 침략, 수토 과정, 오늘날까지의 울릉도를 큐브매핑

수토역사전시관

(Cube-Mapping) 입체영상으로 표현했다. 이어 수토의 흐름과 수토 연표가 전시되었고, 울릉도 수토에서 개척까지 이해할 수 있도록 수토사의 편성, 조선시대 기록 속의 수토, 각석문과 울릉도 도형 등 수토사가 남긴 자료, 고종과 이규원 검찰사의 울릉도 개척과정을 전시했다. 수토사가 육지에 서 출발하는 곳인 울진 대풍헌과 울릉도 도착지 대풍감을 영상으로 보여 준다. 야외에는 실제 크기로 복원한 수토선에 올라 조선시대 수토선을 체 험하고, 수토사 이보국과 김의환이 남긴 각석문을 견학할 수 있다.

독도의용수비대기념관   홍순칠 수기집

4. 독도의용수비대기념관

(울릉군 북면 석포길 447-8, www.dokdomemorial.or.kr)

1953년 8월, 한국전쟁 중에 독도를 수호하기 위해 홍순칠을 비롯한 울릉
도 주민 33명이 조직하여 3년 8개월 동안의 독도수호 활동을 기념하기 위
해 2017년 개관했다. 1층 전시실에는 4개의 공간이 있다. '33인의 빛' '우
리의 독도' '독도를 사수하라' '3년 8개월의 사투'라는 주제로 꾸몄으며,
최후까지 독도의용수비대에 참여한 33인의 명단과 활동 내역, 홍순칠 대
장의 육필원고, 1952년 '평화선' 선포 이후 독도에 불법적으로 영토 팻말
을 설치한 일본과의 사이에 전개된 조용한 전쟁을 모형으로 재현하였다.

또한 일본에 비해 상대적으로 약했던 무기를 보완하기 위해 위장한 목대포 모형을 복제하여 전시했고, 등대와 접안시설이 설치되기 이전 1950년대의 독도 모습을 재현해 놓았다. 독도에 들어온 의용수비대원들이 무인고도에서 생활하면서 무엇을 입고, 무엇을 먹고, 어디서 지냈는지 당시 상황을 디오라마로 구현했다.

5. 사자바위, 투구봉, 나팔봉, 비파산

(울릉군 서면 남양리, 남서리 일대)

울릉도에는 1500년 전 신라 이사부 장군이 복속시킨 고대 해양국가 우산국의 최후 모습을 전해 주는 설화가 사자바위, 투구봉, 나팔봉, 비파산 등의 지명 전설로 긴 생명력으로 전해 오고 있다. 우산국 우해왕(于海王)이 대마도에서 데리고 온 풍미녀로 인하여 멸망되는 과정을 전하는 '우해왕과 풍미녀' 등 관련 전설이 전해지는 과정에서 윤색이 가해졌을 것이지만 문헌 사료에는 없는 우산국의 실체를 말해준다.

남서리는 해변 선착장 인근에 위치한 사자바위, 투구봉과 비파산 등 수려한 풍광으로 유명하며 특히 남서일몰전망대는 독도 해돋이 일출전망대와 내수전전망대와 함께 울릉도에서 해돋이와 해넘이를 볼 수 있는 3대 전망대로 꼽힌다. 남서일몰전망대는 투구봉과 사자바위 뒤 북쪽 능선 해발 150m 고지에 있다. 한눈에 내려다보이는 해안 주변 경관이 아름답고 일몰 광경이 장관이어서 편의시설을 갖춘 전망대에 관람객들이 많이 찾고 있다.

우해왕이 대마도, 곧 왜국과 혼인동맹을 맺었다는 점은 우산국이 왜구의 노략질을 징벌하고 차단하기 위하여 힘의 우위를 바탕으로 대마도를 정벌하고 인질(풍미녀)을 획득하여 맺은 관계라고 볼 수 있다는 게 학계 주장이다. 우산국이 신라의 변방을 공격하는 등 동해안 해상권을 장악한 해상 강국임을 반증한다. 동해안을 따라 북상하며 해상권 장악을 필요로 한 신라에게 우산국은 긴장의 대상이었으며 결국 우산국 정벌로 이어져 귀복시켰다.

신라와의 전쟁에서 우해왕은 전사하지 않았음을 알 수 있는데 "우산국이 귀복하여 해마다 토산물을 바치기로 하였다"고 한 『삼국사기』 기록이 뒷받침 해주고 있다. 우산국은 신라에 귀복하여 신라의 인적·물적 지원 아래 더욱더 강력한 해상력을 확보할 수 있었으며, 독도 근해는 물론 대마도까지 우산국 세력권에 포함되었던 역사성을 웅변한다.

또한 『삼국유사』의 우산국복속 기사에서 '귀복'이란 용어를 썼는데, 반항심을 버리고 다시 순종하여 항복한 의미가 있음을 생각할 때 언제부터인가 기록은 없지만 우산국은 이미 신라에 복속되어 있었으며 신라의 영역임을 알 수 있는 것이다.

고대 울릉도에 존재했던 해양국가 우산국과 관련한 역사기록은 거의 전하지 않는다. 246년(고구려 동천왕 20) 중국 위(魏)나라 관구검(毌丘儉)이 고구려를 침략한 사실을 기록한 『위지』(魏志)에 "동해에 또 하나의 섬이 있으나

사자바위   바다에서 본 남서리 해안

언어가 통하지 않는다"는 대목이 있는데, 우산국으로 추측할 수 있는 최초의 기록이다.

사자바위

사자바위는 남서리 해안가에 있다. 가두봉 등대를 지나 모퉁이를 돌아서면 사자바위를 볼 수 있다. 도동에서 일주도로인 남쪽지방도 926호선을 따라 버스로 30분 정도 걸린다. 이 일대는 사자바위도 유명하지만 낙조가 아름다운 명소로 꼽힌다.

우산국은 삼국시대에 울릉도와 독도 등 그에 딸린 섬을 다스리던 해상국가이다. 『삼국사기(三國史記)』 권4 신라본기에 따르면 이사부는 우산국이 천험을 믿고 신라에 귀복하지 않자 목우사자(木偶獅子)를 많이 만들어 전선에 나누어 싣고 우산국 해안에 이르러 말하기를 "너희들이 만일 항복하지 아니하면 이 맹수를 놓아 밟아 죽이겠다"고 하여 계교로서 항복을 받았다. 이사부는 모든 군선의 뱃머리에 만들어 세운 나무사자로부터 일제히 불을 뿜게 하고 화살을 쏘게 하였다. 우산국 군사들은 듣도 보도 못한 짐승이 입에서 불을 뿜어내는 것을 보고 혼비백산하였다. 이미 이상한 짐승에 질린 우산국 병사들은 전의를 상실한데다가 빗발치는 화살에 더욱 궁지에 몰렸다. 우해왕도 최후를 깨닫고 항복을 결심하고 투구를 벗어 이사부에게 항복하였다.

항복 후 우해왕은 우산국에서 축출당하고 우산국은 신라의 속국이 되어 매년 공물을 바치기로 하였다. 우산국은 멸망했지만 전설은 남아 있어 그때 던져진 목사자가 변하여 지금의 사자바위가 되고, 우해왕이 벗어던진 투구는 투구봉이 되었다 한다. 우해왕이 항복하고 나서 죽은 뒤에 목사자로 화하여 묻힌 곳에서 생겨난 바위가 사자바위라고도 전한다. 또 다른 사자바위 전설로는 울릉도 화산 폭발로 인해 동물들이 살지 않게 되었다는 유래도 전한다.

투구봉과 나팔봉

남양터널을 지나 남양마을로 들어서면 마을 남서쪽에 사자바위를 굽어보는 투구봉이 있다. 봉우리 높이는 171m로 우뚝 솟아있으며, 동쪽에는 북쪽의 나발등지에서 내려온 남서천이 남양항으로 흐른다. 투구봉은 신

투구봉

라와 우산국이 전쟁을 벌일 때 우산국 장군이 자신의 머리에 썼던 투구를 벗어 항복의 뜻을 보인 곳이라는 전설이 있다. 투구를 벗어던진 사람은 우해왕이라는 설도 있는데, 투구를 던진 의미도 '항복의 표시로 던졌다'는 것과 '신라군과 결전을 벌이던 중 투구를 벗어던졌다'는 두 가지 설화가 전한다.

멀리서 보면 꼭 투구를 엎어 놓은 것처럼 보인다. 언제부터인지 투구봉의 한쪽 모서리가 깨져 나갔다고 한다. 투구봉 앞으로는 울릉도의 일몰 명소인 사자암과 작고 아름다운 몽돌해수욕장이 있다.

나팔봉은 이사부가 우산국을 정벌하러 갔을 때 군사들이 나팔을 울렸다 하여 붙여진 이름이라 한다. 우산국이 신라에 항복했을 때와 제1차, 제2차 세계대전이 일어났을 때, 일본이 패망하여 항복하던 1945년 8월 15일에도 나팔봉에서 나팔 소리가 울렸다 한다. 지금도 울릉도 사람들은 어디선가 나팔 소리가 들리면 무슨 일이 일어날 것이라 생각하여 겁을 낸다. 나팔봉의 신비한 예견력이 우산국 최후 설화와 버무러져 있다.

비파산 (우해왕과 풍미녀)

울릉도에 전하는 우해왕과 풍미녀 전설을 소개한다. 우산국이 가장 왕성했던 시기는 우해왕이 다스릴 때라고 한다. 우해왕은 신체가 건강하고 기운이 장사여서 바다를 마치 육지처럼 주름잡고 다녔다. 우산국은 비록 작은 나라였으나 근처의 어느 나라보다 바다에서는 힘이 셌다. 우해왕은 우산국에 때때로 침범해 노략질하는 왜구들을 소탕하기 위하여 본거지인 대마도에 군사를 거느리고 쳐들어갔다. 대마도 도주는 성대한 대접을 베풀고 사이좋게 지내자고 제안하였다. 우해왕이 대마도를 떠나는 날 세 딸 중에서 인물도 마음씨도 뛰어난 셋째 딸 풍미녀가 우해왕을 따라가고자 한다고 전하였다. 만약 우해왕이 데리고 가지 않는다면 굶어 죽겠다고 했다는 것이었다.

우해왕은 할 수 없이 풍미녀를 데리고 우산국으로 돌아왔다. 그녀의 용모와 마음가짐이 단정하여 왕후로 삼기에 가장 적당하다고 생각하여 왕후로 삼았다. 우산국 백성들은 우해왕과 풍미녀를 온 힘을 다해 받들었다. 그러나 풍미녀가 왕후가 된 후부터 우해왕의 마음이 전과는 달라졌다.

예전 같으면 백성들의 생활을 자기 일처럼 돌보았는데 사치를 좋아하게 되었다. 풍미녀가 하는 말이면 무엇이든 들어주려 하였다. 우산국에서 구하지 못하는 보물을 갖고 싶다고 하면 신라까지 신하를 보내 노략질을 해오도록 하였다. 부당한 일이라고 항의하는 신하가 있으면 당장에 목을 베거나 바다에 처넣었다. 백성들은 우해왕을 겁내게 되었고 풍미녀는 더욱 사치에 빠졌다.

신라가 쳐들어온다는 소문이 있다고 보고하였으나 우해왕은 도리어 그 신하를 바다에 처넣었다. 이 광경을 본 신하들은 될 수 있으면 왕의 마음을 불안하게 하지 않으려 가까이 하지 않았다. 결국 풍미녀가 왕후가 된 지 몇 해 뒤에 우산국은 망하고 말았다. 풍미녀가 죽자 우해왕은 슬픔을 가눌 길 없어 뒷산에 병풍을 치고 백일 동안 제사를 지냈다. 생전에 왕비를 모시던 12명의 시녀에게 매일 비파를 뜯게 하여 그 산은 '비파산'으로 불리게 되었다. 또 평소 왕비가 사랑하던 학이 백일 제사를 마치던 날 소리 높이 슬프게 울며 날아간 곳을 '학포(鶴圃)'로 부르게 되었다. 우해왕과 풍미녀 사이에는 딸을 하나 두었는데 '별님'이라 불렀다 한다.

6. 각석문, 수토사의 발자취 (울릉군 서면 태하리 일대)

현재 울릉도에 남아 전하는 각석문은 모두 수토사(搜討官)나 검찰사(檢察使)가 다녀간 기록으로 조선시대 울릉도·독도 관리정책을 보여주는 귀중한 사료이다. 각석문은 도동리 신묘명(辛卯銘), 태하리 임오명(壬午銘), 태하리 광서명(光緒銘), 태하리 해안 각석문 등이며, 조선시대 울릉도·독도 관리의 기본인 수토정책의 변화를 가늠할 수 있을 뿐 아니라 근세의 적극적인 이주 정책을 파악할 수 있는 중요한 유물이다.

도동리 신묘명 각석문

1711년(숙종 37) 5월 삼척영장겸첨절제사(三陟營將兼僉節制使) 박석창(朴錫昌)이 수토사로서 부하들과 함께 울릉도로 건너와 수토의 행적을 남기기 위해 새긴 것으로 울릉군에 현존하는 가장 오래된 각석문이다. 박석창은 1711~12년 삼척 영장으로 재임한 인물이다. 숙종조에 있었던 수토사 파견을 확인할 수 있는 자료로 역사적 가치와 의의가 크다. 1937년 울릉도 도동 축항 공사장에서 각석문 2기가 발견되었으나 현재는 신묘명 각석문 1기만 전해진다.

마름모꼴의 바위에 20행, 총 143자가 새겨져 있다. 글자의 순서는 날짜, 수토 내용, 수토사 및 수행원 이름순이다. 각석문 내용은 다음과 같다.

辛卯五月初九日到泊于倭舡倉以爲日後憑考次　萬里滄溟外將軍駕彩

도동리 신묘명 각석문

신묘명 각석문 탁본

舟平生仗忠信履險自無憂搜討官折衝將軍三陟營將兼僉節制使朴錫昌
拙句刻石于卯方軍官折衝朴省三折衝金壽元倭學閑良朴命逸軍官閑良
金元聲都沙工崔粉江陵通引金蔓營吏金嗣興軍色金孝良中房朴一貫及
唱金時云庫直金危玄食母金世長奴子金禮發使令金乙泰

한편 잃어버린 1기는 1735년(영조 11)에 만들어진 것으로 높이 47cm, 바
닥 너비 37cm, 상부 너비 19cm이며, 내용은 '擁正十三年乙卯閏四月初八
月搜討官三陟營將具億軍官崔獜朴元昌倭學金善義'로 되어 있었다고 한
다. 경상북도 문화재자료 제413호로 보존되고 있다.

태하리 임오명 각석문

태하리 임오명 각석문 (울릉군 서면 태하리 산196)

1882년(고종 19) 5월 검찰사 이규원(李奎遠)이 고종의 명을 받아 울릉도 내 경작이 가능한 지역을 답사하고, 무단으로 왕래하는 일본인들의 실태를 파악하도록 파견되어 체류하고 있을 때 새긴 것이다. 자연 암벽의 평탄한 면에 글자를 새긴 것으로 글자 크기는 10cm 내외이며, 서로 5m 가량 떨어진 세 곳에 기문(記文)이 있다.

현재 각석문은 크게 네 곳에서 확인된다. 먼저 '검찰사이규원고종팔유 연호임오오월일(檢察使李奎遠高宗八劉淵祜壬午五月日)'과 왼쪽 하단에 이름으로 추정되는 '전석규(全錫奎)' 각자가 있다. 뒤쪽에는 '심의완(沈宜琓)', 왼쪽 바

태하리 광서명 각석문 전경

위 면에 '울릉도(鬱陵島)', 오른쪽 별도 바위에서는 '서상목(徐相穆)' 등의 각
자도 확인된다. 즉 각석문에 이규완, 전석규, 심의완, 서상목 4명이 등장한
다. 수토정책에서 주민 이주정책으로 전환되는 시기에 만들어진 것으로
근세 울릉도 개척기의 흐름을 입증하는 귀중한 유물이다. 이규원의 『검찰
일기(檢察日記)』가 남아 있어 역사의 현장을 확인할 수 있는 자료로 가치가
있다. 2001년 경상북도 문화재자료 제412호로 지정되어 보존되고 있다.

태하리 광서명 각석문 (울릉군 서면 태하리 465)

1893년 도장인 서경수와 오위장을 지낸 손주영이 울릉도를 개척할 때 이주민들의 기아와 질병을 보살펴준 조종성, 이규원, 심순택의 공적을 기리기 위해 새긴 것이다. 현무암의 자연 암반석 위에 비스듬히 기운 바위 평탄면에 새겨진 각석문에는 시기를 달리하는 두 개의 글이 새겨져 있다.

태하리 광서명 각석문

검찰사 이규원과 영의정 심순택 등이 울릉도에 이주한 주민들의 기아를 보살핀 것에 고마움을 표시하며 새긴 글과 1893년 울릉도 첨사를 지낸 조종성의 공적을 기리는 글이다. 울릉도 개척 시기에 울릉도의 실상과 조정의 울릉도에 대한 정책을 알 수 있는 귀중한 자료이다. 원문은 다음과 같다.

光緒十九年 己巳 五月日 / 聖火東漸 我候由來 誠功祝 華惠沈求 / 行平海郡守兼鬱陵島檢使 越松趙公鍾成 永世不忘碑 / 參判前檢察使行開拓使 李公奎遠 / 領議政沈公舜澤恤賑永世不忘臺/ 主事行越松萬戶兼島長檢察官 徐敬秀 / 光緒十六年 庚寅四月日 前五衛將 孫周螢誌

평탄면은 가로 160cm, 세로 170cm 넓이에 연대를 달리한 7행의 글씨가 10cm 내외 크기로 새겨져 있다. 광서(光緒)는 중국 청나라 광서제 때의 연호로 각석면에 '광서십육년(光緒十六年)'과 '광서십구년(光緒十九年)'이라 새겨져 있어서 1890년(고종 27)과 1893년(고종 30) 기록임을 알 수 있다. 관련 인물로 조종성, 이규원, 심순택, 서경수, 손주형이 등장한다.

이 각석문은 울릉도의 또 다른 두 각석문과 달리 수토사가 직접 각석한 것이 아니라 울릉도 주민들이 조정과 관리의 보살핌에 감사하는 뜻에서 만들었다. 1890년에 기록된 것으로 보이는 서경수와 손주형 기록은 이 각석문에만 남아있고 다른 사료는 없어 내용 파악에 아쉬움을 준다. 2001년 경상북도 문화재자료 제411호로 보존되고 있으며, 2006년 10월 보호각을 설치하여 관광객, 주민, 청소년 교육장으로 활용하고 있다.

태하리 해안 각석문

서면 태하리 해안에서 발견된 각석문은 삼척 영장 김최환(金㝡煥, 1801년), 이보국(李輔國, 1805년), 이경정(李慶鼎, 1830), 정재천(鄭在天, 1847년) 등 울릉도 수토사가 각석한 것이다.

김최환과 이보국의 각석문은 '태하리 각석문'이라고도 불리는데, 여기에도 영장(營將), 군관(軍官), 왜학(倭學), 사령(使令) 등의 관직명이 여러 번 확인되었고, 강릉 지명도 확인되었다. 그러나 김최환과 이보국의 각석문은 자연 암반 면에 별다른 표면 정리 없이 글자를 새겼으며, 현재 마모가 심해 판독이 어렵다. 향후 더 마모되기 전에 정밀 조사와 연구가 이루어져야 할 것이다.

태하리 해안 각석문

7. 황토구미 (울릉군 울릉읍 서면 태하리)

수토사들이 울릉도를 다녀왔다는 표시로 가져가는 특산물 중의 하나가 태하리의 황토이다. 『울릉군지』에는 황토구미 전설이 전해져온다.

삼척의 어느 사또가 관기를 데리고 뱃놀이를 나갔다가 급작스런 돌풍을 만나 표류하던 중 이곳에 도착했다. 그러나 이 섬에는 사람이 살고 있지 않

황토구미

왔다. 식량이 있을 리 없는 이곳에서 모두 굶주림에 허덕이게 되었다. 이리저리 먹을 것을 구하려 헤매었으나 먹을 것이라곤 아무것도 없었다. 모두 허기에 지쳐 있었는데 누군가 황토를 발견하고 "이 흙이라도" 하고는 입에 조금 넣어 씹어보았더니 먹을 만했다. 그래서 이 흙을 먹고 연명했는데, 여러 사람이 먹어본 맛이 모두 다르더라고 하여, 이곳을 '황토구미(黃土九味)'라 불렀다 한다.

8. 성하신당 (울릉군 울릉읍 서면 태하리)

태하리 '성하신당(聖霞神堂)'도 삼척 출신 조선시대 수토사와 관련된 유적이다. 태하리 황토와 관련된 전설은 삼척과 울릉도 사이의 교류를 뒷받

성하신당과 동남동녀

침해주는 전설이기도 하다.

울릉도 사람들이 배를 새로 건조하여 바다에 띄울 때는 반드시 성하신당에 먼저 와서 빌며 해상 작업의 안전과 사업 번창을 기원했다. 여기에는 조선시대 수토 정책과 관련된 슬픈 전설이 전하고 있다.

조선 태종 때 김인우는 울릉도 안무사를 명받아 울릉도 거주민을 육지로 이주시키기 위하여 병선 2척을 이끌고 태하동에 도착했다. 울릉도 순찰을 마치고 출항을 위해 잠을 자던 중 해신이 현몽하여 일행 중 동남동녀 2명을 섬에 남겨두고 가라 했다. 그러나 개의치 않고 출항했는데 갑자기 풍파가 일더니 시간이 지날수록 심해졌다. 안무사는 문득 전날 꿈이 떠올라 동남동녀 2명을 섬에 남겨두고 무사히 육지로 돌아갔다.

몇 년 뒤 다시 울릉도 안무사의 명을 받고 태하리에 도착하여 동남동녀를 찾았는데 그때 머물렀던 곳에 두 사람이 꼭 껴안은 형상으로 백골이 되어 있었다. 안무사는 동남동녀의 고혼을 달래기 위해 그곳에 사당을 지어 제사지내고 돌아갔다. 그 후 매년 음력 3월 1일 정기적으로 제사를 지내며 풍어, 풍년을 기원하고, 처음 배를 띄울 땐 반드시 이곳에서 제사를 올리며 무사한 뱃길이 되길 빈다.

『태종실록』과 『세종실록』 등 사료에 의하면 실제 김인우는 '우산무릉등 처안무사'로 임명되어 1417년(태종 17), 1425년(세종 7) 두 차례 울릉도로 파 견되었다. 처음 울릉도에 갔을 때 15가구에 남녀 86명이 살고 있었는데, 그 중 3명을 데리고 나왔다. 조정에서는 모두 찾아내 육지로 데려오기로 결정하고 김인우가 다시 들어가 20명을 데리고 나왔는데 오갈 때 태풍을 만나 무척 고생하였다. 성하신당 전설은 그 과정에서 생겨나 김인우가 처음으로 신당(神堂)을 짓고 동남동녀를 신으로 모신 것으로 보인다.

태하초등학교 아래 마을 숲에 자리한 성하신당 규모는 정면 3칸, 측면 1칸의 목조 맞배집이다. 주변은 담장을 둘러싸여 있으며 담장 안에 소나무가 많다. 당 정면에 '聖霞神堂(성하신당)'이라 적힌 현판이 있으며, 당 내부 정면에는 전설 속에 등장하는 동남동녀 조형물이 있다. 건물 3면을 돌아가며 동남동녀 전설을 벽화로 만날 수 있다. 한편 태하리 향나무재에서 타는 향나무 연기가 강원도까지 풍겼다는 이야기가 전할 정도로 가까운 생활권으로 인식되었다.

9. 고분군 (울릉군 남면 현포리, 천부리, 북면 남서리, 남양 태하리 일대)

돌무지무덤은 1963년 총 87기가 확인되었다. 북면 현포리에 38기, 천부

현포동 고분군과 고분

리에 3기, 죽암에 4기, 서면 남서리에 37기, 남양리에 2기, 태하리에 2기, 남면 사리에 1기가 있다. 파괴된 흔적으로 보아 원래는 더 있었을 것으로 추정된다. 이 가운데 10기가 경상북도 기념물 73호로 지정되어 있다.

중요 고분군을 보면, 현포동 고분은 1963년 국립박물관은 38개의 고분이 있었다고 하나 지금은 10기만이 경상북도 기념물 73호로 지정되어 있다. 고분은 경사지대에 수평으로 기단부를 만들고 그 위에 장방형 석실을 축조했다. 할석을 내경시켜 측벽을 쌓고 그 위에 장대석으로 개석을 덮었으며, 장축은 대부분 동서이지만 남북으로 된 것도 있으며, 규모는 석실이 6~9m이고 높이 1m 내외, 길이는 7~9m이다.

태하리 고분은 경상북도문화재연구원이 조사한 40여 기의 석군 가운데 6기에서 석실이 확인되었다. 석실의 장축은 약 10m의 세장방형으로 남북 장축이다.

남서동 고분군은 1963년 국립박물관 보고서에서 32기가 넘는 고분의 존재를 보고했으며 그중 15기가 경상북도 기념물 72호로 지정되어 보호되고 있다. 고분 앞면에는 축대를 쌓고 후면은 땅을 파서 석실을 마련하였으며, 석실의 규모는 길이 약 5~6m, 폭 0.7~0.9m, 높이 1~1.1m로 폭이 좁고 높이가 높은 특징을 지닌다.

사동리 고분군은 마리나관광호텔 진입도로 부근 사동천의 산사면에 위치한다. 3기 중 1기는 전면부 석축이 잔존하지만 석실은 붕괴되었다. 석실 측벽은 할석을 4단 정도로 경사지게 쌓았고 그 위에 개석이 3개 남아 있으며, 전체 규모는 장축이 6~6.5m, 단축이 4.5~5m이고 평면은 장방형으로 남북향이다. 한편 사동2리 새각단 마을 서쪽 능선에서 영남대 민족문화연구소가 5개의 고분을 확인하였으나, 경상북도문화재연구원 조사 시에는 모두 사라진 것으로 밝혀졌고, 한림대 박물관이 조사했을 때는 대아리조트와 연접한 급경사면에서 토기편과 석재만이 확인되었다.

남양리 고분군은 남양2리 지통골에 있다. 영남대 민족문화연구소에서 조사 시 3기의 고분을 확인한 후 경상북도문화재연구원에서 7기를 추가로 확인하였다. 한림대 박물관의 조사결과 장축 약 10m, 단축 약 6m, 높이 2~4m 규모의 석군이 다수 존재하며 그중 고분으로 추정되는 것은 3기이다. 석군과 인근 밭에서 연질토기편, 회청색경질타날토기, 인화문토기 등이 수습되었다. 이곳에서 남양천을 따라 약 300m 상류에서 경상북도문화재연구원이 5기의 고분을 확인했으나 모두 도굴당했다. 장축은 동서향, 석실의 입구는 동향이다. 고분은 전면부에 적석을 하여 기단부를 축조한후 그 위에 석실을 마련하였으며 측벽은 5~6단 정도로 내경하여 쌓았고, 상면에는 장대석의 개석이 남아있다.

울릉도에서 확인되는 고고자료 역시 대부분이 신라 고분이며, 그외 추정 지석묘 3기와 지표상에서 무문토기편과 홍도편, 갈돌 및 갈판이 발견되어 울릉도에서의 인간의 정착 시점을 청동기 시대로 판단하고 있다. 하지만 그때부터 기원후 6세기까지의 지속적인 인간 활동을 뒷받침해 줄 고고학적 증거가 확인되지 않음에도『삼국지』위서 동이전의 내용을 토대로 사람들의 계속적인 거주가 받아들여지고 있는 실정이다.

울릉도 내 확인되는 신라 고분의 수는 26개소 80여기 정도이다. 그중 발굴 조사된 고분군은 현포·천부·죽암·사동·남서·남양고분군으로 20여 기에 불과하다. 고분의 분포를 지역별로 나누면 북면의 천부동 일대와 현포동 일대, 서면의 남서·남양리 일대, 남면의 사동리 일대, 울릉읍의 저동 일대로 총 다섯 지구이다. 고분군은 남서동·남양동 고분군을 제외하고는 대체로 섬의 지세가 험하고 평지가 드문 환경적인 영향으로 인해 바다가 보이는 해안의 낮은 구릉지대에 자리잡고 있다.

〈독도지역〉

동 해

김바위

지네바위

탕건봉

상장군바위

군함바위

물골

삼형제굴바위

대한봉

닭바위

넙덕바위

서 도

미역바위

촛대바위

일출봉

(구)선착장

코끼리바위

어민숙소

한반도바위

천장골

보찰바위

독도비석

분화구

동 도

물오리바위

한국령표시

독도선착장

숫돌바위

독도등대

독립문바위

영토표석

위령비

부채바위

얼굴바위

촛발바위

제4장 이사부 길, 독도와 동해

1. 위치와 지형

동해는 한국, 러시아, 일본으로 둘러싸여 있다. 독도는 그러한 동해의 가운데 위치하고 있으며 우리나라 동쪽 맨 끝에 있는 섬이다. 황해, 남해와 달리 동해에는 울릉도, 독도가 거의 유일한 섬이며 황해와 남해 섬들에 비해 육지에서 멀리 떨어져 있지만 중요한 지정학적 위치에 있다. 행정구역은 경상북도 울릉군 울릉읍 독도리이다.

경북 울진군 죽변에서 동쪽으로 216.8km, 울릉도에서 동남쪽으로 87.4km 떨어져 있다. 동도는 북위 37도 14분 26.8초, 동경 131도 52분 10.4초, 서도는 북위 37도 14분 30.6초, 동경 131도 51분 54.6초이다. 동해에서 뿜어져 나온 용암이 굳어져 만들어진 전형적인 화산섬으로 동도와 서도 2개의 큰 섬과 89개의 작은 섬으로 이루어져 있다. 동도와 서도간 최단거리는 저조시 기준으로 151m이다. 동도와 서도 사이는 너비 110~160m, 길이 330m이다. 동도는 해발고도 98m에 화산암질 안산암으로 이루어졌고 분화구가 있으며, 서도는 해발고도 168m에 안산암·현무암으로 이루어진 응회암(凝灰岩)으로 구성되어 있다.

면적은 총 187,554m²에 달하며, 동도는 73,297m², 서도는 88,740m², 그 외 작은 섬은 25,517m²이다. 독도의 높이와 둘레를 보면 동도가 98.6m, 서도가 168.5m로 서도는 원추형을 이루고 있다. 둘레는 총 5.4km(동도 2.8km, 서도 2.6km)로 동도에 선박 접안시설이 있다.

2. 독도의 옛 이름과 바위들

우리 땅 독도는 울릉도에 딸린 섬으로 옛날에는 '우산도(于山島)', '가지도(可支島)' 등의 이름으로 일컬어졌다. 1882년 울릉도가 재개척되면서 울릉도 주민들 사이에서는 '독섬'이라 불렸다. '돌'을 지방 방언으로 '독'이라 발음하였는데, 사방이 돌로 이루어진 모습을 보고 '돌섬' 곧 '독섬'이라 했던 것이다. 그리고 '독섬'을 한자로 표기하면서 '독도'(獨島)라는 이름으로 쓰이게 되었다. 서양에서는 독도를 발견한 배의 이름을 따서 프랑스에서는 '리앙쿠르'(Liancourt), 영국에서는 '호넷'(Hornet), 러시아에서는 '메넬라이-올리브차'(Menalai-Olivutsa)라 불렀다. 일본에서는 '울릉도'를 '다케시마'(竹島), '독도'를 '마츠시마'(松島) 등으로 부르다가 1905년 독도를 불법 편입하면서 독도를 '다케시마'(竹島)로 바꾸어 불렀다.

독도는 2개의 섬과 89개의 바위로 되어 있는데, 공식화된 지명으로 불

동도의 독도전망대(상), 대한민국 동쪽 끝 조형물(중)
동도의 독도이사부 길(하)

서도의 안용복 길

한반도바위, 얼굴바위(상)
촛대바위, 숫돌바위(중)
탕건봉, 코끼리 바위(하)

리는 곳은 동도와 서도 두 곳뿐이다. 독도 사랑을 확산하고 일본의 영유권 시비도 사전에 차단하기 위한 목적으로 독도 주변에 있는 바위에도 이름을 붙이고 정식으로 지도상에 표기하는 작업이 이뤄지고 있다. 독도의 바위에 붙여진 이름은 큰가제바위, 작은가제바위, 지네바위, 넙덕바위, 군함바위, 김바위, 보찰바위, 삼형제굴바위, 닭바위, 촛발바위, 촛대바위, 미역바위, 물오리바위, 숫돌바위, 부채바위, 얼굴바위, 독립문바위, 천장굴바위, 한반도바위, 탕건봉, 물골, 물골바위 등이며 독도 바위에 이름을 붙이는 작업은 계속 진행되고 있다.

3. 기후와 자연생태

난류의 영향을 많이 받는 전형적인 해양성 기후로 연평균 기온이 약 12°C로 비교적 온난하다. 가장 추운 1월의 평균 기온이 1°C, 가장 더운 8월 평균 기온이 23°C로 비교적 온난한 편이다. 바람이 많은 독도의 연평균 풍속은 4.3m/s로, 여름에는 남서풍이 우세한 반면 겨울에는 북동풍이 우세하다. 안개가 잦고 연중 흐린 날이 160일 이상이며, 강우일수는 150일 정도로 연중 흐리거나 눈·비가 내려 비교적 습한 지역에 속한다. 연평균 강수량은 약 1,240mm, 겨울철 강수는 대부분 적설 형태이며 울릉도와 같이 폭설이 많이 내리는 것이 특징이다.

또한 강한 해풍과 암석류의 척박한 토질로 인하여 식물이 잘 자랄 수 없는 환경이다. 그러나 철새가 이동시 활용하는 경로의 중간 피난처 및 휴식처로서 우리나라 생물의 기원과 분포를 연구할 수 있는 생물 지리학적으로도 매우 중요한 가치를 지니고 있다.

독도 부근은 난류성과 한류성이 합쳐지는 곳으로 플랑크톤이 풍부하여 방어와 오징어 같은 난류성 어류, 대구와 명태 같은 한류성 어류 등 어족자원이 우수하다. 동도와 서도 사이의 '형제굴', 동도의 '천장굴' 등을 비롯한 해식동굴과 해식대 및 해식애가 발달하였다. 본래 독도에는 강한 해풍과 부족한 토양 탓에 바위틈에 약간의 식물들이 자랄 뿐 한 그루의 나무도 없었으나 소나무와 동백나무를 옮겨 심어 지금은 나무와 꽃을 볼 수 있다.

독도경비대가 상주한 이후 바위 위에 터를 닦아 집을 짓기 시작해 현재 독도에는 독도경비대 숙소, 어업인 숙소, 헬기장, 유인등대, 접안시설 등 여러 시설이 있다. 1954년 8월에 건설한 등대가 24시간 독도를 지키고 있다. 바다제비·슴새·괭이갈매기 등 이곳에 모여드는 희귀조를 보호하기 위해 1982년 11월, 천연기념물 제336호 '독도해조류(바다제비·슴새·괭이갈매기)' 번식지로 지정하여 국가 차원에서 보호하고 있다.

4. 우리 바다, 동해

우리나라에서 동해(東海)라는 명칭을 처음 사용한 것은 고구려 동명왕의 건국 사료에서부터 나오기 시작하며 금석문에서도 5세기경부터 확인할

「아국총도」(18세기 후반, 규장각)

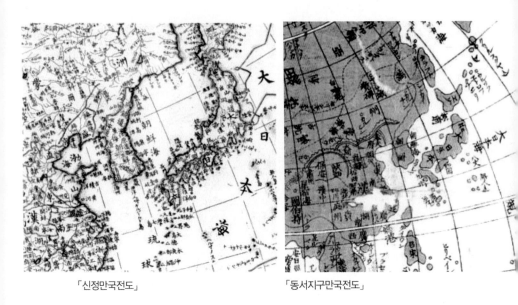

「신정만국전도」　　　　　　　　　　　「동서지구만국전도」

수 있다. 가장 오래된 비석은 광개토왕비이며, 그 내용은 "왕의 능을 지키기 위해 동해의 해변에 사는 주민 3명을 차출했다"이다. 한 연구에 의하면 동해의 명칭이 표기된 금석문은 122종이라 한다.

　그 가운데 삼척에 있는 '척주동해비'도 빼놓을 수 없다. 비문에서는 "큰 바다 끝없이 넓어 온갖 냇물이 모여드니 그 큼이 끝이 없도다. 바닷물 하늘에 닿아 출렁대는 것이 넓고도 아득하니 바다 동쪽에 구름이 끼었다네. 아침에 돋는 햇살 찬란하고 눈부시니 자줏빛 붉은빛이 가득 넘치네. 옛 성왕의 덕화가 멀리 미치어 온갖 오랑캐들이 사신으로 왔으나 멀다고 복종하지 않은 곳 없었네. 아아, 크고도 빛나도다. 그 다스림 넓고 크나니 그 치적이 영원히 빛나리"라고 동해를 칭송했다.

일본에서도 동해를 일찍부터 조선의 바다(朝鮮海)로 인정했다. 1810년 다카하시 가게스케(高橋景保)는 에도막부로부터 세계지도를 제작하라는 명령을 받고 3년여에 걸쳐 「신정만국전도」(新訂萬國全圖)를 완성하였는데, 이 지도에도 동해를 '조선해'로, 일본의 동쪽바다를 '대일본해'로 명시하였다. 또한 1848년 구리하라 노부아키(栗原信晃)가 그린 「동서지구만국전도」(東西地球萬國全圖)에도 조선해와 대일본해로 구분하여 명기했다.

5. 동해지방해양경찰청과 삼봉호(5001함)

해양경찰 주요 임무

해양경찰은 1953년 창설되어 바다에서 종합적인 법집행을 담당하고 있는 국가기관으로 1996년 해양경찰청으로 승격되었다. 국토면적의 4.5배에 달하는 우리 바다를 지키는 파수꾼으로서 독도·이어도·배타적경제수역(EEZ) 등에 대한 해상경비와 불법조업 외국 어선 단속 등을 통하여 해양 주권을 수호하고 있다. 선박과 인명 구조, 해수욕장 안전관리뿐만 아니라 각종 범죄에 대한 단속과 수사로 국민의 재산과 생명을 보호한다. 또한 해양오염에 대한 예방·방제 활동으로 해양환경 보전에 만전을 기하는 등 해양에서의 경찰·소방·환경지킴이로서 중요한 업무를 수행하고 있다. 약 300척의 경비함정과 20여 대의 항공기를 보유하고 있으며, 해역별로 효율적인 업무수행을 위해 4개 지방청과 15개 해양경찰서를 두고 있다.

각 해양경찰서는 주요 항포구에 파출소를 설치하여 최일선에서 해상치안 및 안전관리를 담당한다.

동해지방해양경찰청 독도경비대

동해지방해양경찰청은 2006년 4월 1일 지방본부 신설, 동년 12월 1일 동해지방해양경찰청으로 승격된 후 현재에 이르고 있다. 속초, 동해, 포항, 울산 등 4개 해양경찰서와 18개 파출소, 항공단 및 특공대와 동해, 포항 해상 교통관제센터 2곳을 두고 있다.

관할하는 해역은 울릉도와 독도, 동해를 포함하여 강원도 고성군에서부터 부산광역시 기장군에 이르는 남한 면적의 약 1.9배의 해역이다. 치안 대상으로는 원전 등 국가중요시설, 항포구와 어선, 여객선·유도선, 바다를 터전으로 생업에 종사하는 연해민들과 해수욕장 등이 있다. 동해지방해양경찰청은 동해안 최고의 해상치안 전문기관으로 주권, 안전, 민생, 청정, 정예 수호로 안전하고 깨끗한 희망의 동해를 실현하는데 노력하고 있다.

국토의 동쪽 끝 우리 땅 독도는 250만 년 이전에 형성된 해저산으로 다양한 해양 천연기념물의 보고이다. 불타는 얼음으로 잘 알려진 메탄 하이드라이트 6억 톤이 매장되어 있는 등 경제적 가치가 연간 약 11조 6천억 원으로 추정되고 있다.

반드시 지켜야 할 우리 땅 독도 수호를 위해 동해해양경찰청은 함정, 항공기를 동원한 해·공 입체적 경비로 빈틈없는 경비체제를 확립하고 있

독도지방해양경찰과 독도경비대의 훈련 모습

다. 대형 함정 1척(삼봉호, 5001함)을 독도 부근에 24시간 상시 배치하고 우발 사태에 대비한 합동훈련으로 최고의 해양안보 역량을 유지한다. 그 외 경비구난, 해상교통관리, 해상치안, 해양환경보전, 해양오염방제, 국제교류협력, 해상 대테러 진압 등 동해 해상치안 업무를 완벽히 수행하고 있다.

일본의 독도 침탈 시도 행위

일본은 1890년대 러일전쟁 시기에 무주지 선점 법리에 근거하여 1905년 내각 결정에 따라 시마네현 고시 제40호로 독도를 시마네현에 편입시켜 자국 영토라고 억지 주장을 하고 있다. 독도 영해 외측 수역에 지속적으로 일본 해상보안청 소속 경비함정을 보내 국제 분쟁지역화를 꾀하고 있다.

독도와 관련한 최근 일본의 행동을 살펴보자. 2004년과 2005년에 우익 단체인 사도회와 청년사가 독도 부근 해역 해상시위 및 상륙을 위해 출항하였다가 우리 해양경찰의 강력한 대응 경고 및 일본 정부의 설득으로 회항하였다.

2006년에는 일본 해상보안청 소속 측량선 2척이 독도 부근 우리의 배타적경제수역에서 해양과학조사를 시도하였고, 7월에는 우리 해양조사선 '해양 2000호'가 독도 근해 해양과학 조사를 벌일 때 일본 순시선이 방해하는 등 크고 작은 사건이 지속적으로 발생하였다.

해양경찰의 독도 수호

해양경찰은 독도 수호의 상징인 5000톤급 함정 '삼봉호'를 포함한 경비

독도와 해양경찰청 5001함(삼봉호)

함정을 독도 주변 해역에 상시 배치하여 해상 경비활동을 펴고 있다. 독도 주변 해상에서의 신속한 상황 대응을 위해 항공기를 이용한 입체적인 감시활동과 독도 영유권과 관련한 한일 간 물리적 충돌사태 등 위기 상황이 발생했을 때 범정부적인 대응을 위해 '독도우발사태 대응매뉴얼'을 수립하여 체계적인 훈련을 실시하고 있다. 또 해군·독도경비대 및 독도영토관리대책단 등 유관기관과의 상호협력 체계를 긴밀하게 구축하여 독도 수호에 대한 역량을 강화해나가고 있다.

최근 독도에 대한 국민의 높은 관심으로 2019년에 독도 관람객은 무려 25만 9천 명에 이르렀다. 해양경찰은 울릉도와 독도 간 운항 여객선의 안전 호송을 위하여 인근 해역에 경비함정을 항상 배치하는 등 관광객의 안전관리에도 최선을 다하고 있다.

독도 경비함정 삼봉호(5001함)와 F—15K 편대

삼봉호는 현재 해양경찰청이 보유하고 있는 경비함정 중 가장 대형(길이 145.5m, 너비 16.5m)으로 1999년 현대중공업에서 건조(건조비용 482억원)했으며 2002년 3월 동해해양경찰서에 배치되어 독도 주변 해상경비·수색구조·

F—25편대

불법어선 단속 등의 임무를 수행한다.

'삼봉'의 명칭은 독도의 조선시대 별칭인 삼봉도(三峰島)에서 따온 것으로 역사적으로 명백히 우리 땅인 독도를 지키겠다는 해양경찰의 굳은 의지를 담고 있다. 40mm 자동포, 20mm 발칸포 등으로 무장하고 최대속력 23노트(48km/h), 유류 공급없이 최대 8,500마일(약 15,750km)까지 항해 가능하다. 동해 해양경찰 전용부두에서 출항하여 통상 바다에서 일주일간 머물며 독도를 지키고 있다. 또한 40노트(75km/h)까지 낼 수 있는 소형 고속보트 4척, 헬기 탑재 및 이·착륙 할 수 있는 시설을 갖추었으며, 소형 선박 화재진압을 위해 분당 60톤을 발사하는 소화포 3대를 장착하고 24시간 365일, 독도와 동해를 지킨다. 또한 영공에서는 공군의 최신예 F-15K 편대가 초계비행을 하며 독도를 수호하고 있다.

연 도	내 용	비 고
512 (신라 지증왕 13)	6월, 이사부 우산국 복속시킴	
930 (고려 태조 13)	8월, 우릉도에서 토산물을 바침. 고려 조정에서 벼슬을 내림	
1018 (현종 9)	동여진이 우산국을 침략하여 황폐화되자 조정에서 관리와 농기구를 보냄	
1145 (인종 23)	김부식 「삼국사기」 편찬함	
1157 (의종 11)	5월, 김유립 울릉도에 파견, 마을 흔적이 있으나 살기에 부적당하다고 보고	
1246 (고종 33)	5월, 권형윤, 사정순을 울릉도안무사로 임명함	
1379 (우왕 5)	일본인들이 무릉도에 들어와 보름 정도 머무름	
1403 (조선 태종 3)	8월, 왜구 침입에 대비해 무릉도 주민을 육지로 나오게 함	거민쇄출 (居民刷出)
1407 (태종 7)	3월, 쓰시마번에서 쓰시마인의 무릉도에 이주를 청함	거절함
1416 (태종 16)	9월, 김인우를 무릉등처안무사로 파견함	
1417 (태종 17)	2월, 안무사 김인우가 우산도에서 돌아와 토산물과 거주민 3명을 쇄출시킴	
1425 (세종 7)	8월, 김인우를 무릉등처안무사로 파견하여 주민 20명을 쇄출시킴	
1430 (세종 12)	1월, 이안경이 요도를 방문하고 돌아옴	요도사건
1437 (세종 19)	4월, 남회와 조민을 '무릉도순심경차관'으로 파견함	
1438 (세종 20)	11월, 무릉도에 숨어들어간 김안을 처형함	
1439 (세종 21)	2월, 무릉도에 숨어들어간 김범·귀생을 처형함	
1445 (세종 27)	8월, 요도 탐색을 포기함	
1451 (문종 2)	「고려사」 지리지 편찬·우산 무릉 기록이 있음	
1454 (단종 2)	「세종실록」 지리지 편찬·우산 무릉 기록이 있음	
1470 (성종 1)	12월, 삼봉도 탐색을 지시함	삼봉도 사건
1472 (성종 3)	2월, 경차관 박종원 삼봉도 탐색을 나섬	
1481 (성종 11)	1월, 삼봉도 건으로 김한경 등을 처형함	
1531 (중종 26)	「신증동국여지승람」 간행. 우산 무릉 기록이 있음	
1625	막부로부터 다케시마(울릉도) 도해면허 발급함	
1667	「은주시청합기」 편찬. 오키섬을 일본의 서북경계라 함	
1693 (숙종 19)	4월, 안용복 박어둔이 울릉도에서 피랍됨	

연 도	내 용	비 고
1694 (숙종 20)	9월, 삼척 첨사 장한상을 수토사로 파견함	
1696 (숙종 22)	1월, 막부 '일본인의 다케시마(울릉도) 도해금지령'을 내림	
	3월, 안용복 일행 2차로 도일하여 오키섬에 감	
1699 (숙종 25)	1월, 쓰시마번에서 일본인의 다케시마(울릉도) 도해금지령을 알려 옴	
	6월, 월송포 만호 전회일을 수토사로 파견함	윤회수토
1770 (영조 46)	8월, 「동국문헌비고」 편찬	
1808 (순조 8)	「만기요람」 편찬	
1836	12월, 무단으로 울릉도에 도해한 하치에몽 등 5인을 처벌함	
1849 (헌종 15)	프랑스 포경선 리앙쿠르호 독도를 리앙쿠르 락스로 명명	
1870 (고종 7)	4월, 「조선국교제시말내탐서」 울릉도와 독도는 조선에 속함	
1887	3월, 메이지정부 '태정관문서' 울릉도와 독도는 일본 영토가 아님을 명시함	
1882 (고종 19)	4월, 울릉도검찰사 이규원 파견, 울릉도 개척 건의	
1883 (고종 20)	4월, 울릉도 이주민 입도	
1894 (고종 31)	12월, 울릉도 수토제 폐지	
1900 (대한제국 광무 4)	10월, '대한제국칙령' 제41호 공포	
1905 (광무 5)	2월, 시마네현 독도를 강제 편입함	시마네현고시
1906 (광무 10)	3월, 시마네현 관리 독도 방문.	
1910	8월, 한일 강제 병합	
1943	12월, 카이로선언, 일본을 탐욕에 의해 탈취한 지역으로부터 축출함	
1945	8월, 일본의 무조건항복	
1946	1월, 연합국최고사령관 지령(SCAPIN) 제677호	
	6월, 동 제1033호 – 12해리 전관수역 인정	
1948	6월, 주일미군 공군기 독도 폭격 사건	
1951	9월, 샌프란시스코 강화조약 체결	
1952	1월, 이승만 '인접해양에 대한 주권에 관한 선언(일명 평화선)' 선포	
	4월, 샌프란시스코 강화조약 발효	

연 도	내 용	비 고
1953	7월, 민간인들에 의한 독도의용수비대 조직	
1954	8월, 무인등대 설치	
	10월, 일본정부 '독도문제 국제사법재판소 회부' 제의를 한국 정부가 거부함	
1955	1월, 경상북도 경찰 '독도경비대' 창설	
1965	6월, 한일기본조약 체결, 한일어업협정 맺음	
1981	10월, 최종덕씨가 최초로 주민등록에 독도등재함	
1990	8월, 건설부 독도를 '자연환경 보전 보호지역'으로 고시	
1998	9월, 신한일어업협정 맺음 – 한일중간수역 고시	
2005	2월, 시마네현에서 '다케시마의 날' 제정	
2008	7월, 일본 외무성 홈페이지 '10가지 포인트' 게재	
	8월, 동북아역사재단 개소	
2010	4월, 일본 초등학교 교과서에 독도 기술	
2011	4월, 일본 중학교 교과서에 독도가술	
2012	4월, 일본 고등학교 교과서에 독도기술	
2012	8월, 이명박 대통령 독도 방문	
2013	10월, 한국 독도방어훈련 실시	
2014	3월, 일본 '100問 100答' 발간	
2019	9월, 일본 방위백서에 유사시 일본자위대 전투기 긴급 발진할 수 있다는 내용 발표	
	10월, 한국 F–15K 공군기 독도 영공에 출격시킴	

참고문헌

사료와 자료집

국립중앙도서관 편,『국립중앙도서관 소장 독도관련 해제집 : 고문서편』(피알앤북스, 2009)

권오엽 편주,『控帳(히카에초) : 일본 고문서의 독도』(책사랑, 2010)

권오엽·권정 역주, 일본고문서 독도자료연구총서시리즈『죽도문답』『죽도기사』『죽도도해유래기발서공』『죽도 및 울릉도』(한국학술정보, 2010-11),

권정 편역,『어용인일기』(선인, 2010)

동북아역사재단,『독도논문번역선 Ⅰ·Ⅱ·Ⅲ』(바른역사기획단, 2005-8)

동북아역사재단,『독도자료집 Ⅰ·Ⅱ』(바른역사기획단, 2005)

박병섭,『안용복사건에 대한 검증』(해양수산개발원, 2007)

손승철·박미현 편,『울릉도·독도 품은 강원도 사람들』(강원도민일보·삼척시, 2012)

이원우 외,『죽도기사 Ⅰ·Ⅱ』(경상북도, 2012)

이찬,『한국의 고지도』(범우사, 1991)

정영미 역,『죽도고』상,하 (경상북도, 2010)

호사카 유지,『다케시마연구회 최종보고서에 대한 비판』(해양수산개발원, 2008)

호사카 유지,『독도영유권에 대한 한일 및 주변국의 인식과 정책비교연구』(한국해양수산개발원, 2005)

단행본

김명기,『대일평화조약상 독도의 법적 지위』, 영남대 독도연구소 자료총서 15,

선인, 2016.

김명기,『독도영유권과 국제해양법』, 영남대 독도연구소 자료총서 10. 선인, 2014.

김명기,『독도총람』, 선인, 2015.

김명기,『정부수립론의 타당성과 한국의 독도영토주권』, 독도연구소 자료총서 12, 선인, 2019.

김병렬,『일본군부의 독도침탈사』, 바른역사정립기획단, 2006.

김병렬,『독도냐 다케시마냐』, 다다미디어, 1996.

김영구,『독도, NLL문제의 실증적 정책분석』, 다솜출판사, 2008.

김호동,『독도, 울릉도의 역사』, 경인문화사, 2007.

김호동,『안용복과 竹島一件』, 경인문화사, 2019.

김화경,『독도의 역사』, 영남대출판부, 2011.

독도연구보존협회,『독도영유의 역사와 국제관계』, 독도연구보존협회, 1997.

박병섭·나이토세이츄, 호사카 유지 역,『독도=다케시마논쟁』, 보고사, 2008.

손승철,『독도, 그 역사적 진실』, 경인문화사, 2017.

송병기,『고쳐 쓴 울릉도와 독도』, 단국대출판부, 2005.

송병기,『울릉도와 독도, 그 역사적 검증』, 역사공간, 2010.

신용하,『신용하교수의 독도이야기』, 살림출판사, 2014.

영남대학교 독도연구소,『독도영유권 확립을 위한 연구』, 1-10, 2009-2018

예영준,『독도실록 1905』, 책밭, 2012.

울릉문화원,『울릉문화』 2, 1997.

유석재,『독도공부』 교유서가, 2019.

윤유숙,『근세 조일관계와 울릉도』, 혜안, 2016.

이기봉,『우산도는 왜 독도인가』, 소수, 2020.

이상태,『한국고지도발달사』, 혜안, 1993.

이석우,『독도분쟁의 국제법적 이해』, 학영사, 2005.

정갑용,『독도에 관한 국제법적 쟁점연구』, 독도연구소 연구총서 12, 선인, 2013.

정영미,『일본은 어떻게 독도를 인식해 왔는가』, 한국학술정보, 2015.

한국이사부학회,『이사부 삼척 출항과 동해비전』, 강원도민일보·삼척시, 2012.

호사카 유지,『대한민국 독도』, 책문, 2010.

호사카 유지,『대한민국 독도교과서』, 미래엔, 2012.

호사카 유지,『우리역사 독도』, 책문, 2009.

호사카 유지,『일본 고지도에도 독도 없다』, 자음과 모음, 2005.

홍성근외,『독도! 울릉도에서 보인다』, 동북아역사재단, 2010.

황용섭,『야마자 엔지로와 일본의 독도 침탈』, 경인문화사, 2019.

논문

강봉룡,「이사부의 생애와 활동의 역사적 의의」『이사부와 동해』, 창간호, 2010.

강봉룡,「5세기 이전 신라의 동해안 방면 진출과 '동해안로'」『한국고대사연구』, 2011.

곽진오,「독도와 한일관계 – 샌프란시스코 강화조약에 대한 고찰」『일본문화학보』74, 2017.

김기혁,「조선후기 울릉도 수토기록에 나타난 부속도서의 표상연구」『역사와 지리로 본 울릉도·독도』, 동북아역사재단, 2011.

김대기,「신한일어업협정을 둘러싼 양국 외교의 허와 실」『한일민족문제연구』9, 2005.

김명기,「한국의 영토주권을 훼손한 한일어업협정에 관한 연구」『독도연구』

16, 2014.

김병렬·유미림, 「『죽도문제 100문 100답』에 대한 비판적 검토, 그리고 우리의 대응」『영토해양연구』7, 동북아재단 독도연구소.

김병우, 「안용복 연구의 현황과 과제」『경주사학』34, 2011.

김영수, 「고종과 이유권의 울릉도와 독도 위치와 명칭에 관한 인식과정」『사림』63, 2018.

김창겸, 「신라의 동방진출과 이사부의 우산국정복 출항지」『사학연구』101, 2011.

김창석, 「신라의 우산국 복속과 이사부」『역사교육』111, 2009.

김호동, 「삼국시대 신라의 제해권 확보의 의미」『대구사학』65, 2001.

김호동, 「울릉도의 역사로서 우산국 재조명」『독도연구』7, 2009.

김호동, 「이규원의 '울릉도 검찰' 활동의 허와 실」『대구사학』71, 2003.

김호동, 「조선 초기 울릉도 독도애 대한 '공도정책'의 재검토」『민족문화논총』32, 2005.

나행주, 「일본 역사교과서의 독도기술과 영토교육」『한일관계사연구』68, 2020.

남기훈, 「17세기 조·일 양국의 울릉도·독도인식」『한일관계사연구』23. 2005.

남상구, 「일본 초·중·고 교과서의 독도기술 현황과 전망」『교과서연구』통권 76, 2014.

노태돈, 「우산국의 기원과 이사부의 정벌」『제3회 울릉도포럼』, 2012.

박병섭, 「독도영유권에 대한 역사 국제법 학제간 연구」『독도연구』27, 독도연구소, 2019.

배재홍, 「조선 후기 울릉도 수토제 운용의 실상」『대구사학』103, 2011.

백인기, 「조선 후기 울릉도 수토제도의 주기성과 그 의의 1」『이사부와 동해』6, 2013.

서영일, 「사로국의 실직국 병합과 동해 해상권의 장악」 『신라문화』 21, 2003.

손승철, 「1696년, 안용복의 제2차 도일과 공술자료」 『한일관계사연구』 24, 2006.

손승철, 「공토정책의 허구성과 수토제」 『이사부와 동해』 창간호, 2010.

손승철, 「신라의 우산국 정복과 동해의 제해권 확립」 『독도연구』 21. 2016.

손승철, 「안용복사건을 통해 본 조·일간의 경계분쟁」 『한일관계사연구』 42, 2012.

손승철, 「울릉도 수토와 삼척영장 장한상」 『이사부와 동해』 5, 2010.

손승철, 「울릉도의 무인화와 독도영유권 문제」 『일본문화연구』 50, 2014.

손승철, 「이사부, 동해의 해양영웅과 그 후예들」 『이사부와 동해』 7, 2014.

손승철, 「조선 전기 요도·삼봉도의 실체연구」 『한일관계사연구』 44, 2013.

손승철, 「조선 후기 수토사기록의 문헌사적 연구」 『한일관계사연구』 51, 2015.

신명호, 「조선 초기 중앙정부의 경상도 海島政策을 통한 공도정책 재검토」 『역사와 경계』 66, 2008.

심현용, 「조선시대 울릉도 수토정책에 대한 고고학적 시·공간 검토」 『영토해양연구』 6, 2013.

심현용, 「조선시대 울릉도·독도 수토 관련 울진 대풍헌 고찰」 『강원문화사연구』 13, 2008.

양보경, 「윤두서의 『동국여지지도』와 조선전기의 조선전도」 『한국고지도연구』 8-2, 2016.

양태진, 「조선정부의 영토관할정책 전환에 대한 고찰-이규원 검찰사의 울릉도 검찰일기를 중심으로」 『영토해양연구』 6, 2013.

영남대학교 독도연구소 엮음, 『울진 대풍헌과 조선시대 울릉도·독도의 수토사』 (선인, 2015).

영남대학교 독도연구소, 『독도연구』 1-28 (영남대 독도연구소 학술논문집,

2005~2020).

영남대학교독도연구소 엮음, 『독도영유권 확립을 위한 연구』 1-9 (독도연구소, 2010~2019).

유미림, 「장한상의 울릉도 수토와 수토제의 추이에 관한 고찰」 『한국정치외교사논총』 31-1, 2009.

유재춘, 「동해안의 수군유적 연구 – 강원도지역을 중심으로」 『이사부와 동해』 창간호, 2010.

이석우, 「1951년 샌프란시스코 평화조약에서 독도의 영토처리과정에 관한 연구」 『북방사논총』 7, 2005.

이원택, 「조선 후기 강원감영 울릉도 수토사료 해제 및 번역」 『영토해양연구』 8, 2014.

이흥권, 「고종의 울릉도 關防정책과 이규원의 울릉도 수토」 『이사부와 동해』 15, 2019.

임평섭, 「신라 지증왕대 동해안 지배와 우산국 정복」 『역사와 경계』 99, 2016.

정병준, 「샌프란시스코 평화조약과 독도」 『독도연구』 18, 2015.

정요근, 「고려시대 동여진 침략과 울릉도」 『제3회 울릉도포럼』, 2012.

정운용, 「신라의 동해안 방면 진출과 우산국」 『이사부와 동해』 12, 2016.

채미하, 「신라의 于山國 정벌과 통치」 『이사부와 동해』 8, 2014.

최영호, 「평화선 침범혐의로 한국에 억류된 일본인 어민」 『한일관계사연구』 55, 2016.

최철영, 「샌스란시스코 평화조약과 국제법원의 영토주권법리」 『독도연구』 21, 2016.

호사카 유지, 「샌프란시스코 평화조약, 한일협정 및 신해양법과 독도해법」 『독도연구』 21, 2016.

홍성근, 「평화선 선언과 독도폭격 연습지 지정에 대한 법·정책적 이해」, 『독도연구』18, 2015.

홍정원, 『조선의 울릉도 독도 인식과 관할』(한국학중앙연구원 대학원 박사학위논문), 2017.

인터넷 사이트

국사편찬위원회 http://www.history.go.kr

대한민국 외교부 http://www.mofa.go.kr

독도경비대 http://dokdo.gbpolice.go.kr

독도박물관 http://www.dokdomuseum.go.kr

동북아역사재단 https://www.nahf.or.kr

영남대 독도연구소 http://dokdo.yu.ac.kr

일본 외무성 http://www.mofa.go.jp

일본 시마네현 Web다케시마문제연구소 http//www.pref.shimane.lg.jp/soumu/web-takeshima

ㄱ

가지도 173, 249

가지어 99, 201

각석문 351

감창사 148

강계고 140, 234

강릉 출항설 109

강재의 217

강치 멸종 65

강치잡이 254

개정 일본여지노정지도 133

거민쇄출 156

거민쇄환정책 246

검찰사 197, 198

경상좌수영 200

경인왜구 150

경차관 171

고려사 145, 230

고분군 360

고종 197

골개포구 105

공도정책 156

공도정책의 허구성 156

공동관리수역 282

공민교과서 29

관광의 경제적 가치 37

광서명 각석문 354

교과서에서의 독도 27

구산동사기 325

구산동사중수기 320

구산진 225

구산포 213

국수바위 105

국제사법재판소 25, 58, 70, 280

국제사법재판소에의 제소 30

군관 최세철 204

귀복 101, 137

극우파 29

근덕 115

기죽도약도 241

김가과 188

김대건 신부 131

김성도 289

김신열 289

김옥균 199

김인우 158, 298, 359

김인우해산 118

김자주 170

김창윤 216, 217, 219

김한경 172

김호동 141
김화경 141

ㄴ

나카이 요자부로 254
나팔봉 105, 347
남구만 180, 191
남대천 109
남서동 고분군 123, 361
남양리 고분군 362
남천주 90
남회 160
노태돈 143
뇌헌 188, 189

ㄷ

다줄레섬 250
다케시마 136, 184, 253
다케시마문제연구회 60, 77
다케시마의 날 15
다케시마의 날 규정 16
다케시마잇켄 178
다케시마 편입 66
달홀주 90
대일본해 373
대풍소 194, 212
대풍헌 213, 320
대한매일신보 54, 260
대한제국 칙령 제41호 53, 247

대한평수토찬비 304
덕업일신 88, 104
델러스 269
도감 246
도해금지령 185
독도 폭격 273
독도 폭격훈련구역 56
독도고증 253
독도를 탐내는 4가지 이유 31
독도박물관 333
독도에 사는 동물 40
독도영유권 280
독도의 곤충 41
독도의용수비대 277, 284
독도의용수비대기념관 343
독도체험관 307
독도해산 118
독섬 248
돌섬 248
돗토리번 180
동경서적 27, 33
동국대지도 127
동국문헌비고 127, 129, 140, 234
동남제도개척사 199
동북여진 145, 148
동서지구만국전도 373
동시(東市) 98
동여진 145
동한난류 37, 119

동해 370, 373

ㄹ

래복 137
랸코도 254
러일전쟁 54
릉자산양도감세장 186
리앙쿠르 락스 22, 250, 253

ㅁ

마쓰시마 136, 253
만기요람 131
망라사방 89, 104
맥아더 라인 23, 266, 274
메넬라이 251
목우사자 347
무라카미 178
무라카미 조쿠로우 186
무릉도 99, 164
무릉도경차관 168
무릉도순심경차관 160
무릉등처안무사 139, 158
무릉순심경차관 139
무인화 정책 156
무주지 선점론 256
무주지(無主地) 선점론 53
미나미 도리시마 32
미래의 생태 환경적 가치 38

ㅂ

박어둔 179
박제순 259
박종원 169
배재홍 223
배타적 경제수역 31, 33
100問 100答 60
백기주 175, 181
병부령 104
부령 172
북한한류 37, 119
불법점거 28
비열홀주 90
비파산 349

ㅅ

사동리 고분군 123
사자바위 105, 346
산음신문 187
삼국사기 95
삼국접양지도 134
삼국통람도설 134
삼국통일 104
삼봉도 162, 168, 249
삼봉도 경차관 169
삼봉도 탐색 169, 171
삼봉호 378
삼척 108
삼척 부사 109

삼척 영장 194, 200
삼척 첨사 215
삼척 출항설 109
삼척시립박물관 293
삼척영장 199, 299
삼척포진성 299
새로운 역사교과서 17
샌프란시스코 강화조약 55, 267
샌프란시스코조약 22
성종 169
성하신당 358
세종 160, 163
세종실록 231
세종실록지리지 138
소공대 115, 313
송도 174
송요근 149
쇄출정책 127
수산 37
수토 190, 197
수토 기간 209, 215
수토 비용 222
수토군의 편성 200
수토보고서 177
수토사 180, 214
수토절목 320
수토제 198
수토제 기원 190
숙종실록 185, 193

SCAPIN 제677호 55, 264
스캐핀 1033호 264
스캐핀 677호 264
승정원일기 193
시마네현 15
시마네현 고등학생 81
시마네현 고시 40호 256
시마네현 중학생 80
시마네현 초등학생 79
시마네현교육위원회 78
시모조 마사오 61
신묘명 각석문 351
신정만국전도 373
신중거 171
신증동국여지승람 126, 232
신편 새 공민 27
신한일어업협정 281
실직주 90
심응택해산 118
심의회 217
심흥택 259

ㅇ

아르고노트섬 250
아베 181, 184
안목항 109
안신휘 191
안용복 162, 176, 178, 189
안용복의 진술 51

안용복해산 118

야마자 엔지로 255

양유찬 269

어업전관수역 280

에도시대의 다케시마 72

여지고 127, 129

여지지 140, 235

여진역관 169

역사적 권원 100, 138

연습 188

연합국총사령부 55

연합국최고사령부 264

연합군사령부 23

열가10가지 포인트 47

영세불망지판 322

영안도 172

영토·영해에 대한 욕심 31

예족 125

오분항 298

오십천 109, 293

오츠크 한류 37, 119

오키노 토리시마 32, 34

오키섬 133, 186, 228

오화리 산성 109, 298

옥기도 174

올리부차 251

완문 320

왜구의 약탈 150

왜어역관 169

외무성 홈페이지 18, 47

요나고 184

요도 162, 163, 164

요도 탐색 165

우릉 성주 148

우릉도 143, 149

우산국 94, 142, 335

우산국 시대 140

우산국을 복속한 이유 91

우산도 99, 249

우산무릉등처안무사 360

우해왕 95, 347, 349

울릉도 143, 207

울릉도 수토제 200

울릉도 출어 금지 179

울릉도검찰일기 245

울릉도내도 245

울릉도사적 207

울릉도외도 245

울릉도쟁계 162, 178, 179

울릉도첨사 199

원록구병자년조선주착안일권지각서 178

월경 158

월송만호 177, 194, 216

월송포 177

월송포 만호 200

월송포진 330

월송포진성 326

Web다케시마문제연구소 61

윌리엄 시볼트 270
유계문 160
유재춘 298
육향산 299, 304
윤회수토 195
은주 134
은주시청합기 132
을사늑약 258
이규원 197, 245
이극돈 172
이단상 317
이명래 259
이비원 188
이사부 102
이사부 국가표준영정 295
이사부 기념관 306
이사부 독도기념관 306
이사부 사자공원 308
이사부 초상화 294
이사부열전 102
이사부해산 118
이석형 317
이승만 라인 23, 67
이승만라인 274
이안경 163
이양실 146, 148
EEZ 281
이인성 175
이정암 317

이종학 334
이준명 194, 217
이토 히로부미 258
일본변계약도 135
일본영역도 272
임오명 각석문 353

ㅈ

자단향 201
자산도 173, 174
장오리 212, 214
장오리진 212
장원익 225
장한상 190, 191, 200, 205, 217, 298
장한상『울릉도사적』 206
전회일 194, 217
정요근 147
제국서원 33
조난 어민 위령비 277
조민 160
조선국 교제시말 내탐서 136
조선동해안도 251
조선왕국전도 132
조선전도 127, 131
조선해 373
조종성 199
조준기 289
종합해양과학기지 42
죽도 182, 253

죽도고 189
죽도기사 189
죽도도해금지령 183
죽도도해금지어촉 238
죽변진 213
증보문헌비고 131
지리지 230, 231
지유사 29
지증왕 88
진포전투 154

ㅊ

채삼군 226
척주동해비 304
최경숙 288
최세철『울릉도』203, 208
최영 151
최재홍 194
최종덕 288
최초의 우산국 지도 126
출항 시기 215

ㅋ

카이로선언 56, 263
쿠로시오 난류 37, 119

ㅌ

태평양전도 251
태하리 고분 361

태하리 해안 각석문 356
통리군국사무아문 199
통리기무아문 197
통항일람 253
투구바위 105
투구봉 347
트롤어업금지구역 24

ㅍ

팔도총도 126
평해 군수 199
평화선 274
포츠담선언 56, 263
포츠머스조약 258
푸른 철릭 175
풍미녀 95, 349

ㅎ

하마다번 236
하이드레이트 38
하치에몽 237
학습지도요령 26
한일 어업협정 278, 280
한일기본조약 278
한일회담 278
한창국 176, 216, 217, 220
해산 118
해신제 221
해양심층수 37

해양주권선언 277

향토사료관 144

허목 317

현포동 고분군 123

호넷섬 251

홍산 151

홍순칠 285

황산전투 154

황성신문 54, 260

황죽 201

황토구미 177, 357

후망 214

후쇼사 29

이사부 독도를 걷다

2020년 9월 10일 초판 인쇄 | 2020년 9월 17일 초판 발행

지은이 손승철

펴낸이 한정희
편집·디자인 김지선 유지혜 박지현 한주연
마케팅 전병관 유인순 하재일

펴낸곳 역사인
출판신고 제313-2010-60호(2010년 2월 24일)

주소 경기도 파주시 회동길 445-1 경인빌딩 B동 4층
대표전화 031-955-9300 | **팩스** 031-955-9310
홈페이지 www.kyunginp.co.kr | **전자우편** kyungin@kyunginp.co.kr

ISBN 979-11-86828-21-2 03910
값 20,000원